Aref Hajjaj
Land ohne Hoffnung?

Aref Hajjaj

Land ohne Hoffnung?

Arabischer Nationalismus, politischer Islam und die Zukunft Palästinas

Ferdinand Schöningh

Coverbild: © Corbis/Ryan Rodrick Beiler

Bibliografische Information der Deutschen Nationalbibliothek

Die Deutsche Nationalbibliothek verzeichnet diese Publikation
in der Deutschen Nationalbibliografie; detaillierte bibliografische Daten
sind im Internet über http://dnb.d-nb.de abrufbar.

(Verlag Ferdinand Schöningh GmbH & Co. KG, Jühenplatz 1, D-33098 Paderborn)

Internet: www.schoeningh.de

Satz: Martin Mellen, Bielefeld
Einbandgestaltung: Nora Krull, Bielefeld
Printed in Germany
Herstellung: Ferdinand Schöningh GmbH & Co. KG, Paderborn

ISBN 978-3-506-78399-8

Für Daisy, Sami und Laura

Inhalt

Einleitung

In Europa machen nicht erst im »Flüchtlingsjahr« 2015 rechtsextreme, nationalchauvinistische Strömungen von sich reden. Sie bedienen sich auf der Straße und in den sozialen Netzwerken einer sehr aggressiven Rhetorik und schrecken vor Gewalttaten wie direkten Attacken auf Fremde und Brandanschlägen auf Flüchtlingsunterkünfte nicht zurück. Deutschland ist neben Italien, Schweden und Österreich das Hauptziel der vor Krieg und Gewalt (Syrien, Irak, Afghanistan) oder auf der Suche nach einem menschenwürdigen Leben (Afrika südlich der Sahara, Nordafrika, bestimmte Ethnien im Balkan) geflohenen Menschen. Über eine Million Flüchtlinge sind im genannten Jahr allein in Deutschland registriert worden. Dass dies die ansässige Bevölkerung in gesellschaftlicher und logistischer Hinsicht überfordert (zeitweilige Zweckentfremdung von Sportanlagen und Mehrzweckhallen, Ansiedlung »fremder« Menschen in kleineren Orten usw.) und darüber hinaus soziale und wirtschaftliche Probleme schafft, ist nicht von der Hand zu weisen. Es gibt jedoch mit »Pegida« und der AfD Kräfte, die diese politisch, sozial und demographisch komplexe Lage zugunsten eines bisher überwunden geglaubten Nationalismus-Verständnisses erfolgreich instrumentalisieren. Die AfD-Chefin plädierte notfalls für Waffenschusseinsatz gegen Flüchtlinge beim illegalen Grenzeintritt.[1] Politiker der Regierungskoalition von Nordrhein-Westfalen nennen die AfD »NPD-light«, »faschistisch« und »rechtsextrem«.[2] Die von kriminellen Ausländern in der Silvesternacht 2015 in Köln begangenen Straftaten müssen geahndet werden, dürfen aber nicht die gesamte Flüchtlingsdebatte dominieren bzw. alle Asylsuchenden stigmatisieren.

Die Renaissance des Nationalismus beschränkt sich zwar *hauptsächlich* noch auf einige gesellschaftliche Ränder wie etwa die sozialen Verlierer der Wiedervereinigung in Ostdeutschland. Doch sie erreicht inzwischen auch die Mitte der Gesellschaft und verwandelt bisher als friedfertige bürgerliche Biedermänner geltende Menschen zu Unterstützern dieser nationalistischen Strömungen. In vielen europäischen Staaten gibt es ebenfalls eine ähnliche, besorgniserregende Entwicklung. Insbesondere im östlichen Europa wird gelegentlich die – wenig christliche – Forderung erhoben, nur christliche Flüchtlinge aufzunehmen, womit dezidiert gemeint ist, muslimischen Asylsuchenden den Weg nach Europa zu versperren.

Francis Fukuyama versuchte in seinem Buch über das »Ende der Geschichte«[3] dialektisch nachzuweisen, dass die liberale Demokratie westlicher Prägung das Endstadium politischer Prozesse weltweit sei. Was von ihm als perspektivisches Schlaraffenland prognostiziert wurde, erwies sich allerdings als ein rein philosophischer Trugschluss. Eher scheint Samuel P. Huntingtons zugespitzte These vom »Kampf der Kulturen«[4] der bitteren Wahrheit näher zu kommen, denn von einer »universellen Weltkultur« kann heute nicht die Rede sein. Weder lässt sich die westliche Demokratie weltweit »exportieren« (wie die Beispiele Afghanistan und Irak zeigen) noch besiegelte die *vorläufige* Eindämmung des Kalten Krieges Ende der 1980er Jahre den Auftakt eines im nationalen, religiösen und ethnischen Sinn friedfertigen Umgangs der Völker und Staaten untereinander. Selbst in Europa, zunächst auf dem Balkan, später in der Ukraine, tobt seit Jahren ein heftiger Stellvertreterkrieg machtpolitischer Interessen. Anderswo, vor allem im Mittleren Osten, in Afrika und in Teilen Asiens sind schwer einzudämmende blutige nationale, religiöse und konfessionelle Konflikte bzw. Bürgerkriege an der Tagesordnung. Die Obsession der Gewalt lässt sich anhand der von IS, Al Kaida und Boko Haram beinahe täglich begangenen Verbrechen ablesen. In Israel wüten extremistische Anhänger des Siedlerblocks im Namen einer religiös definierten jüdischen Nation gegen die Menschen im besetzten Palästina und zerstören deren Hab und Gut. Maßgeblich für die Öffnung der Büchse der Pandora im aktuell sich hochschaukelnden, letztlich künstlich erzeugten Streit zwischen Sunniten und Schiiten im Irak und teilweise in Syrien ist die evangelikal-neokonservative Konzeption einer neuen politischen Ordnung in Afghanistan und im Irak in der Ära des US-amerikanischen Präsidenten George W. Bush. Die Terroranschläge vom 11. September 2001 und die dramatischen Folgen des Irakkrieges von 2003 lieferten einen bedeutsamen, möglicherweise den entscheidenden Impuls für den Gewaltausbruch im Irak, und später in der gesamten Nachbarregion sowie für das Erstarken des IS. Dass man mit Recht von einem künstlich erzeugten Konflikt zwischen Sunniten und Schiiten sprechen kann, liegt daran, dass die theologischen Unterschiede zwischen den sich heute bekämpfenden Angehörigen dieser beiden Konfessionen völlig marginal sind. Zu den fatalen Fehlern der Bush-Administration gehören die Stigmatisierung des gesamten Staats- und Parteiapparats Saddam Husseins einschließlich der Kader der Baath-Partei und die Auflösung der irakischen Armee. Die Bildung einer neuen irakischen Armee nach konfessionell-schiitischen Kriterien, die aus US-Perspektive gegen die als »sunnitisch« wahrgenommen Eliten des Hussein-Regimes gerichtet war, störte nachhaltig den bisherigen Zusammenhalt von Gesellschaft und Nation. Tatsächlich waren die Nutznießer des Regimes von Saddam Hussein weniger »Sunniten« als vielmehr teils ideologisch verblendete, größtenteils aber opportunistische Mitläufer aus verschiedensten religiösen und ethnischen Gemeinschaften. Umgekehrt richtete sich der staatliche Unterdrückungsapparat im Irak gegen alle illoyalen, Personen unterschiedlicher Religionsgemeinschaften, vornehmlich, wenn sie sich aktiv und öffentlich engagierten. Hinzu kommt, dass der von den USA gestützte langjährige irakische Premier Nuri Al-Maliki, (2006–2014), selbst Führungsmitglied der radikal-schiitischen Dauwa-Partei, die politische und institutionelle Bevorzugung der schiitischen Konfession dermaßen auf die Spitze trieb, dass dies der Radikalisierung von Teilen der Sunniten im Irak gefährlichen Vorschub leistete.

Die neue irakische Armee kapitulierte im Sommer 2014 in der Millionenstadt Mosul innerhalb kürzester Zeit vor den Milizen des »Islamischen Staates« (IS)[5]. Dort errichtet das sogenannte Kalifat ein repressives Regime mit Horrorstrukturen nach düstersten mittelalterlichen Mustern.[6] Der IS ist aber keinesfalls monolithisch. In seinen Reihen finden sich nicht Dschihadisten, die den Koran wörtlich verstehen, sondern auch viele Mitglieder des Führungspersonals des alten Hussein-Regimes und Angehörige der aufgelösten alten Armee. Sie sind zwar meist säkulare Nationalisten, verstehen es jedoch, die Religion für ihre Zwecke meisterhaft zu instrumentalisieren. Diese kampferprobten Männer und nicht in erster Linie die »Berufsdschihadisten« bilden den militärisch Kern des terroristischen IS. Daher kann man mit einigem Recht behaupten: Unter der Oberfläche dessen, was wir heute als mit dem »Islamismus« verbundene Konflikte ansehen, wirken Personen und Ideen, die vom arabischen Nationalismus geprägt sind. Er war die Herrschaftsideologie im Irak Saddam Husseins, hat eine Vorgeschichte, die bis ins 19. Jahrhundert zurückreicht – und wurzelt in nicht geringem Maße in europäischen Ideen und kolonialistischen Bestrebungen jener Epoche. Pointiert gesagt: Es gibt eine Verflechtungsgeschichte, durch die der deutsche Idealist und Nationalmystiker Johann Gottlieb Fichte, der Palästinakonflikt und der IS miteinander verbunden sind. Sie sollte uns nachdenklich und in unseren Beurteilungen der Gegenwart bedachtsamer machen.

In diesem Buch möchte ich daher die Wurzeln und Strömungen des arabischen Nationalismus untersuchen. Ich will darstellen, wie er entstand und sich entwickelte und welche Rolle er bei der Entwicklung der lokalen, regionalen und globalen Krisen spielte und spielt, die augenblicklich die Weltpolitik so stark mitbestimmen – etwa in

Syrien und im Irak und vor allem aber im Hinblick auf den dauerhaften Konflikt zwischen Palästinensern und Israelis. Es geht mir darum, Verbindungslinien aufzuzeigen und zu verdeutlichen, inwiefern Europa (und der Westen allgemein) zu den geistigen Grundlagen von arabischem Nationalismus und politischem Islam beigetragen haben. Die Probleme in der arabischen Welt kommen keineswegs »von außen« auf einen Westen zu, der damit eigentlich gar nichts zu tun hat. Was den Palästina-Konflikt angeht, will ich zeigen, dass die angestrebte Zwei-Staaten-Lösung wohl nicht mehr zu realisieren ist und statt dessen einen an den Rand gedrängten Plan wieder ins Bewusstsein rufen: einen gemeinsamen Staat für Israelis und Palästinenser, sei es als Einheitsstaat, föderativer Saat oder Föderation zweier Staaten. Dafür freilich müssten Zionisten und arabische Nationalisten gleichermaßen ihren Ideologien abschwören.

I.
Geistige Wurzeln des arabischen Nationalismus: Europas Erbe, der Beitrag Ägyptens und die Einflüsse der Levante (1871–1948)

1) Al-Afghani: früher Denker des Nationalismus

Der Begriff »Umma«, die Gemeinschaft aller Muslime, beschäftigt die islamische Welt von Anfang an und ist heute ein Schlüsselbegriff des Politischen Islam. Unter dem mit dem europäischen Kolonialismus einhergehenden Einfluss des Westens auf die arabisch-islamische Welt seit Ende des 19. Jahrhunderts begann dieser Begriff allmählich auch außerreligiöse Räume in Besitz zu nehmen. Vergleicht man den Diskurs jener Zeit mit Idee und Praxis der heutigen, aus den Fugen geraten Entwicklung in Gestalt von Al Kaida oder gar der sich »Islamischer Staat« nennenden ISIS-Organisation, wird man mit Verblüffung und Verwunderung erkennen können, dass im Islam-Verständnis heute vielerorts eine beängstigende Pervertierung der Koran-Auslegung und der Säulen des rechten Glaubens an der Tagesordnung ist. Die Ideen islamischer Denker des 19. Jahrhunderts wie der politische Aktivist Dschamaluddin Al-Afghani (1838–1897) oder der ägyptische Gelehrte Mohammad Abduh (1849–1905) über die Gemeinsamkeiten der muslimischen Gemeinden waren, wie noch zu zeigen ist, deutlich liberaler, kosmopolitischer, ja humanitärer im Vergleich zur hasserfüllten, horrorgetränkten Mission des IS. Den islamischen Intellektuellen des 19. Jahrhunderts und den zu ihnen in krassem Gegensatz stehenden Bewegungen ISIS und Al Kaida ist allerdings eines gemeinsam: ein gesteigertes Empörungspotential über die Missstände in der arabisch-islamischen Welt und der Hass auf äußere Feinde. Diese Feinde sind traditionell die europäischen Kolonialmächte, in heutiger Zeit insbesondere die USA, denen man die Rückständigkeit und Dekadenz des geistigen, politischen und gesellschaftlichen Lebens der arabischen Welt anlastet.

Gemeinsam ist allen Strömungen des Politischen Islam außerdem das Bestreben, einen für alle Muslime gültigen, gemeinsamen Staat zu gründen, wobei die Methoden sich voneinander erheblich unterscheiden. Der Begriff »Dschihad« wird mal im Sinne einer exzessiven Gewaltanwendung wie bei Al Kaida und IS interpretiert, mal, wie bei Al-Afghani im Sinne einer primär friedlichen Evolution. Im Koran übrigens sind beide Bedeutungsfacetten überliefert.

Im grundlegenden Verständnis des Islam als einer Synthese zwischen Religion und Staat gibt es kaum Unterschiede zwischen den verschiedenen Denkschulen. Auch die Islamwissenschaft bestätigt diesen Befund weitestgehend[1]. So war der Prophet Mohammad sowohl Religions- als auch Staatsoberhaupt, zuständig also für Glaubens- und weltliche Angelegenheiten[2]. Al-Afghani und seine Getreuen bestätigen dies in ihrer Lehre, dass der Islam religiöser Glaube *und* politisches System sei. So bekräftigt der ägyptische Historiker Abdelhamid Mitwalli diesen »Zwei-Säulen«-Charakter des Islam im Gegensatz etwa zu den heutigen christlich geprägten Staaten, in denen der Laizismus bzw. die Trennung zwischen Staat und Kirche gängige Praxis ist. Er sieht im Islam keine parallele Entwicklung zum Christentum – eine solche stünde im Widerspruch zur Lehre Mohammads und seiner Nachfolger.[3] Mitwalli und seine Mitstreiter begreifen den Panislam und den »Zweisäulen-Islam« nicht im Sinne eines modernen Nationalstaates, der anhand territorialer oder ethnischer Kriterien definiert ist. Vielmehr sei dieser »islamische« Staat ein »Gesinnungsstaat«, der auf Dogmen und Regularien des islamischen Glaubens beruhe.[4]

Neben vielen Anhängern dieser Auffassung gab es etliche Gelehrte aus der arabischen Welt, die das Modell eines theokratisch verstandenen Islam als rückständig kritisierten. Ein wichtiger Wortführer dieser Strömung war der ägyptische Richter und Rechtsgelehrte Ali Abdulrazik (1888–1966), der die die Trennung von Staat und Religion forderte und somit einer liberal-säkularen Gesellschaftsvorstellung in der islamischen Welt Vorschub leistete, ja den modernen Nationalismus vorwegnahm. Abdulrazik war nicht per se ein Gegner des Panislam als Idee einer weltweiten muslimischen Gemeinschaft. Aber er glaubte zu wissen, ohne allerdings nennenswerte Belege dafür zu geben, dass der Prophet Mohammad lediglich eine rein »religiöse«, nicht jedoch eine »weltliche« Macht besessen habe. Auch soll der Prophet keinen »Staat« im politischen Sinne gegründet haben. Abdulrazik sprach dem Propheten zwar nicht den Führungsanspruch ab – dies hätte ihn getreu einer gültigen, strengen Auslegung der Scharia zum Häretiker abgestempelt und ihn bestenfalls aus der Gemeinschaft der Gläubigen ausgeschlossen. Aber er bestritt beharrlich, dass Mohammad »staatspolitische« Kompetenzen wahrgenommen habe.«[5] Diese Ansicht lässt sich kaum belegen, denn die Herrschaft, die der Prophet nach der Vertreibung aus Mekka in Medina gründete, umfasste beide Elemente eines Staates, wenn auch nicht im modernen Sinne: das religiös-jenseitige und das politisch-diesseitige Element. Dieser Staat Mohammads unterschied sich kaum von Gemeinwesen im christlichen Europa, in denen der Papst bzw. der hohe Klerus gleichzeitig auch weltliche Herrscher waren. Auch die »Kalifen« genannten Nachfolger Mohammads errichteten, noch straffer als er, ähnlich duale Herrschaftsformen. Abdulrazik versuchte bei seiner Argumentation paradoxerweise ausgerechnet den Propheten zum Kronzeugen seiner subtil formulierten Forderung nach einem säkularen Staat zu machen. Auch gibt es keine Belege dafür, dass Mohammad die weltliche Herrschaft von den strengen und traditionell denkenden islamischen Rechtsgelehrten (*Ulema*) unabhängig machen wollte. So gesehen war Abdulrazik ein rebellischer Erneurer, dem es wahrscheinlich unter dem Einfluss modernen westlichen Denkens darum ging, das von ihm als reaktionär angesehene theokratische Staatsmodell zu bekämpfen.

Ein weiterer Erneurer mit revolutionär-säkularer Stoßrichtung, der ägyptische Islamwissenschaftler Khalid M. Khalid (1920–1996), verstand die panislmische Gemeinschaft der Muslime vor allem in sozialen Kategorien von Gerechtigkeit, Gleichheit und Menschenwürde. In seiner Ablehnung des theokratischen Staates, den er gar nicht mit der wahren Lehre des Islam in Einklang bringen konnte, war er noch radikaler als Abdulrazik.[6]

Al-Afghani und sein Zeitalter

Der bis heute wohl bekannteste Vordenker des Panislam ist Dschamaluddin Al-Afghani, von dem man nicht genau weiß, ob er 1838 in Afghanistan oder Persien zur Welt kam. Seine panislamische Überzeugung formte sich durch seine vielfältigen Reisen und längeren Aufenthalte in Afghanistan, Persien, der Türkei, Ägypten und Indien. Seine geistig wie politisch fruchtbarsten Jahre verbrachte er allerdings in Ägypten, das zwar von der repressiven Dynastie der Khediven[7] beherrscht wurde, vom Osmanischen Reich jedoch formal weitgehend unabhängig blieb. Außerdem beeindruckte ihn dort das Entstehen einer Wissensgesellschaft unter den aufstrebenden Bildungsschichten und ihre Aufnahmefähigkeit für modernes, reformfreudiges Gedankengut.

Als Al-Afghani sich seit 1871 in Ägypten niederließ, herrschte dort der schillernde Khedive Ismail (1863–1879), der zunächst unter dem Einfluss seiner Pariser Studienjahre eine reformfreudige Gesellschaftspolitik zu betreiben suchte. Neben seinem absolutistischen Regierungsstil, der im Orient gängige Praxis war, förderte er die kulturelle und gesellschaftliche Entwicklung europäischer Prägung und investierte viel in Bildung und Forschung[8]. Da Ismail im Panislamisten Al-Afghani zunächst weniger einen gefährlichen, revolutionären Agitator als vielmehr einen fortschrittlich denkenden Reformer sah, unterstützte er ihn, wenn auch mit Vorbehalten[9]. Al-Afghanis Verhältnis zu Ismail war ebenfalls ambivalent. Er profitierte einerseits von der großzügigen Unterstützung und dem verhältnismäßig toleranten Umgang des absolutistischen Staates mit den panislamischen Aktivitäten. Andererseits empörte er sich über die verschwenderischen Ausgaben des Hofes, die vor allem das Kleinbürgertum und die besitzlosen Fellachen hart trafen. Darüber hinaus sah er in der ägyptischen Schuldenkrise die »dunkelste Seite des Zeitalters Ismails«[10]. Der Herrscher nahm 1864 und 1866, um die Schulden seiner verschwenderisch regierenden Vorgänger, aber auch um die Kosten der unter seiner Ägide errichteten Prunkbauten vor allem in Kairo und Alexandrien zu begleichen, hohe ausländische Anleihen auf, vor allem aus Großbritannien und Frankreich. Ende 1875 beliefen sich die Schulden Ismails auf 91 Millionen Britische Pfund, zudem fehlten ihm rund vier Millionen Pfund für die fällige Zinszahlung. Daraufhin entschloss sich der Khedive in seiner aussichtslosen Lage, seine 44 Prozent Kapitalanteil an der Suezkanal-Gesellschaft abzustoßen, was nicht nur für ihn, sondern für die Zukunft des gesamten Staates und dessen Unabhängigkeit schwerwiegende Folgen mit sich brachte. 1876 war Ägypten zahlungsunfähig. Daraufhin wurde eine »Staatsschuld-Kasse« (»Caisse de la dette publique«) ins Leben gerufen, die von britischen und französischen Beauftragten geleitet wurde. Ihre Aufgabe bestand darin, die ägyptischen Staatseinkünfte unter ihre Kontrolle zu stellen, die staatlichen Eisenbahn- und Hafengesellschaften zu übernehmen und die Zahlungen an die Gläubiger zu regeln.[11]

Al-Afghani zwischen Panislam und Nationalismus

Die Schuldenkrise und Ismails Politik befeuerten die bestehenden Ansätze eines ägyptischen Patriotismus, der starke religiöse Züge hatte und in der Idee des Panislam sein tragendes Konzept fand. Das Krisenmanagement Ismails war für Land und Volk fatal, weil es zu einer drastischen Beeinträchtigung staatlicher Souveränität führte und infolge der Erhebung neuer, härterer Steuern und Gebühren vor allem der Mittelschicht und den Fellachen unerträglich harte soziale und wirtschaftliche Bürden auferlegte. Der »Musterschüler« Al-Afghanis, Mohammad Abduh, warf daraufhin dem Khediven und seinem Stellvertreter »Willkür« vor und monierte Klientelismus und den Umstand, dass der ägyptischen Bevölkerung jedweder Weg versperrt geblieben sei, an den weitreichenden Entscheidungen im Zusammenhang mit der Schuldenkrise mitzuwirken. Abduh schrieb in der während er 1880er Jahre in Paris erscheinenden panislamischen Zeitschrift »Al-Urwatul Wuthqa«: »...und obwohl sich die Zahl derer vermehrte, die sich seit der Ära [des osmanischen Herrschers in Ägypten] Muhammed Ali [Paschas] (1770–1849) nach Europa begaben, um dort zu studieren, blieben die erhofften Früchte dieser Studienaufenthalte aus«. Ferner kritisierte Abduh, der sich sowohl dem Panislam als auch einem gemäßigten ägyptischen Nationalismus verschrieb, dass der von Ismail 1866 einberufene Staatsrat entgegen angekündigter Absichtserklärung überhaupt nicht zur Förderung einer wirklichen Machtbeteiligung des Volkes beigetragen habe, womit sich die ganze Sache als Farce erwiesen habe.[12]

1879 wurden Al-Afghani und Abduh aus Ägypten ausgewiesen. Im Jahre 1881 führte der aus bürgerlichen Verhältnissen stammende Offizier Ahmad Urabi eine Revolte an, die sich gegen den zunehmenden Einfluss fremder Mächte auf die ägyptische Armee und die angekündigte Reduzierung der Truppe von 80.000 auf nur 11.000 Soldaten. Zeitweilig war Urabi Kriegsminister und sogar für wenige Monate Premierminister. Auch Ismail musste auf Betreiben des osmanischen Sultans, vor allem allerdings der britischen Regierung abdanken. Sein Nachfolger Taufiq schien zunächst liberalen und reformerischen Ideen zugänglich zu sein, um bald jedoch drastische Maßnahmen gegen die reformfreudigen, nationalorientieren Protagonisten des Panislam um Al-Afghani zu ergreifen. Infolge des Fehlschlags des Urabi-Aufstands scheiterte auch die panislamisch verwurzelte, national-ägyptische Bewegung für einen langen Zeitraum. Großbritannien ist es danach gelungen, im Jahr 1882 seine faktische Besetzung Ägyptens auch rechtlich zu zementieren.

Al-Afghani war stets bemüht, in seinen Reden, Predigten und Schriften die verkrusteten gesellschaftlichen und politischen Strukturen in den einzelnen muslimischen Ländern zu reformieren. Er förderte das nationale Begehren in den einzelnen Ländern, vor allem in seiner wichtigsten Wirkungsstätte Ägypten, wobei er hoffte, dass dieser Patriotismus in die panislamische Agenda münden würde.[13] So schrieb er in seinem Presseorgan: »Das Heil der Umma ist darin begründet, zu den wahren Grundsätzen und zur reinen Lehre des Glaubens zurückzufinden. Da der Glaube bei jedem Menschen ... tief verwurzelt ist, braucht der auf die Wiederbelebung einer Gemeinschaft bedachte Anführer nur den Geist der Religion in den Seelen der Menschen zu erneuern... Erhebt sich eine solche Gemeinschaft, beschreitet sie den Weg des Handelns und macht sie die wahren Elemente des Glaubens zu ihrem höchsten Gut, so wird sie in der Lage sein, den Stand menschlicher Vollkommenheit zu erreichen.«[14]

Al-Afghani unterstützte also das nationale Aufbegehren der Völker. So gesehen ist die These des jordanischen Diplomaten palästinensischer Abstammung Hazem Nuseibeh unbegründet, Al-Afghani sei letztlich ein kompromissloser Gegner des säkularen Nationalismus gewesen[15]. Immerhin konzipierte Al-Afghani seinen idealen Staat als ein Gebilde, das sowohl von Gott als auch von der menschlichen Vernunft getragen wird, anders als herkömmliche islamische Religionsgelehrte, die bis heute einzig die Scharia als theologische Leitschnur staatlichen Handelns akzeptieren.[16] Al-Afghani betonte außerdem die Bedeutung der Sprache für eine Nation[17]. Dies erinnert an deutsche Protagonisten der Nationalidee um 1800 wie Johann Gottfried Herder und Johann Gottlieb Fichte, aber auch an die späteren Fürsprecher der nationalarabischen Idee wie der syrische Begründer der Baath-Partei Michel Aflak (1919–1989) und der osmanisch-arabische Vordenker Sati Al-Husari (1882–1968). Anders als viele Theoretiker des Nationalismus in seiner Zeit distanzierte sich Al-Afghani allerdings von ethnischen, rassischen oder völkischen Faktoren bei der Nationsbildung – dies sei nur der »Urtrieb, der die Menschen in einem primitiven Stadium ihrer Existenz begleitet, um dann zu verschwinden, sobald sie sich Gottes Offenbarung« hingeben.[18] Hier bewegt sich Al-Afghani in der Tradition der reinen Lehre des Islam, denn er bekennt sich zur Universalität des Islam. Lediglich in einem Einzelfall – es ging um die angestrebte Einheit zwischen Persern und Afghanen – akzeptierte er aus taktischen Gründen das ethnische Kriterium.[19]

Es ist bemerkenswert, welchen wichtigen Stellenwert Al-Afghani der Sprache als Kriterium der Nationsbildung einräumt. Dass das Arabische als Sprache des Koran sakrosankt ist, wird von keinem islamischen Religionsgelehrten, ob Sunnit oder Schiit, in Frage gestellt. Al-Afghani betonte aber generell die Relevanz der nationalen Sprachen für jeden einzelnen Kulturkreis und ging sogar in einem auf Persisch verfassten Artikel so weit zu sagen, dass die gemeinsame Sprache für die Nationsbildung wichtiger sein könnte als die Religion selbst.[20] Hier ist er nicht in erster Linie der geistliche Führer, sondern der taktisch agierende politische Agitator, der wohl weiß, dass für viele nicht arabische Völker muslimischen Glaubens auch andere, ebenfalls wichtige Kriterien ihrer Identität neben dem gemeinsamen Glauben und dem Primat des Arabischen für den Islam von Bedeutung sind. Es kommt hinzu, dass Al-Afghani, dessen Augenmerk immer wieder auf Ägypten und die Levante – Syrien, Palästina und Libanon – gerichtet war, für den Fall hätte scheitern müssen, wenn er einzig die Bedeutung der Religion hervorgehoben hätte. Schließlich lebten in den genannten Ländern beachtliche religiöse Minderheiten, in erster Linie christliche Araber, die sich in diesem Fall marginalisiert und ausgegrenzt gefühlt hätten. Umgekehrt werden wir später bei den Säkularnationalisten feststellen, dass sie umgekehrt die große Bedeutung des Islam für ihre nationale Idee immer wieder betonten. Das gilt nicht nur für den in der Osmanischen Türkei sozialisierten Muslim Sati Husari, sondern sogar noch stärker für den Christen und Gründer der Baath-Partei Michel Aflak.

Die bereits erwähnte panislamische Zeitschrift »Al-Urwatul-Wuthqa« war das wichtigste Sprachrohr der Reformer des 19. Jahrhunderts. In Paris erschien sie, weil Al-Afghani und Abduh nach dem Scheitern des von ihnen agitatorisch unterstützten Urabi-Aufstands von 1881 aus Ägypten ausgewiesen wurden. Ziel dieser Exilzeitschrift war es, die Muslime in aller Welt zu Einheit und Solidarität aufzurufen und ihr Bewusstsein für eine bessere Entwicklung und Bildung in diesen Ländern zu schärfen. Zum Ziel der Zeitschrift heißt es in einem dort veröffentlichten Beitrag: »Wir geben diese Zeitschrift (…) heraus, (…) um die Rechte der Orientalen im Allgemeinen und der Muslime im Besonderen zu verteidigen.«[21] Die Zeitschrift wurde kostenlos vertrieben, federführend war Muhammed Abduh, der die rhetorischen Finessen des Arabischen weit besser beherrschte als sein Lehrmeister. Finanziert wurde die Zeitschrift durch Spenden von Freunden und Anhängern. Es gab sogar einige einflussreiche Personen im Osmanischen Reich, die aus ihrer Sympathie für die Reformer-Mission keinen Hehl machten und die Zeitschrift finanziell unterstützten. Die Briten verboten deren Vertrieb in Indien und Ägypten und verhängten auf ihren Besitz hohe Geldstrafen. Die breite Popularität und die beachtliche Wirkung der Zeitschrift auf die Bildungsschichten muss enorm gewesen sein. Anders kann man sich die von den britischen Kolonialbeamten verhängten drakonischen Strafen nicht erklären[22]. Da die Finanzmittel der Herausgeber allmählich zur Neige gingen, wurde das Blatt nach 18 Heften eingestellt. Zweifelsohne war Al-Afghani nicht nur bei den Gebildeten bekannt. Seine Anhänger warben für seine Ideen in Moscheen, Kaffehäusern, Schulen und Universitäten, sodass sein Werk einem breiten Publikum auch unter den Analphabeten vertraut war.

Wichtige Vertreter der Schule Al-Afghanis

Zu den führenden Vertretern des modernen Panislam gehörten neben Al-Afghani Religions- und Bildungsgelehrte aus verschiedenen muslimischen Ländern des Vorderen Orients wie der schon erwähnte Mohammad Abduh (1849–1905), der syrische Theologe und Publizist Abdulrahman Al Kawakibi (1855–1902) oder der aus dem Libanon stammende Rashid Rida (1865–1935). Sie alle verfolgten, maßgeblich unter dem Einfluss Al-Afghanis, einen bedächtigen, aber doch auf radikale Umgestaltungen abzielenden Reformkurs, der alle Bereiche des Lebens einschließlich der Islam-Exegese erfassen sollte. Gemeinsam war ihnen der Kampf gegen die dahinsiechende Herrschaft der Osmanen in weiten Teilen der Welt. Gemeinsam bekämpften sie die schon Ende des 19. Jahrhunderts bedrohlichen Einflüsse und Hegemonialbestrebungen der späteren Kolonial- und Mandatsmächte Großbritannien und Frankreich im Nahen Osten. Besonders wichtig war ihnen auch das Bestreben, die muslimische Welt nach den langen Jahrhunderten politischer Finsternis in eine neue Phase der *nahda*, (Wiederauferstehung) zu führen. Sie befassten sich intensiv nicht nur mit der islamischen Theologie, sondern auch mit Fragen der Philosophie (*al-falsafa*) und der Mystik (*sufi*).

Wie erwähnt, wurde Mohammad Abduh wie sein Lehrmeister Al-Afghani im Zusammenhang mit dem Urabi-Aufstand auf Betreiben der britischen Kolonialbehörde aus Ägypten verbannt. Er wirkte zunächst im Libanon und in Syrien, später holte ihn Al-Afghani nach Paris. Die ultrakonservativen Rechtsgelehrten (*Ulema*) der Al-Azhar-Universität in Kairo waren bekannt dafür, die heiligen Texte des Koran im Sinne der reinen Lehre wortwörtlich zu verstehen und sie gar nicht im Kontext ihrer historischen Entstehung auszulegen. Daher bekämpften sie Abduh und seine Mitstreiter und warfen ihnen Ketzerei vor[23]. Während er in theologischen Fragen mit Al-Afghani weitestgehend einer Meinung war, waren die Unterschiede zwischen den beiden hinsichtlich der politischen Vorgehensweise immens. Abdus Lehrmeister trat für revolutionäres Handeln ein und schreckte nicht davor zurück, Gewaltakte, Attentate und Umstürze als *ultima ratio* gegen despotische Herrscher gutzuheißen. Abduh dagegen befürwortete die evolutionäre Methode als den Weg politischen und sozialen Wandels. Außerdem war für den Pragmatiker Abduh die Suche nach Kompromissen ein Zeichen politischer Vernunft. In seinen späteren Jahren wurde Al-Afghani immer mehr zum revolutionären Umstürzler, während Abduh lebenslang an seiner friedlichen Reformagenda festhielt. Diese enthielt drei Hauptforderungen:

- Der Geist solle durch vernunftorientiertes Wissen neugeformt werden.
- Religion dürfe nicht länger als Gegenpol zur Wissenschaft verstanden werden.
- Religion solle anhand ihren Primär-, nicht sekundärer Quellen ausgelegt werden.[24]

Obwohl er große Sympathie für das nationale Anliegen seines Heimatlandes Ägypten hegte, das er von fremden Völkern wie Albanern, Tscherkessen und Armeniern dominiert sah und er selbst Mitglied einer patriotischen Partei (Al Hisb al-Watani) war, stand er dem »revolutionären« Urabi-Aufstand skeptisch gegenüber.

Die national-religiöse Orientierung Abduhs unterscheidet sich deutlich von dem an Europa orientierten Nationaldenken ägyptischer Intellektueller, die wie Mustafa Kamil (1874–1908), der Schriftsteller Taha Hussein (1889–1973) und der Historiker Lutfi Assayid die Zugehörigkeit zu einer Nation nicht länger über den Begriff der Religionszugehörigkeit definierten.

Der bereits erwähnte libanesische Panislamist Rashid Rida, der von der Literatur, Islamlehre und Pädagogik kam, lernte Abduh in Beirut kennen und schätzen. Er stand stark unter seinen religiös-reformerischen wie auch politischen Einflüssen, unterschied sich von ihm durch seinen starken Hang zur traditionell sehr rhetorisch geprägten islamischen Mission. Ende des 19. Jahrhundert gab Rida in Kairo die panislamisch-politisch-pädagogische Zeitschrift »Al-Manar« heraus, die an die reformfreudige Zeitschrift »Al-Urwatul Wuthqa« aus Paris anknüpfte[25].

Ridas Denken wich noch in einem anderen wesentlichen Aspekt von dem seines Lehrers ab. Er war ein Panislamist mit geringer Reformneigung. So hinterfragte er kaum die Aussagen der Religion, sondern nahm sie kritiklos auf. Und weil das Osmanische Reich die Sache des Islam zumindest formal auf seine Fahnen schrieb, verbat er sich im Gegensatz zu Al-Afghani und Abduh jegliche Kritik an der Hohen Pforte. Auch die Forderung nach einem »arabischen« Kalifat an Stelle des türkischen verwarf er gänzlich. Diese Haltung Ridas brachte ihm seitens vieler Intellektueller den Vorwurf politischer Restauration ein[26]. In seinem Buch über das Kalifat tadelt er den in der Türkei grassierenden Säkularismus unter der Führung von Mustafa Kemal Atatürk als entwicklungs- und reformhemmend sowie gegen den Islam gerichtet. Die Alternative war für ihn unumstößlich eine panislamische Bewegung unter der Führung von Arabern und Türken: »Die Araber sind der Kern des Islams, die Türken dessen robustes Schwert.«[27] Rida tadelte ebenfalls die unter europäischem Einfluss stehenden nationalliberalen Denker in Ägypten und anderen muslimischen Ländern, die ebenfalls wie die Kemalisten um Atatürk das islamisch orientierte osmanische Reich kritisierten und in ihm eine Quelle von Rückständigkeit und Dekadenz sahen. Die Nationalliberalen waren in der Türkei gut organisiert, in Ägypten steckten sie noch in den Anfängen der Bewegung; in Syrien, im Irak oder Indien waren sie kaum präsent auf der politischen Bühne. Rida empörte sich daher insbesondere über die neuen Verhältnisse in der Türkei und beschwerte sich über den Wandel, auch wenn der gewiss nur die Bildungselite erfasste: »Einst bekannte der Türke, nach seiner Identität gefragt, er sei ein Muslim. Dadurch sah er sich von Römern aber auch Armeniern unterschieden. Heute pflegt er, sich bloß als Türke zu bezeichnen[28].« In Ägypten bekannten sich die Anhänger nationalen Denkens eher zum gemäßigteren Patriotismus (Wataniyya) als zum Nationalismus (Qawmiyya). Auch diese Formel gefiel dem rigoros panislamisch denkenden Rida gar nicht, sah er doch darin letztlich nur ein Zeichen der »Europäisierung«, der blinden Nachahmung kolonial-europäischer Traditionen und damit ein Abrücken vom rechten islamischen Weg. Er sah im Wirken von Vertretern der neuen Strömungen in Schulen, Amtsstuben und anderswo die Gefahr einer Infizierung der jungen Generation Ägyptens. Dann gäbe es dort nicht mehr eine »islamische Agenda«, sondern nur noch eine »ägyptische Gesetzgebung«, ein »ägyptisches Recht« und schließlich nur noch »ägyptische Interessen«[29]

Abdulrahman Al-Kawakibi zog wie der Libanese Rida später nach Ägypten, wo die maßgeblichen Panislamisten wirken, zumal das geistige Klima dort deutlich freier war als etwa in der Levante oder in anderen Teilen der muslimischen Welt. Ganz anders als für Rida waren für ihn Panislam und Patriotismus, gar Nationalismus keine Gegensätze,[30] vielmehr glaubte er, durch sein Denken und Wirken eine Brücke zwischen beiden Strömungen schlagen zu können. Dieser emphatische Befürworter eines gesamtarabischen Einigungsprozesses war aber keineswegs gegen das islamische Kalifat. Er wollte sogar ein neues Kalifat errichtet sehen, allerdings diesmal nicht unter einem osmanisch-türkischen sondern unter einem arabischen Patronat. Der legitime Kalif, schreibt er in seinem Hauptwerk »Umm Al-Qura« (»Mutter aller Dörfer«, ein Beiname von Mekka), sollte obendrein wie der Prophet Mohammad dem Mekkanischen Stamm Qureisch entstammen.[31] Diese Einstellung ist ein Paradebeispiel für den ethno-religiösen Nationalismus, der lange Zeit arabische Politiker und Nationaldenker inspirierte. Al-Kawakibi begründet diesen Anspruch damit, dass Arabisch die

Sprache des Korans sei und die Araber diejenigen waren, die die Sunna, also die Überlieferung des Propheten, als erste verbreitet hätten.

Dennoch war die panislamische Mission das Herzstück seines Werkes, und er bewegte sich insgesamt durchaus in der Tradition seiner Lehrmeister Al-Afghani und Abduh. In einer von ihm visionär entworfenen Panislamischen Konferenz spürt man die stärkere Nähe Al-Kawakibis zum Islamgedanken als zum frühen Nationalismus. So beschreibt er in den fiktiven Dialogen dieser Konferenz mit Bitterkeit den Verfall der islamischen Welt und sucht Wege, sie mit Hilfe panislamischer Reformideen aus Rückständigkeit und Lethargie zu Fortschritt, sozialer Gerechtigkeit, Frieden und Wohlstand zu führen. Grundübel seien neben der fremden Interventionspolitik die despotischen und ungerechten Führungsverhältnisse im »Islamischen Staat«. Er verwendet diesen Begriff in abstrakter Form, wobei er alle Gemeinwesen im Auge hatte, in denen Muslime, zumeist als Mehrheitsgemeinschaft, lebten.[32]

Es gab also deutliche Unterschiede in den Reihen führender Panislamisten des späten 19. und frühen 20. Jahrhunderts. So sah Al-Afghani keinen Gegensatz zwischen islamischer bzw. panislamischer Orientierung und dem frühnationalen Begehren der einzelnen Völker innerhalb der Umma. Er war in erster Linie religiöser Reformer, der sich aber agitatorisch ununterbrochen in die Tagespolitik einmischte, despotische Herrscher anprangerte und zu deren Sturz auf »revolutionäre« Art anstachelte. Abduh hingegen war ein Mann bedächtiger, evolutionärer Vorgehensweise. In gewisser Hinsicht war er ein Utopist, der glaubte, die beklagenswerte Krise der Umma allein durch Reform, Vernunft und Konsensdenken bewältigen zu können. Al-Kawakibi war in seiner Adaption des Frühnationalismus viel weiter als die anderen. Der konservativste unter ihnen war zweifelsohne Rida, dessen Ideenwelt ausschließlich auf den Islam ausgerichtet war. Partikuläre oder dezidiert nationale Gedankengänge waren ihm zuwider. Einzig der Islam hatte aus seiner Sicht den moralisch bindenden Primat.

Gemeinsam war ihnen der Wunsch und das Bestreben, die Umma aus ihrem Zustand von Dekadenz und Lethargie zu befreien und in langfristiger Perspektive einen modernen und gerechten gesamtislamischen Staat entstehen zu lassen, der stark genug sein würde, äußeren Machteinflüssen Einhalt zu gebieten und im Innern Gerechtigkeit, Gleichheit und Wohlstand durchzusetzen.

Erstaunlicherweise wird das Werk Al-Afghanis und seiner Schüler in der arabischen Literatur und Geschichtsschreibung vornehmlich in der Tradition des Panislam gesehen, sozusagen als eine rein religiöse Mission. Seine Abhandlungen und Reden, die seinen auf Persisch verfassten Artikel über den modernen Begriff der »Nation« ähneln, also für die Unterstützung nationaler Begehren in den einzelnen Ländern des muslimischen Raumes gegen den osmanischen Despotismus und die europäische Interventionspolitik im Orient eintreten, fanden wenig Beachtung.[33] Dabei beeinflusste sein Werk nachhaltig die nationalen Bestrebungen in diesen Ländern, vor allem in Ägypten, wo sich der 1881 ausgebrochene Aufstand des Offiziers Ahmad Urabi vom Gedankengut dieser Schule inspirieren ließ. Ebenfalls spielte die Ideenwelt dieser Schule eine durchaus wichtige Rolle bei der Rebellion der »Freien Offiziere« on Ägypten unter Gamal Abdel-Nasser im Jahre 1952. Dadurch stürzte die Monarchie und eine nationale Republik entstand, die sich später sukzessiv dem über Ägypten hinaus gehenden Panarabismus verschrieb. Nasser und seine Getreuen wählten den revolutionären Weg, den Al-Afghani immer wieder als Mittel der Befreiung propagierte, während die überwiegende Zahl der dem Obrigkeitsstaat angepassten Rechtsgelehrten und maßgebliche Teile der in Europa ausgebildeten Elite dem evolutionären Weg der Reformen den Vorzug gaben.

Das Werk Al-Afghanis stellt trotz seiner Affinität zur Revolutionsidee einen Gegenentwurf zu den gewaltbereiten terroristischen Dschihadisten unserer Zeit wie Al-Kaida, Al-Nusra und vor allem dem »Islamischen Staat« (IS) dar. Diese Gruppen, die weltweit Anschläge verüben, Meinungsfreiheit als Relikt westlicher Dekadenz verachten und bekämpfen sowie Gewalt nicht nur gegen »Ungläubige« ausüben, sondern auch und gerade gegen Andersdenkende in den Reihen tiefgläubiger Muslime. Die Instrumentalisierung und Pervertierung des Islam durch solche und ähnliche Terrorgruppen hat drei maßgebliche Gründe: Es hat erstens in der islamischen Welt keine Fortsetzung von Reformprozessen im Sinne Al-Afghanis gegeben. Auch dieser Prozess kam ohnehin nie zu einem Abschluss und ist in vielen Teilen gescheitert. Ein zweiter Grund liegt darin, dass die gewaltbereiten Islamisten aufgrund des Fehlens eines profunden Hintergrundwissens für sinnentstellende Fehlinterpretationen des Korans anfällig sind. Der dritte Grund liegt schließlich in der vielfach verfehlten Politik des Westens gegenüber dem arabisch-muslimischen Raum. Dies gilt für die neokolonialen Verfehlungen und nicht zuletzt für die rigorose pro-israelische Haltung der USA. Diese Einseitigkeit bewirkt häufig, dass Israel maßgebliche Resolutionen der Generalversammlung und des Weltsicherheitsrats der Vereinten Nationen außer Acht lässt, ohne dass ihm ein Sanktionsregime droht.

Zwar wollte auch die Schule Al-Afghanis Dekadenz und Ungerechtigkeit mithilfe des »wahren« Islam überwinden und befürwortete im

Falle des Urabi-Aufstands in Ägypten Gewaltanwendung gegen das herrschende Khediven-Regime. Diese Schule hat indessen – völlig im Gegensatz zu den heutigen Dschihadisten – die Bekämpfung nicht-islamischer Glaubensrichtungen oder gar anderer Konfessionen innerhalb des Islam nie auf ihre Fahnen geschrieben. Sie pflegte vielmehr zu den beiden anderen Abrahamitischen Religionen (Judentum und Christentum) ein enges, vertrauensvolles Verhältnis. Es wird sogar berichtet, dass Al-Afghani und Mohammad Abduh Mitglieder einer Freimaurer-Loge gewesen sein sollen, was ihm von restaurativ-dogmatisch denkenden Religionsgelehrten der Vorwurf der Häresie oder gar des Unglaubens einbrachte.[34] Außerdem hat Al-Afghani auch in Indien die Widerstandsbewegungen gegen die britische Kolonialmacht nach Kräften unterstützt, wobei er die Hindus in seine Agenda einbezog.[35]

Al-Afghani und die Muslimbruderschaft

Hassan Al-Banna (geboren 1906 in der Nähe von Alexandria) gründete 1928 die panislamische Ikhwan-Bewegung, die durchaus in der Tradition der Reformbewegung um die Schule Al-Afghanis zu sehen ist, allerdings deutlich radikalere agitatorische, soziale und politische Aktionen auf ihre Fahne geschrieben hat. An vorderster Stelle ihres Aktionsprogramms standen die Durchsetzung einer »islamischen« öffentlichen Ordnung und die Bekämpfung kolonialer bzw. westlicher Einflüsse. Ihre islamische Agenda war politisch und erzieherisch akzentuiert.[36] Aus dem Forderungskatalog dieser Schule entwickelte die Bewegung einen detaillierten Handlungsplan, der vor aktiven, auch gewalttätigen Aktionen nicht zurückschreckte. Al-Banna und seine Anhänger huldigten einer Ideologie, die man als religiös inspirierten Nationalismus bezeichnen könnte. Nach heftigem Streit mit der ägyptischen Regierung wurde 1948 der damalige Premier Mahmoud Nukrashi Pascha nach dem Verbot der Bruderschaft von Anhängern der Bewegung ermordet. 1949 wurde Al-Banna unter bisher unaufgeklärten Umständen Opfer eines Attentats in Kairo. In seiner Jugend während der 1920er und 1930er Jahre empörte er sich über den in den größeren Städten Ägyptens sich breitmachendem liberalen Geist säkular denkender Intellektueller, deren Denken er als libertär, anzüglich und atheistisch kritisierte. Im Großen und Ganzen vertrat er eine streng religiöse Haltung und forderte von der Gesamtheit der muslimischen Gemeinschaft ein rigoroses, kompromissloses Moralverständnis.[37] Al-Banna stand zweifelsohne unter dem geistigen Einfluss der Reformbewegung um Al-Afghani. Besonders Rida war für ihn ein Vorbild, wenngleich dieser bei aller Sympathie für die neue Bewegung nicht jeden Aspekt ihrer politisch-kämpferischen Praxis zu teilen schien. Hingegen schien er den Wahhabismus deutlich weniger zu unterstützen, da er darin – mit Recht – kaum politische Impulse fand. Zu eng war der Wahhabismus mit dem Machtbereich der Saudis verbunden und nicht von der Umma als Ganzes verinnerlicht.

Die Stadt Ismailia, in der die Bewegung gegründet wurde, spielte für den Befreiungsgedanken eine sehr wichtige Rolle. Denn dort waren die Sitze der britischen Militärbasis und der Suez-Kanal-Gesellschaft, also die Zentralen der kolonialen Hegemonialmächte. Die Ägypter, traditionell tief religiös und mit ihrer Heimat von jeher tief verwurzelt, fanden großen Gefallen an Idee und Wirken dieser neuen Bewegung. Die Begeisterung wuchs ins Unermessliche, als man erfuhr, dass sich die Kampftruppen der Muslim-Bruderschaft im Palästina-Krieg 1948 gegen die zionistische Übermacht tapfer und aufopferungsbereit geschlagen hätten.[38] Im Mittelpunkt der von der Ikhwan-Führung gehaltenen Brandreden sowie in deren Predigten, Pamphleten und sonstigen Veröffentlichungen stand die Forderung nach Erneuerung und der Bekämpfung von Korruption und Vetternwirtschaft. Nach außen bekämpften die Muslimbrüder die zunehmenden kolonialen Einflüsse europäischer Großmächte und forderten die völlige Befreiung nicht nur Ägyptens, sondern aller anderen muslimischen Länder von diesen fremden Möchten. Ihre Agitation war im Stil Al-Afghanis nicht auf das ägyptische Territorium eingeschränkt, sondern wandte sich an alle benachbarten Länder (Syrien, Jordanien, Libanon und zum Teil Irak). Zu den heute bekanntesten Ablegern der Muslim-Bruderschaft gehören die palästinensische Hamas und ähnliche islamistische Gruppierungen in Syrien und Jordanien.

Die »Freien Offiziere«, die unter der Führung des späteren ägyptischen Präsidenten Gamal Abdel-Nasser durch ihren Putsch im Juli 1952 die Monarchie stürzten und einen anti-britischen bzw. anti-französischen Kurs einschlugen, hatten ein ambivalentes Verhältnis zu den Muslimbrüdern. Einerseits übernahmen sie deren Grundprinzipien, da die meisten von ihnen ohnehin tief religiös waren. Einige Zeit standen die Muslimbrüder ausdrücklich unter dem Patronat der neuen Herrschaftselite und wurden – anders als etablierte Parteien – hofiert. Möglicherweise erhoffte man sich durch das Zusammengehen mit dieser im Volk recht populären Bewegung eine breitere Unterstützung.[39] Andererseits erkannten die Freien Offiziere bald, dass die Muslimbrüder auch ernstzunehmende, ja gefährliche Rivalen sein könnten. Es kam zu Spannungen und gegenseitigen Schuldzuweisungen. Ein Attentatsversuch gegen Nasser hatte zur Folge, dass die Bewegung erneut verboten wurde, ihre Führungsriege gegängelt und verhaftet wurde. Der ideologische Führer der Muslim-Bruderschaft, Sayed Qutb, der die Verhältnisse innerhalb der islamischen Umma einschließlich des revolutionären Ägyptens, als Unwissen und Rückständigkeit Geprägt (»Dschahiliyya«) beschrieb, wurde 1966 hingerichtet. Es dauerte Jahre, bis eine allmähliche Normalisierung des Verhältnisses zwischen dem Staat und der Bruderschaft in der Ära des Präsidenten Sadat möglich geworden war. Sadat war ohnehin derjenige »Freie Offizier«, der am stärksten die Ideen der Muslim-Bruderschaft teilte. In seinem 1954 erschienenen Buch »Unbekannte Blätter« bekannte Sadat sich zu einem Kurs der »Erneuerung« und des »religiösen Bekenntnisses« bei den Muslimbrüdern. Lange Zeit agierte er Vermittler zwischen ihnen und den Freien Offizieren.[40]

Wahhabismus, Salafismus und Al-Afghani

In der Wahrnehmung der westlichen Öffentlichkeit werden radikale islamistische Gruppen, vor allem die Salafisten, als Panislamisten bzw. Parteigänger eines dezidiert politischen Islam dargestellt. Diese Politisierung des Salafismus ist ein Phänomen, das man besonders in der westlichen »Diaspora« beobachtet. In den Stammländern der Muslime haben hingegen weder die Salafisten noch die extrem konservativ-restaurativ denkenden Wahhabiten lange Zeit kaum Ambitionen auf politisches Handeln entwickelt.[41] Die Salafisten entwickelten sich immerhin im Zusammenhang mit den Auswirkungen und Verwerfungen des »Arabischen Frühlings« etwa seit 2010 zu einer beachtlichen politischen Größe besonders in Ägypten, wo sie an Wahlen mit guten Ergebnissen teilnahmen, aber auch in Syrien, Jordanien und einigen Ländern des arabischen Maghreb.

In ihren Grundprinzipien und Handlungsweisen, Prioritäten und Zielen stehen die Wahhabiten und Salafisten allerdings nicht in der Tradition des panislamischen Denkens Al-Afghanis, Abduhs oder der Muslim-Bruderschaft. Ihr Bestreben, und das besonders bei den Wahhabiten, ist fast ausschließlich auf Durchsetzung der vom reinen Islam der Frühzeit verordneten Riten, Gebote und Verbote gerichtet – mit Hilfe von Predigten und Erziehungsseminaren, aber häufig genug durch Gängelung und Bestrafung derer, die vom rechten Weg des Glaubens abgekommen sind. Die Wahhabiten wollen keinen »islamischen

Staat« schaffen, glauben sie doch fest daran, in Saudi-Arabien bereits in einem solchen zu leben. Tatsächlich lieferte der Begründer dieser Glaubensrichtung, Mohammad bin Abdulwahhab (1703–1792), die geistig-religiöse Legitimität für die spätere politische Herrschaft des Hauses Ibn Saud auf der arabischen Halbinsel. Ob die Regierungen dieses Landes heute, von der formal allzu strengen und oft oberflächlichen Interpretation des islamischen Glaubens abgesehen, die Regeln des Islam auch inhaltlich einhalten, darf man vor allem im Hinblick auf den verschwenderischen und moralisch fragwürdigen Lebensstil der herrschenden Schichten und deren Entourage stark bezweifeln. Jedenfalls ist die Rettung der Umma aus ihrer Lethargie und damit die Schaffung eines panislamischen Staates kein wichtiges Ziel der Salafisten und Wahhabiten in Saudi-Arabien.

Der IS, die Baath-Partei und der Dschihadismus

Erst Ende der 1990er Jahre – der Irak steckte wegen der massiven internationalen Sanktionen in einer verfahrenen wirtschaftlichen Lage – entdeckte der eigentlich völlig säkular denkende Staatschef Saddam Hussein aus politischem Kalkül den Islam als Mittel zur Festigung seiner angeschlagenen Herrschaft. Es war daher nicht verwunderlich, dass nach Auflösung der Armee und Verbot der bisher regierenden Baath-Partei infolge der US-geführten Invasion 2003 viele ehemalige Parteikader und Staatsfunktionäre wie auch Hunderte von entlassenen Offizieren und Soldaten sich den radikalen sunnitisch-dschihadistischen Milizen anschlossen. Für die meisten von ihnen ging dieser Anpassungsprozess zügig vonstatten. Erstens weil das religiöse Element inzwischen eben nicht mehr als reaktionär und verpönt galt. Zweitens, und das ist sicher der wichtigere Beweggrund, weil angesichts der verheerenden Schmach im Irakkrieg die Grenzen zwischen den ohnehin in vieler Hinsicht kompatiblen Ideen des säkularen Panarabismus und des Panislam noch fließender werden konnten. Zwei gemeinsame Feinde – die USA als Besatzungsmacht und das Regime des dezidiert schiitisch-fundamentalistischen Ex-Premiers Nuri Al-Maliki machten aus vielen säkularen Baath-Anhängern und in Religionsfragen wenig interessierten Ex-Offizieren der aufgelösten Armee nicht nur politische Hauptverbündete des IS, sondern sogar den entscheidenden militärischen Machtfaktor innerhalb dieser Terrororganisation. In kurzer Zeit konnte der IS wichtige irakische und syrische Städte wie Mosul und Raqqa unter seine semistaatliche Kontrolle stellen. Dabei dürfte die Zahl der IS-Dschihadisten kaum mehr als 20.000 betragen haben, während die Soldatenzahl der regulären irakischen Armee über 500.000 lag. Dass das Schreckensregiment in den vom IS kontrollierten Gebieten mit Willkür, Hinrichtungen, Folter und Übergriffen gegen die Zivilbevölkerung einherging,[42] durfte für die alten Kader Saddam Husseins nicht von nennenswerter Bedeutung gewesen sein. Der frühere Stellvertreter Husseins, Izzat Ibrahim Al-Duri, war bis zu seinem offensichtlich gewaltsamen Tod der führende Kopf der Baath-Partei innerhalb der IS-Führungsriege. Ihm fiel der Übergang von der säkularen Baath-Idee zum Dschihadismus des IS leicht ein, da er schon immer für seine frühe Überzeugung von der Kompatibilität zwischen dem arabischen Nationalismus und einer wie auch immer gearteten Islam-Ideologie bekannt war. Die strategisch und konzeptionell verfehlte US-Irakpolitik erfolgte in Form einer unbesonnenen, ideologieähnlichen Überreaktion auf die Terroranschläge vom 11. September 2001. Die abrupt und kompromisslos durchgesetzte Stigmatisierung der alten Kader von Saddam Hussein ist daher für die heute beobachtete Radikalisierung des Dschihadismus mitverantwortlich. Auch die von den USA mit einem Federstrich vorangetriebene Privilegierung von Teilen des schiitischen Establishments auf Kosten der sunnitischen Bevölkerungsanteile und Regionen erweist sich als kontraproduktiv und kurzsichtig. Diese nicht zu Ende gedachte, aber wohl gewollte Spaltung der Gesellschaft verwandelte die bisher schwelenden konfessionellen Vorurteile in einen erbarmungslosen, mörderischen Konflikt.

2) Der ägyptische Nationalismus

Ägyptische Identität?

Lange gab – und es gibt sie noch immer – lebhafte Debatten in Ägypten über den Begriff des Nationalismus, genauer um die Frage, woher sich dieser Begriff im Falle Ägyptens ableiten lässt. Strenggenommen gibt es für die Beantwortung dieser Frage zunächst keinen substantiellen Unterschied zwischen diesem Land und etwa der Levante bzw. Syrien im kulturell-historischen Kontext. Denn die Völker beider Gebiete sind kulturgeschichtlich im Gegensatz zu den Bewohnern der arabischen Halbinsel nicht genuin arabisch. Was sind sie sonst? Man spricht von den arabisierten Völkern, wobei der Prozess der Arabisierung dort historisch mit der Islamisierung einherging. Persien als Gegenbeispiel wurde zwar durch die islamischen Eroberungskriege (in der islamischen Terminologie beschönigend »Fath«, was so viel heißt wie »Befreiung« genannt) und die *Daua* (d. h., für den Islam und dessen Verbreitung zu werben) zu einem muslimischen Land, ohne sich jedoch im Gegensatz eben zu Ägypten und der Levante arabisieren zu lassen. Nun ist dieser doppelte Prozess der Islamisierung und Arabisierung durch die überwältigende Mehrheit der Bevölkerung in der Levante und sicherlich auch im Irak und größtenteils im Maghreb problemlos akzeptiert worden. In Ägypten war das lange Zeit und ist teilweise heute noch nicht der konsensfähige Mainstream. Während in Syrien und Palästina das Bewusstsein für die Zugehörigkeit zur arabischen Nation sowohl unter Muslimen als auch Christen dezidiert vorhanden ist, muss man das im Falle Ägyptens geistiger Eliten differenzierter betrachten.

Die traditionell islamisch geprägten Ägypter definieren sich mühelos als Teilhaber einer aus drei sich nicht widersprechenden Elementen bestehenden Identität. Somit sind sie Ägypter, Araber und Muslime, wobei die Reihenfolge durchaus variabel sein kann, denn sie hängt davon ab, welches dieser Elemente als besonders prägend angesehen wird. Doch der Islam ist in jeder Variante ein unverzichtbares Element der Identitätsstiftung. Übrigens neigen viele Menschen aus dem Maghreb dazu, sich in erster Linie als »Muslime« zu bezeichnen, wobei sie beides meinen: Muslime und Araber. Für sie ist der Begriff »Muslim« insofern integrativer, als er beide Volksgruppen, Araber und Berber, umfasst. Da so gut wie alle Einheimischen dort Muslime sind und die Nichtmuslime dort in aller Regel europäischer Abstammung sind, ist diese Gleichsetzung nur zum Teil problematisch. Heikler wird die Kategorisierung »Araber gleich Muslime«, wenn man sie auf Ägypten, die Levante oder den Irak übertragen will. Denn in diesen Regionen sind die dort lebenden Araber nicht nur Muslime, sondern auch tiefverwurzelte Christen, zum Teil auch Juden.

Eine zweite Gruppe der Ägypter bekennt sich unter dem Einfluss des Panarabismus nasseristischer Prägung zur Zugehörigkeit Ägyptens zur arabischen Welt, wobei hier der islamische Glauben kein zwingendes Kriterium der Nationsbildung ist. Innerhalb dieser Gruppe dürfte die Einbeziehung nichtmuslimischer Bevölkerungsteile, insbesondere der Kopten, in der Theorie problemlos von statten gehen. Doch hier bestehen seitens vieler Kopten heftige Einwände dagegen, da sich diese meist als Ägypter und nicht Araber definieren.

Die dritte Gruppe besteht aus säkularen, in Europa geistig sozialisierten Intellektuellen, die wie der Philologe und Orientalist Taha Hussein die kulturelle und geschichtliche Relevanz des Islam für das Land relativieren, zum Teil sogar marginalisieren und Ägypten in der historischen Rückschau als Nachfolgestaat der altägyptischen Reiche betrachten. Der Schriftsteller Taha Hussein sah das Ägypten des 20. Jahrhunderts weder als arabisches, noch muslimisches, schon gar nicht als afrikanisches Land, sondern als Teil einer, von ihm häufig genannten »Mittelmeerkulturlandschaft«.[43] Deutlich häufiger als in der heutigen Zeit hörte man in der ersten Hälfte des 20. Jahrhunderts solche Bekenntnisse, die signalisieren sollten, dass dieses Land in erster Linie »pharaonisch«, »ägyptisch«, ja Teil Europas sei. Viele zeitgenössische Politiker, Schriftsteller und Wissenschaftler lehnten solche Bekenntnisse zum ägyptischen Nationalismus nicht ab, ohne jedoch die umfassendere Idee des Panarabismus dabei in Frage zu stellen. Zu ihnen gehörten der Politiker Abdelrahman Azzam (1893–1976), der 1945 erster Generalsekretär der Liga der arabischen Staaten wurde, der hohe Offizier tscherkessischer Abstammung Aziz Al-Masri (1879–1965), und der Literat Ibrahim Abdulkadir Al-Mazni (1889/90–1949), die alle die geistige und politische Nähe zum islamisch geprägten Arabertum für etwas Selbstverständliches hielten. Zu ihnen gehörte auch der Christ Akram Ebeid, der mehrfach Minister und eine Führungsfigur der Wafd-Partei war. Zeitlebens wandte er sich gegen religiösen Fanatismus und konfessionelle Abspaltungstendenzen.

Geschichtliche Wurzeln der heutigen ägyptischen Identität

Als Napoleon Bonaparte 1798 seinen Ägypten-Feldzug unternahm, war die ägyptische Gesellschaft von altherbrachten, stumpfen Strukturen geprägt. Zweifelsohne ging es dem fremden Feldherrn in aller ersten Stelle um die Befriedigung französischer Wirtschafts- und Machtinteressen in der Region in Konkurrenz mit anderen europäischen Kolonialmächten. Als Franzose war ihm zugleich die Verbreitung der eigenen Kultur eine Herzenssache, dies insbesondere, da er Ägypten angesichts der überragenden Bedeutung seiner alten Kultur- und Kunstschätze ohnehin als eine große Kulturnation ansah. Die napoleonische Expedition und das spätere Studium einiger Ägypter aus der Ober- und Mittelschicht in Frankreich schärften bei den wirtschaftlich aufsteigenden, zu Bildung und Offenheit neigenden Schichten dieses Landes das Bewusstsein, anders, erhabener zu sein als die Nachbarn aus arabischen oder afrikanischen Ländern, und zudem zu einem noch in den Anfängen befindliche, abstrakte Gebilde namens »Nation zu gehören«[44].

Ein Zeitgenosse und kritischer Begleiter Napoleons und seiner kolonialen Ambitionen auf Ägypten, der ägyptische Geschichtsschreiber

Abdulrahman Al-Gabarti (1756–1825) stand unter dem Einfluss des europäischen Denkens der Aufklärung. Allerdings verwendet er in seinen Werken noch nicht die modernen Begriffe »Nation«, »Volk« oder »Staatsbürger«. Vielmehr gebraucht er zu jener Zeit gängige Ausdrücke wie »Raaya« (Untertanen), »Ahali« (Sippen und Familien), »Naas« (Menschen, Leute) und »Khalq« (Menschheit, Schöpfung Gottes) – Begriffe also, die aus der Tradition der islamischen Umma vertraut waren. Gelegentlich verwendet er das Wort »Daula«, das in heutiger Zeit »Staat« im modernen Sinn bedeutet. Aber darunter versteht er die im Besitz der Macht herrschenden Schichten, denen er im Übrigen kein Vertrauen entgegenbringt und sie verächtlich als »vergänglichen Schatten« abtut. Außerdem ist für ihn dieses Abstraktum ein Synonym für das durch Verderben gekennzeichnete irdische Leben schlechthin. So gesehen war Al-Gabarti weit entfernt davon, der Prototyp eines nationalistischen Denkers zu sein. Und wenn überhaupt, dann nur im Ansatz: Da berichtet er wohlwollend vom »Stolz« der Fellachen und armen Stadtbevölkerung, deren Männer in der Ära Muhammed Ali schmucke Militäruniformen tragen durften[45]. Die Muhammed Ali-Dynastie, die mit dem Militärstaatsstreich 1952 ihr Ende nahm, brachte trotz ihrer Praxis polizeilicher Gängelung und maßloser Verschwendungssucht einiges im Bereich schulischer und hochschulischer Bildung, in den Sektoren Gesundheit, Hygiene und Infrastruktur auf den Weg. Hatten sich die Ägypter bis dato als beliebige Teilhaber einer größeren islamischen Umma gefühlt, die von der Hohen Pforte aus, regiert, oder genauer reglementiert wurden, so begannen die neuen aufstrebenden Bildungsschichten und Kaufleute damit, sich als »Ägypter« wahrzunehmen, als Menschen also, welche sich zumindest in wichtigen Nuancen von anderen Mitgliedern der Umma unterscheiden. Dieses Empfinden war keinesfalls ein Bruch mit der größeren, muslimischen Identität. Aber eine neue, bemerkenswert urbane Identität kam hinzu, die sich nicht ausschließlich durch die islamische Religion definieren lässt, sondern neuerdings durch landes- und volksspezifische Eigenschaften wie Mundart, Landschaft, Geschichte und Kultur.

Wie in anderen arabischen Ländern, im Maschrek wie im Maghreb schwankte Ägypten, allerdings schneller und risikoreicher, zwischen dem Festhalten an religiösen und gesellschaftlichen Traditionen und der allmählichen, recht anpassungsbedürftigen Übernahme europäischer Denkmuster und Politikmodelle. Ein heftiges Dilemma drohte Ägypten zu spalten und erschüttern. Einerseits war da der Wunsch der aufstrebenden Bildungsschichten und zu Reichtum gelangten städtischen

Kaufleute nach Übernahme liberaler Entwürfe politischer, geistiger und wirtschaftlicher Art aus dem europäischen Westen. Zum anderen schwebte am Horizont unübersehbar die Sorge, dass die zunehmende Präsenz der Europäer im politischen und wirtschaftlichen Leben des Landes zu einer Schmälerung traditioneller Wertvorstellungen und zur Untergrabung der ohnehin labilen Strukturen von staatlicher Souveränität und politischer Unabhängigkeit führen würde.

Rifaa Tahtawi und die europäischen Einflüsse auf den ägyptischen Nationalismus

Als theoretischer Begründer des ägyptischen Nationalismus gilt Rifaa Tahtawi (1801–1873), der sich, inspiriert von der im Zeitalter Muhammed Alis verbreiteten Idee der »Europäisierung« Ägypten, nach Frankreich begab, um dort Rechtswissenschaften zu studieren. »Europäisierung« war unter den Bildungsschichten ein Synonym für liberales, reformfreudiges, modernes und in gewisser Hinsicht sozialgerechtes Leben. Zum Einfluss der europäischen Zivilisation auf Tahtawi schreibt der Experte für Islamgeschichte und Geschichte Ägyptens Gamaleddin Ashayyal (1911–1967): »Zunächst verhielten sich die Ägypter diesen (europäischen) Formen misstrauisch gegenüber, was sie veranlasste, sie mit Vorbehalt zu übernehmen. Bald jedoch konnten sich diese neuen Formen schnell durchsetzen... So wurden in Kairo, Alexandrien und in anderen Großstädten neue breite Straßen gebaut. Die Häuser wurden nunmehr nach europäischem Architekturmuster gebaut. Schulen, Parks, Museen und andere Kulturanstalten wurden nach westlichem Vorbild errichtet«[46].

Das Denken Tahtawis sprengte durch seine Pariser Erfahrungen und späteren liberal-aufklärerischen Veröffentlichungen den klassischen Rahmen der islamischen Staatslehre. Er war nicht mehr bereit, die konservative Auslegung der islamischen Dogmen kritiklos hinzunehmen. So trat er für eine bessere Bildung der jungen Generationen ein, forderte die Beteiligung der »Bürger« – er sprach nicht mehr von »Untertanen« – an den politischen Prozessen ein, plädierte für zeitgemäße, der neuen Zeit anzupassende moderne Gesetze und stellte schließlich lapidar fest, dass jede Ära eine entsprechende neue Regierungsform erfordere, was deutliche Kritik an den verkrusteten, nicht enden wollenden bürokratischen Hemmnissen implizierte. Unverkennbar groß war also der Einfluss Frankreichs auf Tahtawis Denken. Der britisch-libanesische Orient-Forscher Albert Hourani weist nach, dass Tahtawi seinen Nationsbegriff von Montesquieu übernahm, der die Bedeutung geographischer Bedingungen und gesellschaftlicher Beschaffenheit für die Nationsbildung hervorhob. Im Übrigen war es keinesfalls im Sinne der autoritär regierenden ägyptischen Herrscher, dass einige entsandten Studenten sich mit Begeisterung und Hingabe mit den politischen, rechtlichen und gesellschaftlichen Verhältnissen in Frankreich befassten[47].

Der romantische Frühnationalismus Tahtawis, der sich solcher Begriffe wie »Patriotismus« und »Vaterlandsliebe« bediente, war ästhetisch, humanistisch und nicht auf die Ausgrenzung anderer ausgerichtet. Davon zeugen weniger seine rechtswissenschaftlichen Abhandlungen, als vielmehr sein dichterisches Werk, in dem er die kulturelle und religiöse Vielfalt Ägyptens verherrlichte. Wie in der klassischen Literatur üblich, war es für Tahtawi eine Selbstverständlichkeit, dass den Bürgern für das Wohl des eigenen Vaterlands große Opfer abverlangt würden[48]. Es war allerdings bezeichnend für das bourgeoise Denken jener Epoche, dass Tahtawi für solche heroischen Aufgaben der Vaterlandsliebe und des Aufbaus Ägyptens beinahe ausschließlich die Bildungselite und viel weniger die verarmten Massen in den Großstädten und auf dem Land auserkoren hatte. Im Wesentlichen war er ein einflussreicher Vertreter liberal-bürgerlicher Ideen, zum Teil auch ein intellektueller Rebell, der bedächtig und ohne revolutionären Elan gegen bestehende, verkrustete Feudalstrukturen aufbegehrte.

Ein elementarer Unterschied zwischen Al-Gabarti und Tahtawi besteht darin, dass dieser im Gegensatz zu Al-Gabarti die Geschichte zur Rechtfertigung seines Frühnationalismus-Gedankens instrumentalisiert. So berichtet er ausführlich über die Erhabenheit altägyptischer Kultur, die viele Jahrtausende überdauerte und über die Größe, Kühnheit und Kreativität derer, die diese Kultur erschufen, um dann zur Gegenwart mit dem Hinweis überzugehen, wer in alten Zeiten zu so einem ruhmreichen Schaffen fähig gewesen sei, in der heutigen Zeit durch die Nachfahren dieser hohen Kultur zu Größerem – im Dienste des Landes und der Bürger prädestiniert sein könne[49].

Der Begriff Patriotismus (»Wataniyya«) steht bei Tahtawi für eine Symbiose zwischen dem universellen Islam und der Idee eines romantischen Frühnationalismus. Erst nach seiner Epoche entsteht infolge neuerer politischer und gesellschaftlicher Ereignisse ein zum Teil künstlich erzeugtes Spannungsverhältnis zwischen diesen beiden Begriffen.

Besonders lag Tahtawi übrigens am Herzen, in bewährter arabischer Tradition Werke französischer und anderer westeuropäischen Protagonisten der aufklärerischen Moderne ins Arabische zu übersetzen.

Er knüpfte damit an die Tradition der »Ära der Übersetzer« an, die im blühenden islamischen Mittelalter durch die Übersetzung vieler griechischer und römischer Klassiker ein Meilenstein fortschrittlichen Denkens und Schaffens war.

Der islamisch orientierte Nationalismus Ägyptens

Zu den Wortsprechern dieser Strömung, die den modern verstandenen Patriotismus in Einklang mit dem islamischen Glauben sah, gehörten u. a. Ahmad Urabi, Abdullah An-Nadim und Mustafa Kamil.

Die Losung »Ägypten den Ägyptern« des aus wohlhabendem Haus stammenden hohen Offiziers Ahmad Urabi (1839–1911) elektrisierte das Bürgertum und die einfachen Leute. Er stand, beeinflusst von Tahtawi, dem frühen ägyptischen Nationalismus und der europäischen Aufklärung aufgeschlossen gegenüber. Stärkeren Einfluss auf ihn hatten jedoch die reformfreudigen Panislamisten um Al-Afghani und Mohammad Abduh, zumal sie zur Bekämpfung korrupter Herrscher und ausländischer Einflüsse aufriefen. Mit dem Scheitern seines Aufstands von 1881 gegen die Führung Ägyptens und die stärker werdende britisch-französische Kamarilla in Militär und Verwaltung des Landes erlitt die nationale Bewegung eine herbe Niederlage. Erst 1952 beriefen sich die Freien Offiziere unter Nasser auf das patriotische Erbe Urabis.

Abdullah Al-Nadim (1844–1896) war vom Hause aus ein tief überzeugter Panislamist, der aber zugleich eine Affinität zur frühen nationalen Bewegung in Ägypten fand. Sein Verständnis des »Wataniyya« (Vaterlandsliebe) war liberal, denn er sah die christlichen Kopten im Gegensatz zu anderen Panislamisten als gleichberechtigte Bürger Ägyptens an. Die Kopten standen ihm viel näher als die in Ägypten heimisch gewordenen Menschen aus der Levante. Seine Herzensangelegenheit blieb jedoch die Sache des Islam. Er rüttelte auch nicht an der Legitimität der Herrschaft der osmanischen Sultane in Ägypten und betrachtete sie als oberste Vertreter des Islam.[50] Seine politisch-agitatorische Tätigkeit richtet sich gegen die Verantwortlichen für die Finanzmisere des Landes und gegen die soziale Verelendung der Massen.

Mit Mustafa Kamil (1874–1908) gewann die nationale Bewegung in Ägypten erheblich an Boden. Das lag an seiner charismatischen Ausstrahlung und nicht etwa daran, dass er bereits ein solides Konzept einer nationalen Agenda gehabt hätte. Er bewunderte die französische Kultur und schwärmte von der Französischen Revolution. Er war außerdem der festen Überzeugung, Ägypten könnte die Kulturnation Frankreich im Kampf gegen den britischen Kolonialismus als Verbündeten gewinnen. Später musste er mit Verbitterung das Utopische seiner Ideen eingestehen, als er erkannte, dass für Frankreich vor allem die eigenen nationalen Interessen zählten.[51]

Kamil sah wie Urabi und An-Nadim keinen Widerspruch zwischen Islam und Nationalismus. Im Gegenteil, er fand im moderat ausgelegten Islam eine wichtige Stütze für sein Patriotismus-Konzept. Denn der wahre Islam rufe *a priori* zur Prinzipien der Vaterlandsliebe, Gerechtigkeit, Einigung, Gleichheit und Toleranz auf[52]. Kamil fühlte sich als Ägypter und Muslim, kaum jedoch als Araber. Es war daher nicht verwunderlich, dass er die etwa bei Rashid Rida erhobene Forderung nach einem »arabischen« Kalifat anstelle des osmanisch-türkischen verwarf. Ihm war auch das Streben einiger einflussreicher Männer aus der Provinz Hidschaz nach der arabischen Einheit unter dem Patronat der Haschemiten-Dynastie suspekt. Er wusste mit diesem Modell wenig anzufangen und vermutete dahinter ein machtpolitisches Spiel Großbritanniens.

Wie bei Tahtawi und anderen frühnational denkenden Ägyptern pries Kamil sein Land als Paradies auf Erden in einer Weise, die an die europäischen, insbesondere die deutschen Vertreter der Nationalromantik erinnert – etwa an J. G. Fichte, J. G. Herder, Friedrich Ludwig Jahn oder Ernst Moritz Arndt. Sein romantisch-ästhetisches Ägypten-Bild, in dem verschiedene Religionen und Ethnien in Eintracht miteinander leben, hinderte ihn jedoch nicht daran, die koptische Minderheit skeptisch zu beäugen und die nach Ägypten eingewanderten Syrer und Libanesen hasserfüllt als »Eindringlinge« und »Infiltranten« zu denunzieren und sie der Kollaboration mit der britischen Besatzungsmacht zu bezichtigen.[53]

Der weltliche ägyptische Nationalismus

Zu den Schülern Tahtawis gehörten die westlich orientierten, liberalen Nationalisten Lutfi Assayid (1872–1963) und der bereits erwähnte Schriftsteller Taha Hussein. Während Tahtawi seinem Nationalismus-Begriff auch traditionelle und religiöse Elemente einverleibte, entschieden sich Assayid und insbesondere Taha Hussein für eine rigorose »ägyptische« Form des Nationalismus. Beide empfanden ein aus europäischen Quellen gespeistes Sendungsbewusstsein für Ägypten und verwarfen den religiösen Universalismus osmanischer bzw. traditioneller Prägung. Sie hatten gegen die Leitung der traditionellen islamischen Lehranstalten wie Al-Azhar eine tiefsitzende Abneigung. Tatsächlich sind die meisten Rechtsgelehrten bis heute nicht bereit, die Auslegung von Koran und Sunna an zeitgenössische Denk-und Lebenskategorien anzupassen.

Für den westlich gebildeten Lutfi As-Sayyid spielte die Religion als eine der Säulen der Nationsbildung nur eine marginale Rolle. Im Stil der Anhänger der italienischen Nationalbewegung des 19. Jahrhunderts unter Garibaldi argumentierte er apologetisch, d. h. er griff geistliche Würdenträger – nicht aber die Religion und ihre Institutionen generell – an und machte sie beinahe ausschließlich für die aktuellen Missstände Ägyptens verantwortlich. Hinzu kam bei ihm die Hochschätzung des wissenschaftlichen Rationalismus, mit dessen Hilfe er den Anspruch Ägyptens als eigenständige Kulturnation zu rechtfertigen suchte. Als humanistischer Denker zog er die antike Dichtung, Literatur und Philosophie heran, um akribisch nachzuweisen, dass es so etwas wie ein gemeinsames Kulturerbe im Mittelmeerraum gebe, zu dessen Teilhabern unbestritten Ägypten gehöre. Aufgrund dieser Geisteshaltung empfand er Abneigung gegenüber dem bereits weit verbreiteten Panislam und dem stärker werdenden Panarabismus. Er empfahl stattdessen zur Rettung des Landes die Rückkehr zu den autochthonen ägyptischen Wurzeln. Getreu seinem national-ägyptischen Sendungsbewusstsein war er davon überzeugt, dass die Ägypter dank ihrer uralten Kultur den arabischen Beduinen weit überlegen seien. Tatsächlich verband er mit dem Begriff »Araber« fast ausschließlich die Einwohner der arabischen Halbinsel. Die »arabisierten« Völker etwa in der Levante, im Irak oder im Maghreb schienen ihn kaum zu interessieren. Jedenfalls ermutigte er seine Landsleute, sich einzig zu ihrem ägyptischen Vaterland zu bekennen und sich nicht mit anderen, aus seiner Sicht irrelevanten Strömungen wie Arabismus und Panislam zu verzetteln.[54] Der Kultur-Muslim As-Sayyid erinnerte die Ägypter eindringlich an die –christlichen – Griechen, die trotz jahrhundertelanger Unterjochung durch die muslimischen Osmanen ihre nationale Identität nie aufgegeben und sich beharrlich zur eigenen Heimat und zur eigenen Nation bekannt hätten. In einem Interview mit einer ägyptischen Zeitschrift fügte er 1950 hinzu: »Auch wir Ägypter sollten an unserem Bekenntnis zu Ägypten festhalten gleichwohl, ob wir von der Abstammung her Hidschazer, Syrer, Tscherkessen oder sonst etwas anderes sind.«[55] Indirekt verglich As-Sayyid die Stellung der Griechen im Osmanischen Reich mit der Stellung Ägyptens innerhalb der arabischen Welt. Dies führte zu heftigen Reaktionen von Panarabisten in Syrien und im Irak, die solche Bekenntnisse als Ausdruck von Partikularinteressen brandmarkten. Während der Nationalismus bei Tahtawi und erst recht bei Al-Gabarti noch verschwommene Konturen hat, nimmt er bei As-Sayyid und seinen meist bürgerlichen Anhängern konkrete Formen an. Die Ägypter sind für ihn nicht länger »Untertanen«, »Sippen« oder Teil der »Menschheit«, sondern Teilhaber der ägyptischen »Nation«, die aus seiner Sicht alle Kriterien dieses modernen Begriffs erfüllt: »Ohne Zweifel bilden… die Ägypter eine Nation, die sich durch ihre charakteristischen Merkmale von anderen Nationen unterscheidet. So haben wir gemeinsame ethnische, kulturelle, sprachliche und – da der Islam die Religion der meisten Menschen ist – religiöse Bindeglieder… Zudem setzt uns unsere geographische Beschaffenheit in die Lage, über eine natürliche Selbständigkeit zu verfügen. Darüber hinaus verfügen wir über eine gemeinsame lange Geschichte…Wir waren immer Ägypter, ganz gleich ob wir unter dem Patronat der Pharaonen, Araber oder Türken standen … Wir haben das Erbe unserer Ahnen bewahrt. Diese nationalen Eigenschaften sind bei uns stärker vorhanden als bei vielen anderen Gemeinschaften, die ebenfalls nationale Gemeinsamkeit für sich in Anspruch nehmen.«[56]

Es gibt ägyptische Nationalisten, die diese Formel bis auf eine vermeintliche genuin altägyptische Herkunft zurückführen. Danach bewahren die Ägypter ihren Ursprung trotz fremder Interventionen und kolonialer Unterjochung durch Griechen, Römer, Kreuzritter, Araber, Mameluken, Albaner, Türken und Kolonial-Europäer.

As-Sayyid hebt die »gemeinsamen Interessen« als weiteres wichtiges Kriterium der Nationsbildung hervor und bewegt sich dadurch in der Tradition der europäischen Theoretiker der Staatsräson, die die Interessen eines Landes in den Vordergrund staatlichen Handelns stellten. Dass er hier Machiavelli als Begründer des Gedankens der Staatsräson nicht ausdrücklich erwähnt, liegt sicherlich nicht daran, dass er ihn nicht gelesen oder gar nicht gekannt hat, sondern wegen des schlechten Rufs, der ihn wegen seiner Leitlinien für das Handeln des Herrschers anhaftet. As-Sayyid erwähnt zwar die Ethnie als einen der bindenden Faktoren für eine Nation, kommt aber insgesamt zum Schluss, dass dieser Faktor angesichts der ethnischen Vielfalt in Ägypten eher zweitrangig sei. Oberstes Kriterium sind für ihn also die »gemeinsamen Interessen«.

Da As-Sayyid Kerngedanken des Panislam und Panarabismus als rückständig ablehnte, suchte er eine Alternative. Eine ideologisch-philosophische Basis fand der in Europa, vor allem in Frankreich, das ihn wegen der bürgerlichen Freiheiten, der verfassungsmäßigen Gewaltenteilung und nicht zuletzt wegen der dort herrschenden liberal-aufklärerischen Gesamtstimmung faszinierte. Denn nur dadurch könne Ägypten sich erneuern und zum modernen Staat aufsteigen.[57]

Der 1889 geborene Gelehrte, Islamwissenschaftler und Literat Taha Hussein hat den säkularen ägyptischen Nationalismus weiterentwickelt. Ein Ägypter ist für ihn durch die Zugehörigkeit zur ägyptischen Nation definiert, wobei er das »Pharaonische« am ägyptischen Menschen hervorhebt, ohne diese behauptete Eigenheit und ihre Beziehung zur Gegenwart soziologisch zu hinterfragen. Das »Pharaonische« wird bei ihm aufgrund des geschichtlichen und kunsthistorischen Stellenwerts des alten Ägyptens als ästhetische Krönung der Nationsbildung aufgefasst. Dies brachte die Parteigänger des Panarabismus auf den Plan, die das altägyptische Erbe zwar auch »akzeptieren«, das »Pharaonische« im Kontext moderner Staats- und Nationsbildung jedoch nicht als wirksamen Faktor wahrnahmen. Zudem wurde dieses Konzept in aller Regel als Waffe gegen die Anhänger des Panislam und des arabischem Nationalismus verwendet.[58] Taha Hussein führte einen an das Französische angelehnten Sprachduktus im Arabischen ein, der in seiner Ästhetik einzigartig war. Man nannte diesen Stil »leicht und schwierig zugleich«, da er eine Leichtigkeit ausstrahlt, deren Nachahmung so gut wie unmöglich schien. Weniger bewandert war er in der Ethnologie und Soziologie. Denn in seiner literarischen Hingabe an eine romantisch-ästhetisierend verklärte ägyptische Nation glaubte er, dass die überwiegende Mehrheit der Bevölkerung seines Landes ethnisch in keiner Beziehung zu den Arabern oder anderen Ethnien stehe. Vielmehr gehe sie auf altägyptische Ahnen zurück. Als säkular und fortschrittlich denkender Ägypter machte er hinsichtlich der Nationsbildung keinen Unterschied zwischen Muslimen und Kopten. Allerdings meinte er einen unüberbrückbaren Unterschied zwischen den »echten«, »pharaonischen« Ägyptern und den im Laufe des 19. Jahrhundert eingewanderten Menschen aus Europa und der Levante feststellen zu können, wobei er Letztere besonders skeptisch beäugte, da er ihre Bereitschaft bezweifelte, sich als Ägypter zu fühlen.[59]

Nach anfänglicher Ablehnung alles Religiösen für die Nationsbildung – in vielen seiner früheren Werken kritisierte er sogar den Islam insgesamt – kam er später zur Überzeugung, dass die Religion durchaus ein wichtiges Element im Leben nicht nur des Individuums, sondern der gesamten Gesellschaft darstellt. Daher empfahl er in seinem Standardwerk zur »Zukunft der Bildung in Ägypten« den Muslimen und Kopten, sich ihres Glaubens bewusst zu sein. Eine positive Hinwendung zum Arabertum oder gar zum Panarabismus hat er allerdings zeitlebens nicht vollzogen. Im Gegensatz zu den Panarabisten betrachtete er die

Sprache nicht zwingend als nationales Kriterium. Immerhin fand er, das Arabische als gemeinsame Sprache von Muslimen und Christen sei ein wichtiges Bindeglied für den Zusammenhalt der ägyptischen Nation. Mit der Al-Azhar-Hochschule, die ursprünglich auf das Studium des Islams und der arabischen Sprache spezialisiert war, verband ihn ein ambivalentes Verhältnis. Einerseits war dort jene althergebrachte Institution beheimatet, die auch mit der Pflege des von ihm verehrten und meisterhaft beherrschten Arabischen betraut war. Andererseits war dort der wichtigste Sitz islamisch-sunnitischer Gelehrsamkeit und der islamischen Rechtslehre (Scharia). Aber mit den allermeisten Theologen lag er aufgrund ihrer konservativen bis starren Exegese von Koran und Sunna im Clinch. Daher hörte er zeitlebens nicht auf, eine Reform dieser Institution und ihrer Unterrichtsmethoden im Interesse der ägyptischen Nation zu fordern.[60]

So sehr Hussein, der mit einer Französin verheiratet war, die militärische, wirtschaftliche und administrative Interventionspolitik Großbritanniens und Frankreichs in Ägypten geißelte und deren naturalisierten Bürgern eine »echte« ägyptische Identität absprach , so sehr war er von den zeitgenössischen kulturellen und zivilisatorischen Errungenschaften dieser Europäer fasziniert. Daher empfahl er die uneingeschränkte Übernahme europäischer Bildungssysteme und schulischer Curricula, wobei er die »negativen« Begleiterscheinungen dieses Kulturimports in Kauf zu nehmen schien.[61]

Ein Blick in die politische Presse Ägyptens der vorrevolutionären Ära bis 1952 gibt Aufschluss über die damals kursierenden nationalen Ideen und die darüber herrschenden Meinungsverschiedenheiten. Die überwältigende Mehrheit der Intelligenz kam kaum in Berührung mit der Idee des arabischen Nationalismus, geschweige dass sie eine Affinität dazu hatte. Hingegen spielten die von Lutfi As-Sayyid und Taha Hussein vertretenen nationalägyptischen Ideen eine deutlich größere Rolle. Das gleiche galt für die Forderung vor allem Taha Husseins, sich dem liberal-aufgeklärten Westeuropa zu öffnen und sich von den verkrusteten religiösen Vorstellungen der meisten Rechtsgelehrten der Al-Azhar-Universität tunlichst fernzuhalten.

3) Der Panarabismus

Geistige und historische Wurzeln

Anhänger einer puristisch zu nennenden Nationaltheorie sind der festen Überzeugung, dass eine arabische Nation schon immer existiert habe, schon vor der Entstehung des Islams auf der arabischen Halbinsel. Der irakische Nationalismus-Forscher Salih Ahmad Al-Ali gesteht einerseits die immense Schwierigkeit ein, diese These aus den oft nur unzulänglich vorhandenen Quellen begründen zu können. Das hindert ihn dennoch nicht daran, die Wurzeln des Panarabismus in der vorislamischen Zeit auf der arabischen Halbinsel zu suchen, um dann zum frühislamischen Zeitalter und den darauffolgen Dynastien der Umayyaden und Abasiden überzugehen. Doch diese staatlichen Gebilde lassen sich eher mit multiethnischen und multikulturellen Staatswesen vergleichen wie dem Römischen Reich, dem Heiligen Römischen Reich Deutscher Nation ab dem späten 15. Jahrhundert oder dem Osmanischen Reich, aber kaum mit dem Deutschen Reich von 1871 bzw. der Entstehung des modernen italienischen Nationalstaates unter dem Einfluss des *Risorgimento*.

Manche Anhänger dieser puristischen Nationaltheorie glauben also, dass der arabische Nationalismus bereits in vorislamischer Zeit auf der arabischen Halbinsel Wurzeln schlug. Der Islam habe diesen nationalen Hang nicht etwa geschaffen, sondern lediglich »kultiviert«. Diese These ist gewiss abstrus, schließlich handelte es sich beim Islam um eine neue *universelle* Religion, wenngleich in der religiösen Überlieferung häufig vom »besonderen Stellenwert« der arabischen Stämme die Rede ist. Erwähnenswert ist hier die Bezeichnung der vorislamischen Zeit – Dschahiliyya. Sie bedeutet nach islamischer Lesart schlicht »Unwissenheit«. Der Begriff soll alle Denk-und Lebensbereiche in vorislamischer Zeit beschreiben, so dass damalige bereits entwickelte Felder Literatur, Dichtung, Astronomie u. a. völlig ausgeblendet werden. Manch Verfechter der These von der Kontinuität einer nationalarabischen Orientierung seit vorislamischen Zeiten nehmen Bezug auf das damals unter den Stämmen vorherrschende Phänomen des »Assabiyya«, des exzessiven Zusammenzugehörigkeitsgefühls der Beduinen, das ihnen die uneingeschränkte Loyalität gegenüber dem eigenen Stamm abverlangte und häufig als Instrument der Anstachelung von Feindschaften, Rivalitäten und Kriegen diente. Der Islam, so lautet die panarabische These, habe diese extreme Form der Loyalität und Identität nicht abgeschafft, sondern lediglich kultiviert und in rechte Bahnen gelenkt. Mit solchen Argumenten will man vor allem modernen Forschungen entgegenwirken, die den arabischen Nationalismus als eine unter dem Einfluss zeitgenössischer europäischer Strömungen entstandene Bewegung ansehen.[62] Andere Panarabisten deuten die Einnahme Ägyptens durch islamische Heere ab dem Jahr 639 als den ersten historisch nachweisbaren Schritt einer Hinwendung dieses Landes zum arabischen Nationalismus. Dass es dieser Deutung bereits an terminologischer Präzision mangelt, wird klar, wenn der Begriff »Gemeinschaft der Gläubigen« dort zum Begriff der »Nation« mutiert.[63] Ähnlich sehen viele arabische Historiker eine kontinuierliche Linie nationalarabischen Denkens von der Ära des Propheten Muhammad über die Zeit der ersten vier Kalifen im Frühislam, die Epochen der Umayyaden und Abasiden bis zum Osmanischen Reich und der neuesten Zeit. Aus dieser Sicht hat es schon immer eine Schicksalsgemeinschaft gegeben zwischen den Beduinenstämmen auf der arabischen Halbinsel einerseits und den gleichfalls zum Islam und Arabertum bekehrten Völkern des Zweistromlandes, Ägyptens, und Nordafrikas andererseits. Nach deren Auffassung gab es schon immer gemeinsame Kriterien der Nationsb H. ildung wie die Schriftsprache, die gemeinsame Geschichte und, nicht zuletzt infolge des Islam, den gemeinsamen Glauben. Allerdings wird hier ausgeblendet, dass es mit der gemeinsamen Sprache nicht weit her gewesen sein kann, denn die sogenannten arabisierten Völker sprachen vor ihrer Islamisierung meist andere Sprachen, gehörten auch anderen Kulturen an und hatten andere Religionen. Ferner nehmen viele panarabische Denker die geschichtliche Tatsache des Bestehens eines islamischen Reiches oder Staates als Beweis dafür, dass die arabische Nation schon seit vielen Jahrhunderten Bestand gehabt habe. Dabei ging es Mohammad und seinen Nachfolgekalifen nicht um eine spezifisch arabische, sondern um eine gesamtislamische Mission, was in der islamischen Überlieferung auch deutlich dokumentiert ist. Dort wird zum Beispiel unterstrichen, dass es im Islam keinerlei Unterschiede geben darf zwischen Arabern und Nichtarabern und dass ethnische Unterschiede für die Beurteilung eines gläubigen Menschen gar keine Relevanz haben dürfen. Summa summarum war der Staat der Muslime im Verlauf der Geschichte in verschiedenen Epochen gelegentlich ein festgefügtes Staatswesen, gelegentlich auch ein lockeres Konglomerat mit wenig ausgeprägter Machtkonzentration. Nach wissenschaftlichem Verständnis handelte sich dabei jedoch nicht um einen »arabischen« Staat. Während unter den Umayyaden das arabische Element vorherrschend war, überwogen unter den Abasiden und im muslimischen Spanien eher multiethnische Strukturen. Es gibt allerdings auch vermehrt Stimmen von außerhalb der arabischen Halbinsel, die sich mit leidenschaftlicher Rhetorik dagegen wehren, als »Araber« bezeichnet zu werden, so etwa in der Levante und im Irak, insbesondere in Ägypten. Mit markigen Worten schreibt etwa der syrisch-orthodoxe Pater Theodoros Daoud von der St. Mary Orthodox Church in Baltimore (Maryland) in seiner Streitschrift »Wir sind keine Araber«,[64] dass Syrer, Palästinenser, Iraker und Ägypter im Gegensatz zu den von ihm verachteten Beduinen Kulturvölker seien, die auf eine lange, fruchtbare Geschichte zurückblicken würden. Das klingt nach partikulärem Nationalismus, vielleicht sogar Rassismus. In Wirklichkeit spiegeln diese nicht selten anzutreffende Strömung das Bewusstsein kultureller Überlegenheit und ist angesichts der aktuellen dramatischen Situation in Syrien und Palästina der Ausdruck einer tiefen Enttäuschung über die mangelnde Unterstützung der Syrer und Palästinenser durch die reichen arabischen Dynastien in Saudi-Arabien und am Persisch-Arabischen Golf.

Es gab schon immer Strömungen im arabischen Nationalismus, die das Bekenntnis zur Nation von der Religion ableiteten. Andere wiederum haderten mit der Rolle des Glaubens in diesem Kontext und wollten den Nationalismus-Begriff frei von jeglichem religiösem Einfluss sehen. Verständlicherweise waren solche säkular Denkenden häufig christliche Araber, die zwar keinesfalls antiislamisch waren, jedoch in diesem Nationskonzept einen »sicheren Hafen« für sich und ihre Angehörigen sahen. Denn es wäre für sie unvorstellbar gewesen, einer Nation anzugehören, in der der Islam explizit an erster Stelle stehen würde. Auch für eine große Zahl muslimischer Protagonisten des modernen arabischen Nationalismus wäre die Behauptung einer Dominanz des Religiösen problematisch. Denn viele von ihnen mussten bitter erfahren, dass das Osmanische Reich zwar die Idee des Islam auf seine Fahnen schrieb, aber dennoch die Dominanz der Turkvölker zementierte und die muslimischen Untertanen bei Bedarf gängelte oder aufs Höchste zu unterdrückte. Das löste bei vielen von Frustration und Minderwertigkeitsgefühle gegenüber den osmanischen Eliten in Politik, Verwaltung und Schulwesen aus und befeuerte ihr Nationalgefühl als Araber. Es war daher nicht verwunderlich, dass die Heimstätte der nationalarabischen Idee nicht die frömmelnde und in Lethargie versunkene arabische Halbinsel wurde, sondern die am südöstlichen Mittelmeer gelegenen Städte, in denen eine gutgebildete Elite aus Muslimen und Christen weitestgehend in gesellschaftlicher und geistiger Eintracht lebte und zusammenwirkte.[65]

Bezogen auf Ägypten, das anders als die Levante und der Irak nicht gerade zu den Frühstätten des arabischen Nationalismus gehörte, lassen sich drei Phänomene in der ersten Hälfte des 20. Jahrhunderts herausstellen: erstens die vorherrschende allgemeine islamische, zum Teil auch panislamische Strömung, zweitens die frühnationale ägyptische Orientierung mit teils überwiegend islamischen, teils mehr säkularen Elementen und drittens die deutlich schwächere Strömung der Panarabisten mit einem panislamischen Hintergrund. Viele aus der Levante eingewanderte Intellektuelle und Kaufleute waren der Dreh- und Angelpunkt der jungen nationalarabischen Bewegung. Diese, von manchen Ägyptern verächtlich »ägyptisiert« (»Mutamassirun«) genannten Syrer und Libanesen versprachen sich, in ihrer von der osmanischen Bevormundung befreiten neuen Heimat mehr Handlungs- und Bewegungsfreiheit. Die Schriftsteller und Journalisten unter ihnen vermittelten den lesefähigen Arabern, aber auch einem Publikum jenseits von Ägypten, ein neues, facettenreiches und umfassendes Bild über Ägypten. Durch die in den arabischen Ländern geweckte Neugier der Menschen für das »Land am Nil« wuchs deren Interesse für dieses von den Ägyptern liebevoll »Mutter des Universums« genannte Land. Einige dieser Einwanderer sympathisierten, ja arbeiteten mit den in Ägypten verhassten Briten eng zusammen. Sie taten dies in der trügerischen Hoffnung, dass London die Schaffung eines einheitlichen Staates für alle Araber unterstützen würde. Andere unterstützten die Briten aus eigennütziger, ökonomischer Motivation.

Zur – dritten – Gruppe der Panarabisten gehörte der ägyptische Jurist und Historiker Mahmoud Kamil. 1945, im Gründungsjahr der Arabischen Liga in Kairo, erschien in der von ihm herausgegebenen Zeitschrift »Magallati« sein Artikel »Ägypten und die arabischen Länder: gemeinsamer Staat, gemeinsame Staatsbürgerschaft und gemeinsame Armee«. Er schilderte dort die Perspektive einer Union oder Konföderation arabischer Staaten (»Ittihad«). In dieser Union müsse Ägypten nicht als Hegemon die Führung übernehmen, sondern bestenfalls als Erster unter Gleichen agieren, wobei er sich gegen die Aufgabe der Souveränität einzelner Mitgliedsstaaten wandte. Diese sollten weiterhin in ihrer Entscheidungsmacht frei und handlungsfähig bleiben, einschließlich des wirtschaftlichen und fiskalischen Bereichs. Nur die Außen- und Verteidigungspolitik sowie das Staatsbürgerrecht sollten einheitlich geregelt werden. Ebenfalls 1945 schrieb Mahmoud Kamil sein Buch »Wiederauferstehung eines Staates und einer ruhmreichen Ära«, in dem er sein nationalarabisches Anliegen unter besonderer Hervorhebung der Stellung Ägyptens präsentierte.

Mahmoud Kamil versuchte in seinem Hauptwerk »Der Große Arabische Staat« (~ 1966/67) wie vor und nach ihm viele Historiker, Schriftsteller und Rechtswissenschaftler aus allen arabischen Ländern, die schwierigen Hintergründe, geistigen Wurzeln und geopolitischen Umstände des arabischen Nationalismus zu erforschen. Er untersuchte die Schnittmengen und die Unterschiede zwischen diesem modernen Phänomen des arabischen Nationalismus und einer auf der Basis des reinen Islam basierenden Einheitsidee. Wie viele aus Historisch-Syrien (Syrien, Libanon, Palästina und Jordanien) und dem Irak stammenden Denker sieht er in der zweiten Hälfte des 19. Jahrhunderts die Geburtsstunde des Panarabismus. Häufig stützt er sich auf den irakischen Nationalismus-Forscher, Abdulrahman Al-Basas,[66] der in den 1960er Jahren die nationalarabischen Erfahrungen des Irak vom Zeitalter der osmanischen und später britischen Besatzung bis zur Erlangung der staatlichen Unabhängigkeit nach dem Zweiten Weltkrieg untersuchte.

Besonders schwierig war der Versuch Mahmoud Kamils, Protagonisten des arabischen Nationalismus in Ägypten selbst zu entdecken. So sind seine Erkenntnisse über Tahtawi wenig überzeugend, wenn er die These vertritt, Tahtawi gehöre zu den Pionieren nationalarabischen Denkens. In seinem genannten Buch schreibt Kamil, nach der Rückkehr Tahtawis aus seinen langen Pariser Studienjahren nach Ägypten habe er sich um die Wiederbelebung des nationalen Bewusstseins der Araber emsig und beharrlich bemüht[67], um dann ausführlich und sachgerecht über Tahtawis eigentliche Prioritäten in panislamischer und früh-nationalägyptischer Hinsicht zu berichten. Sicherlich war Tahtawi im Gegensatz zu Lutfi As-Sayyid oder Taha Hussein kein erklärter Gegner des Panarabismus, und für ihn gab es mehr Schnittmengen als Differenzen zwischen dem Panislam und dem späteren Panarabismus. Aber er befasste sich kaum dezidiert mit Theorie und Perspektive dieses modernen Phänomens – aus der Einsicht heraus, dass zu allererst die Missstände und Probleme Ägyptens angegangen werden sollten.

Mit Recht verweist Kamil aber auf die geistig-literarische Bedeutung Ägyptens für die spätere gesamtarabische Nationalbewegung. In keinem anderen arabischen Land erschienen im 19. Jahrhundert annähernd so viele Werke der Literatur und der Geisteswissenschaft wie in Ägypten. Und diese Werke wurden genauso begeistert wie in Ägypten in Damaskus, Jerusalem, Beirut oder Bagdad, Rabat, Tunis und Amman gelesen. Zu diesen Publikationen gehören die Übersetzungen Tahtawis aus dem Altgriechischen, die nicht nur über die Mythen, Dramen, philosophischen Traktate und Erzählungen der Hellenen unterrichten, sondern auch viel Wissenswertes zu den Hochkulturen des alten Ägyptens und der Sumerer bieten.

Maßgeblicher für die Verbreitung nationalarabischen Gedankenguts waren Denker, Literaten und Politiker aus der Levante. Hingegen trugen Menschen von der arabischen Halbinsel wenig zum panarabischen Denken bei. Dort war man sich zwar bewusst, geschichtlich und getreu althergebrachter Tradition die stärkeren Kriterien einer authentischen Zugehörigkeit zum Arabertum zu besitzen. Dieses Bewusstsein war allerdings in verkrustetem Stammesdenken und einem eher archaischen Islam-Verständnis gefangen. Im Königreich Saudi-Arabien verharrte man politisch, religiös und gesellschaftlich im lethargischen Milieu des Wahabbismus. Der Gründer dieser extrem konservativen, salafistischen Idee, Mohammad bin Abdulwahhab (1703–1792), wirkte im 18. Jahrhundert in der Provinz Najd, zu der die heutige Hauptstadt Riad gehört. Er betrieb Koran- und Sunna-Studien[68] und unternahm viele Erkundungsreisen in mehrere muslimische Gebiete wie Persien und Indien. Manche Autoren reihen ihn in die Tradition islamischer Reformer wie Al-Afghani und Abduh ein[69], weil er Wege aus der Dekadenz jener Zeitepoche suchte. Sein Hauptanliegen war aber alles andere als reformerisch. Vielmehr sah er die Lösung aus der Krise in der salafistischen Idee einer »Rückkehr zu den Wurzeln« und legte den Koran und die sunnitische Überlieferung ohne jeglichen kritischen Ansatz wörtlich aus. Auch aus den später durch Erdöl zu immensem Reichtum gekommenen Golfstaaten gab es, mit Ausnahme von einigen Ansätzen in Kuwait und Bahrain, keine Impulse für die stärker werdende gesamtarabische Einheitsbewegung.

Aus »Historisch-Syrien« (Syrien, Palästina, Libanon) kamen die stärkeren Impulse für den panarabischen Einheitsgedanken, getragen vom Wunsch nach Befreiung von den Fesseln fremder Mächte und der Überwindung von Rückständigkeit, Unwissen und geistig-gesellschaftlicher Stagnation. Der 1819 im Libanon geborene Christ Butrus Bustani gründete 1860 eine Zeitung, um die in der Levante lebende Bevölkerung zur Mäßigung in religiöser und konfessioneller Hinsicht aufzufordern und ihr Bewusstsein für die gemeinsamen kulturellen Werte als Syrer und Araber zu schärfen. Das tat er vor dem Hintergrund eines Massakers an Christen in Damaskus und im ostlibanesischen Gebirge, das den Hass zwischen den Religionen schürte. Bustanis Grundtenor war nicht ausschließlich national. Vielmehr forderte er in seinen Traktaten mehr Bildung und Wissen für die verarmten Massen. Dies tat er in der Überzeugung, dass durch die Überwindung des Unwissens Tore zur religiösen und nationalen Eintracht geöffnet werden könnten. 1870 gründete er eine neue Zeitung, in der er die Bevölkerung nunmehr zum Patriotismus im Sinne eines gesamtarabischen Bewusstseins aufforderte. Gleichzeitig wandte er sich gegen spalterische Tendenzen bei Muslimen und Christen und vertrat säkulare Ideen.[70] Viele orthodoxe

Christen konvertierten unter dem Einfluss britischer und amerikanischer protestantischer Missionare, die großzügige finanzielle Anreize boten und Schul- wie Hochschulbildung förderten. Diese zu Bildung und bescheidenem Vermögen gekommenen Konvertiten spielten später eine wichtige Rolle im ökonomischen, schulischen und universitären Leben Syriens, des Libanon und Palästinas. Während die syrisch-griechisch-orthodoxe Kirche ähnlich dem Islam kaum nennenswerte Reformbewegungen auf den Weg brachte, setzten die protestantischen Neulinge in Wirtschaft, Bildung und Erziehung bemerkenswert moderne und fortschrittliche Akzente.

Einer der bedeutenden Vorläufer des zeitgenössischen Panarabismus kam jedoch nicht aus diesem Kreis der »neuen« Protestanten. Er entstammte vielmehr einer südlibanesischen Familie aus einem streng-konservativen maronitischen, also katholischen Milieu: Nagib Azoury publizierte 1905 ein Buch unter dem Titel »Le réveil de la nation arabe« (»Das Erwachen der arabischen Nation«), in dem er schlussfolgerte, dass es eine aus Muslimen und Christen bestehende arabische Nation gebe. Typisch für die frühen Panarabisten war Azourys lapidare Einschränkung dieser Nation auf die im Vorderasien lebenden Araber. Hingegen betrachtete er die Einwohner Nordafrikas einschließlich der Ägypter nicht als Teil dieser Nation. Dem Christen Azoury war die damals in Ägypten, etwa bei Mustafa Kamil, vorherrschende Synthese zwischen ägyptischem Nationalismus und Panislam äußerst suspekt. Ihm war sie zu partikulär und, wegen der Überbetonung des islamischen Elements, spalterisch und restaurativ. Seine eigentliche Ablehnung galt allerdings den osmanischen Türken, die nach seiner Auffassung nicht nur rückständig und repressiv waren, sondern diejenigen, die die Araber »ruiniert« und sie daran gehindert hätten, ihren berechtigten Platz unter den zivilisierten Staaten der Welt einzunehmen.[71]

Bemerkenswert ist die bei fast allen Verfechtern des Panarabismus anzutreffende Betonung der Bedeutung der arabischen Sprache und der Notwendigkeit ihrer Pflege. Der syrische Dichter Ibrahim Yasiji vertrat einen noch prononcierteren arabischen Nationalismus. Er gründete 1857 mit Freunden die »Syrische Wissenschaftliche Gesellschaft« und schrieb ein Gedicht, das für eine künftige syrische, gar gesamtarabische Nationalhymne Anwendung finden sollte. Das Gedicht war nichts anderes als eine an die Adresse der Araber gerichtete Anstachelung zum Aufstand gegen die osmanisch-türkischen Besatzer. Die Verse waren voller Pathos und Begeisterung über die Größe der arabischen Sprache und den Ruhm vergangener Zeiten. Die literarischen und wissenschaftlichen Errungenschaften der Araber während der Blütezeit ihrer

Herrschaft im Mittelalter wurden besungen. Der Ruhm der Vergangenheit sollte dazu dienen, Wege und Mittel für eine blühende Zukunft zu öffnen. Gleichzeitig trat Yasiji für die Bekämpfung von Unwissen und Zwietracht ein.[72] Für das Erstarken eines gesamtarabischen nationalen Bewusstseins sorgte auch die geheime, im Jahr 1875 gegründete »Gesellschaft der Absolventen der Evangelischen Syrischen Fakultät«, deren Mitglieder nicht ausschließlich Christen waren, sondern auch Muslime und Drusen. Getreu der patriotisch-pädagogischen Linie von Bustani und Yasiji rief sie zum Kampf gegen die repressive osmanische Fremdherrschaft und zur Unterlassung jedweder Form religiösen Fanatismus auf. Die britische Regierung verfolgte die Aktivitäten nicht aus Sympathie für die Bestrebungen unterdrückter Völker. Vielmehr hoffte sie, dass derartige Aktivitäten einen schnellen Abgang der osmanischen Herrschaft bewirken und den Boden für eine britische Kolonialordnung im Nahen Osten bereiten würden.

Im Juni 1913 fand in Paris im Zuge der Vereinigung der meisten panarabischen Bewegungen ein »Arabisch-Syrischer Kongress« statt, der vorwiegend aus Historisch-Syrern verschiedener Religionen und Konfessionen bestand und in der westlichen Moderne die Alternative für die in Erstarrung und Stagnation gefallene arabische Welt sehen wollte. Vorausgegangen war die Bildung einer »Gesellschaft für allgemeine Reformen« in der noch osmanischen Teil-Provinz Beirut (»Wilaya«), die sich gegen die Korruption der Zentralregierung in Istanbul und einzelnen Provinzen wandte und prompt verboten wurde. Diese Gesellschaft war nicht religiös homogen, sondern multikonfessionell, was einer neuen, revolutionären Botschaft gleichkam. Unter den 86 Mitgliedern waren 42 Muslime, 16 syrisch-orthodoxe und etwa 12 maronitische Christen, weitere Angehörige verschiedener christlicher Kirchen sowie zwei Juden. Der Kongress beriet über Patriotismus, Bekämpfung der (osmanischen) Besatzung, Dringlichkeit staatlicher und gesellschaftlicher Reformvorhaben und die »Rechte der Araber«. Im Rahmen der Erörterung des Themas »Einwanderung und Auswanderung aus Syrien« thematisierte der Kongress erstaunlicherweise die zionistischen Pläne für die Schaffung einer Heimstätte für die Juden in Palästina überhaupt nicht, obwohl sie hinlänglich bekannt waren. Vielen Delegierten ging es außerdem gar nicht um den vollständigen Bruch mit dem Osmanischen Reich. Vielmehr wollten sie das Reich unter der Voraussetzung erhalten sehen, dass dort Reformkräfte ans Werk gingen und die »besondere« Rolle der Araber angemessen herausgestellt werden würde.[73]

Die etwa 25 Teilnehmer des Kongresses von 1913 wagten den vollständigen Bruch mit der Nachfolgeregierung des Osmanischen Reich noch nicht, riefen aber vehement zur Wiederherstellung der kulturellen, sprachlichen und politischen Eigenständigkeit der Araber. Da eine völlige Befreiung von der Türkei nicht realisierbar erschien, plädierten die Teilnehmer wenigstens für die Dezentralisierung des Reiches. Die Jungtürken reagierten kaum anders als die gestürzten Osmanen: Sie standen solchen Autonomiebestrebungen ablehnend gegenüber. Diese starre Haltung befeuerte die national-säkularen Kräfte, die eine völlige Abspaltung der arabischen Teilstaaten von der Türkei wollten. Man suchte emsig nach neuen Bündnispartnern und glaubte bald, sie in Großbritannien und Frankreich zu finden. Diese Allianz erwies sich jedoch bald als verhängnisvoll. Hätten die eifrigen und zum Teil schwärmerischen Protagonisten des Panarabismus der damals parallel verlaufenen, recht bitteren Erfahrung der ägyptischen Nationalisten mit dem britischen Militärregime ernsthaft Rechnung getragen, wären sie wenige Monate und Jahre spätere vom kolonialen Ansinnen der beiden westeuropäischen Mächte nicht so enttäuscht worden. Im Mai 1916 schlossen der französische Spitzendiplomat Picot und sein weniger erfahrener britischer Kollege Sykes ein Abkommen, das ihren Namen tragen sollte und weite Teile des arabischen Mittleren Ostens in »Mandate« und »Protektorate« teilte. Da standen etwa Palästina unter britischer, Syrien und der Libanon unter französischer Verwaltung, was eine etwas subtilere Beschreibung einer Kolonialherrschaft bedeutete. Zweifelsohne ging die neue Kolonialherrschaft mit einer Liberalisierung und Verbesserung des Bildungswesens einher. In Palästina, Syrien und im Libanon entstanden neue Schulen und andere Bildungsanstalten. Eine geistige Elite wuchs heran, die später wichtige Aufgaben in Verwaltung, Schulen, Hochschulen und Presse übernehmen sollte. Das eigentliche Anliegen eines großen Teils dieser Elite, die Bildung eines gesamtarabischen Staates, und sei es nur im Mittleren Osten, wurde von den Briten und Franzosen hingegen brutal bekämpft und unterminiert.

Aus dieser hoffnungslosen Lage ist eine Kultur des Antikolonialismus entstanden. Sie stachelte die Befürworter des Panarabismus zum massiven Kampf gegen die neuen Hegemonialmächte an. Dadurch, dass der Antikolonialismus zur zweiten Hauptsäule des Panarabismus wurde, sah man nun eine Nähe zu Ägypten, das schon viel länger unter dem britischen Kolonialismus zu leiden hatte. Von nun an wurde der Flügel derer, die Ägypten als Teil der panarabischen Bewegung betrachteten, gestärkt, während die Vorstellung, dass dieses Land, ja das gesamte nordafrikanische Gebiet gar nicht zur arabischen Nation gehöre, zunehmend ins Hintertreffen geriet. Auf ägyptischer Seite wuchs ebenfalls die Überzeugung, dass doch mehr Gemeinsamkeiten als Unterschiede zwischen Ägypten und der Levante bestünden. In der von der britischen Regierung verkündeten »Balfour-Deklaration« von 1917 unterstützte London das zionistische Ziel der Schaffung einer »nationalen Heimstätte« für Juden auf palästinensischem Boden. Die britische Regierung versprach sich davon, die Unterstützung der zionistischen Bewegung während des Ersten Weltkrieges und für spätere Zeiten. Bezeichnend für die taktische Doppelzüngigkeit der britischen Außenpolitik war ihr später an die Adresse auch der Palästinenser gegebenes Versprechen während des Zweiten Weltkrieges, sie in die Unabhängigkeit zu entlassen. Die Empörung der Palästinenser und Araber über die »Balfour-Deklaration« befeuert heute noch das Bestreben der nationalarabisch gesonnenen Menschen nach einer gerechten und umfassenden Lösung der Palästina-Frage.

Ein weiterer arabischer Kongress sollte 1933 erneut den Versuch unternehmen, die zerstrittenen Reihen zusammenzuhalten und die Araber, insbesondere im Nahen Osten, für den Kampf gegen innere wie äußere Feinde zusammenführen. Am Kongress sollten Delegierte aus verschiedenen Ländern des Maschrek (arabischen Ostens) teilnehmen. Die vereinbarte Tagesordnung enthielt etliche, ehrgeizige Ziele wie die Koordinierung der Tätigkeit der nach politischer Unabhängigkeit strebenden politischen Parteien, Herbeiführung der arabischen Einheit ohne die regionalen Besonderheiten der einzelnen Länder anzutasten, Vereinheitlichung der Reisedokumente, Aufhebung der zwischenstaatlichen Grenzkontrollen und der Aufenthaltsbeschränkung, Schaffung gesamtarabischer Identitätsdokumente, allmähliche Abschaffung der Zollgebühren, Schaffung einer Wirtschaftseinheit und Gründung eines gemeinsamen nationalarabischen Bankinstituts, Vereinheitlichung der Schul- und Hochschulcurricula und schließlich eine Gipfelkonferenz aller arabischen Staatsoberhäupter, damit diese ihre gesamtpolitische Agenda untereinander abstimmen. Doch bereits am Tagungsort Bagdad, der Hauptstadt des Königreichs Irak, scheiterte das Vorhaben. Das saudische Königshaus befürchtete nämlich, dass dadurch der Thron des Erzrivalen aus der ursprünglich in Hidjaz beheimateten Haschemitischen Dynastie aufgewertet würde. Schließlich wurde der Kongress verschoben, kam jedoch nie zustande.[74]

Sati Al-Husari, seine Schule und Johann Gottlieb Fichte

Husari (1880–1967) ist zweifelsohne einer der wichtigsten Begründer der neuzeitlichen panarabischen Idee. Er hat syrische Wurzeln in der

Stadt Aleppo, lebte lange im Irak und war im zentralen osmanischen Staatsdienst tätig. Er beherrschte das Türkische als Muttersprache deutlich besser als das Arabische. Nach dem Zusammenbruch des Osmanischen Reichs setzte er große Hoffnungen auf die säkular-national agierenden Jungtürken unter Kemal Atatürk, musste jedoch bald mit Enttäuschung feststellen, dass diese weiterhin eine auf Hegemonie ausgerichtete Politik betreiben wollten, in der die Rechte und Anliegen von nichttürkischen Völkern des Reiches einschließlich der Araber kaum eine nennenswerte Rolle spielen sollten. Dennoch waren die Jungtürken für ihn aufgrund ihres neuartigen Nationalismus-Modells ein bedeutsamer Ideengeber. So lernte er von ihnen die neue, säkulare Denkweise über die nationale Selbstbestimmung sowie die deutschen und italienischen Quellen des modernen Nationaldenkens kennen.

Wichtiger als die ihm in Sprache und Inhalt vertrauten Kemalisten waren für Husari dabei die europäischen Denker des Nationalismus. Dass er der deutschen Auslegung des Nationalismus den Vorzug vor dem französischen Modell gab, lag daran, dass er hinsichtlich des »Schicksals« und der zeitgeschichtlichen Gegebenheiten eine stärkere Ähnlichkeit zwischen den »zerstückelten« deutschen Territorien und den »künstlich« getrennten, unter innerer Unterdrückung, Korruption und äußeren Hegemonialeinflüssen leidenden arabischen Ländern sah. Wohlwollend las er, vermutlich in türkischer oder französischer Fassung, die Schriften von Johann Gottlieb Fichte, Johann Gottfried Herder und Ernst Moritz Arndt. Er war voller Bewunderung für deren romantischen Nationalismus. Fichte wird häufig in Deutschland und unter europäischen Historikern kritisiert für seinen übersteigerten Nationalismus und seine Hasstiraden gegen die Feinde der »deutschen Sache«, allen voran die siegreichen Franzosen unter Napoleon. Man problematisiert auch seinen Hang, das »Besondere« an den Deutschen zu glorifizieren.

Was hat Husari an Fichte wirklich interessiert? Was waren bei ihm die wesentlichen Komponenten des Nationaldenkens, die er bei Fichte vorfand, woraus er in diesem deutschen Protagonisten des philosophischen Idealismus ein wertvolles Vorbild entdeckte? »Welcher« Fichte war für Husari überhaupt relevant? Man weiß, dass der aus armen schlesischen Verhältnissen stammende Fichte eher Redner und Rhetoriker denn Gelehrter war. Er befasste sich mit Kant und der Vernunftlehre und galt im Anfangsstadium seines Wirkens als Liberaler der ersten Stunde, der dem Staat gegenüber eine beinahe feindselige Haltung einnahm. Für ihn stand das Individuum im Mittelpunkt seines Hauptinteresses. Das Individuum müsse gefördert werden, nicht der

Staat. Definitiv war Fichtes Liberalismus nicht der Anziehungspunkt für Husari, der im Gegensatz dazu das Individuum als Teil des Kollektivs sah, als jemanden, welcher mit anderen Bürgern dafür zu sorgen hat, dass die Summe der Individuen, den Staat, sofern er noch nicht existiert, zu gründen bzw. zu stärken und zu verteidigen hat gegen innere und äußere Gefahren, sofern er bereits besteht. Bei Fichte erscheint außerdem der Aspekt der Bewunderung fürs Heroische, und hier zieht Husari mit. Gemeint ist die zeitweilige Bewunderung Napoleons und der Ideale der Französischen Revolution durch Fichte. Frankreich nannte er wegen der Proklamation der Ideale von Freiheit, Gleichheit und Brüderlichkeit das »Vaterland der Menschheit«. Zunächst wollte er sogar Teilhaber an diesem internationalistischen Vaterland werden und die französische Staatsbürgerschaft erwerben. Husari teilt zwar diese Begeisterung für Frankreich mit Ausnahme seiner kolonialen Geschichte. Ihm wäre allerdings nie in den Sinn gekommen, eine fremde Staatsangehörigkeit freiwillig anzunehmen. Als Staatsbeamter im Dienste des Osmanischen Reiches musste er die osmanischen-türkische Staatsbürgerschaft annehmen. Es gab für ihn jedoch nur eine einzige Staatsbürgerschaft, die er für erstrebenswert hielt: eine zukünftige gesamtarabische. Fichte bewegte sich andauernd zwischen geistigen und politischen Extremen. So wurde aus dem anti-etatistischen, liberalen und vernunftorientieren Denker zeitweilig ein Befürworter eines unausgegoren Sozialismus im Dienste des Staates. Fichtes ursprüngliche Ablehnung des starken Staates schwand also im Zusammenhang mit seiner nationalen Überzeugung zugunsten des Gedankens eines allmächtigen Staatswesens. Husari, der wie bereits erwähnt, im Liberalismus keine Option sah und sich zeitlebens für die nationalarabische Idee einsetzte, fand denn auch, wie sein deutsches Vorbild, durchaus Gefallen an einem nicht klar definierbaren Sozialismus. Dieser Sozialismus sollte allerdings im Einklang und nicht im Gegensatz zum Nationalgedanken stehen. Beide traten in einer kurzen Phase ihres Wirkens also für einen Sozialismus ein, der sich im starken Staat entfalten, die Armut bekämpfen und Wohlstand für alle Schichten herbeiführen sollte. Erst um 1800 kam bei Fichte nach den Jahren des Liberalismus und des Staatssozialismus sein zugespitztes Bekenntnis zum Nationalismus zum Tragen. Der Staat blieb für ihn nach wie vor wichtig und notwendig; er sollte sich jedoch der Nation unterordnen und nicht umgekehrt. Nunmehr kreuzen sich die geistigen und politischen Wege beider Denker deutlich. Da sind bei beiden Frustration und Abneigung, ja Hass gegen die Unterdrücker hier, die siegreichen Eroberer dort zu vernehmen. Fichte beklagte, dass in der Gegenwart »unter den Deutschen selber wenig Deutsches mehr übrig ist«, obwohl die Rasse der Deutschen »noch rein« sei und zur ursprünglichen Art zurückfinden könne. Schließlich bildeten nur die Deutschen wahrhaft ein Volk. Angesichts der höchsten Bedeutung der deutschen Nation müsse sie gerettet, aus ihrer gegenwärtigen Krise herausgelöst werden, weil ansonsten die ganze Welt versinken würde. Die Rettung müsse über die Nation erfolgen, während das (von Fichte in früheren Jahren so glorifizierte) Individuum vor allem dazu da sei, der Nation zu dienen. Fichtes Nationalgedanke ist nicht frei vom Bekenntnis zur Vernunft und Sittlichkeit, an dem er von Anfang an festzuhalten versuchte. Dennoch überkommen ihm Gefühle des Hasses und des Ressentiments gegen die Franzosen, weil er in ihnen den Hauptgrund für den damaligen deutschen Niedergang sah[75]. Auch Husari machte lange Einlassungen gegen diejenigen Mächte, die wie das Osmanische Reich, vor allem jedoch die europäischen Kolonialmächte, den Niedergang der arabischen Nation ausgelöst hätten.

Es gibt andere Parallelen in Denkansatz und biografischer Befindlichkeit zwischen Husari und Fichte. Dieser war, übrigens wie auch Hegel, kein Preuße. Aber er glaubte, dass dieses mächtigste deutsche Königreich dazu prädestiniert sei, die Einheit der gesamten Nation durch die Gründung eines starken Kaiserreiches auf den Weg zu bringen. Husari seinerseits wurde in der osmanischen Türkei geistig, sprachlich und gesellschaftlich sozialisiert, fühlte sich indessen im nationalen und politischen Kontext ausschließlich als Araber und sah im bevölkerungsreichsten arabischen Land Ägypten, gerade unter der Ägide des Revolutionsführers Nasser die geeignete Wirkungsstätte, den Motor zur Herbeiführung der von ihm lang ersehnten arabischen Einheit. Fichte bewunderte zuerst den revolutionären Freiheitsgedanken bei Napoleon, um ihn und Frankreich insgesamt später angesichts der napoleonischen Kriege gegen die deutschen Teilstaaten mit Enttäuschung und Hass völlig neu zu bewerten. Auch Husari stand Frankreich und seiner zivilisatorischen Mission anfänglich voller Begeisterung und Hingabe gegenüber, musste jedoch bald mit Verbitterung und Wut zusehen, wie dieses Land in Verein mit Großbritannien die ohnehin schwachen und zerstückelten arabischen Länder in Mandate und Protektorat aufteilte und sie in ihrem national-politischen Gefüge weiter marginalisierte. Auch Husari huldigte in seinen Reden und Schriften über Nation, Heimatliebe und Nationalismus der Idee der Säkularisierung. Er lehnte die Religion keinesfalls ab, betrachtete sie durchaus als einen der Grundpfeiler der panarabischen Idee, allerdings sträubte er sich vehement gegen das panislamische Narrativ, das alles Nationale auf die Religion reduzierte. Fichte kämpfte gegen die Universalmonarchie

Napoleons: Er berief sich auf Gott, aber es war ein ganz diesseitiger Gott, den er für die deutsche Nation in Anspruch nahm.[76] Bei Husari blieb zwar die Bindung an Gott im herkömmlichen metaphysischen Sinne erhalten, und sein Hang zu säkularem Denken war geringer als bei Fichte und anderen Nationaldenkern wie Arndt und Jahn, die sich auf die Reformation berufen konnten. Im Islam dagegen kamen die Reformbewegungen kaum voran. Vielmehr befand sich die Restauration ständig auf dem Vormarsch. Immerhin wagte Husari die maßgeblichen Wurzeln und Kriterien der Nationsbildung nicht aus dem Islam heraus zu definieren.

Wenn man sich mit dem Werk Husaris befasst, kommt man leicht zum Schluss, dass folgende Ausschnitte aus Fichtes »Reden an die die deutsche Nation« ihn in seinem Nationaldenken inspiriert haben könnten, etwa die siebte Rede: »Es sind in den vorigen Reden angegeben, und in der Geschichte nachgewiesen die Grundzüge der Deutschen, als eines Urvolks, und als eines solchen, das das Recht hat, sich das Volk schlechtweg, im Gegensatze mit andern von ihm abgerissenen Stämmen zu nennen, wie denn auch das Wort Deutsch in seiner eigentlichen Wortbedeutung das so eben gesagte bezeichnet. Es ist zweckmäßig, daß wir bei diesem Gegenstande noch eine Stunde verweilen, und uns auf den möglichen Einwurf einlassen, daß, wenn dies deutsche Eigenthümlichkeit sey, man werde bekennen müssen, daß dermalen unter den Deutschen selber wenig Deutsches mehr übrig sey. Indem auch wir diese Erscheinung keinesweges läugnen können, sondern sie vielmehr anzuerkennen, und in ihren einzelnen Theilen sie zu übersehen gedenken, wollen wir mit einer Erklärung derselben anheben.«[77]

Oder an anderer Stelle dieser Rede, in der er die Einflüsse aus dem Ausland geißelt: »In einem solchen Zeitraume befindet sich nun gerade jetzt Deutschland in Absicht der großen Mehrzahl seiner gebildeten Bewohner, und daher rühren die durch das ganze innere Wesen und Leben dieser Mehrzahl verflossenen Erscheinungen der Ausländerei.«[78]

Oder in seiner achten Rede, in der die »Besonderheit« der deutschen Nation noch deutlicher thematisiert wird: »Sind wir bisher im Gange unsrer Untersuchung richtig verfahren, so muß hiebei zugleich erhellen, daß nur der Deutsche – der ursprüngliche, und nicht in einer willkührlichen Satzung erstorbene Mensch, wahrhaft ein Volk hat, und auf eins zu rechnen befugt ist, und daß nur er der eigentlichen und vernunftgemäßen Liebe zu seiner Nation fähig ist.«[79]

Vermutlich hat Husari nicht alle »Reden an die deutsche Nation« gekannt. Und wenn er das doch getan haben sollte, dann wird er jene »chauvinistischen« Stellen bewusst ausgeblendet oder gar in Kauf genommen haben. Schließlich konnte er in Fichtes Nationaldenken einen Bruder im Geiste entdecken, der mit ihm Frust, Wut und Minderheitskomplexe gegenüber anderen Mächten teilte, die es zu Staatlichkeit, Macht und Einfluss brachten. Besonders inspirierend wird Husari bei Fichte also sicherlich nicht gerade jene tief philosophischen Impressionen über Gott und Staat gefunden haben, und er wird der subtilen Neigung Fichtes zur Leugnung Gottes ebenfalls mit Sicherheit nicht zugestimmt haben, da er bei aller Huldigung eines säkularen Nationalismus nie mit dem Glauben haderte. Was er an Fichte besonders bewunderte, war die Betonung jener Gemeinsamkeit von Sprache, Ursprung, Geschichte, Kultur und Bildung als Wesensmerkmale einer »Kulturnation«.[80]

Husari hegte anfänglich, wie bereits erwähnt, Sympathie für den Kemalismus als moderne Nationalidee. Später wandte er sich von ihm enttäuscht ab, als ihm klar wurde, dass die Jungtürken am hegemonialen Kurs der Osmanen festhalten wollten. Das erinnert an Fichte und diejenigen seiner Zeitgenossen, die anfänglich von der Französischen Revolution begeistert und später von den imperialen Ambitionen Napoleon auch gegen die deutschen Staaten tief verbittert waren. In einem anderen Zusammenhang teilte Husari die Sicht der deutschen Einheitstheoretiker und wandte sich scharf gegen ihre französischen Kontrahenten. Er entschied sich wie bei Fichte für die »organischen« Kriterien der Nationsbildung wie gemeinsame Sprache Kultur und Geschichte und lehnte den streng rationalen Ansatz der Nationsdefinition etwa bei Ernest Renan, den Enzyklopädisten und der Académie Française scharf ab. Renan formulierte seine berühmte Rede auch unter dem Einfluss der Elsass-Lothringen-Frage wie folgt: »Die Nation ist eine große Solidargemeinschaft, die durch das Gefühl für die Opfer gebildet wird, die erbracht wurden und die man noch zu erbringen bereit ist. Sie setzt eine Vergangenheit voraus und lässt sich dennoch in der Gegenwart durch ein greifbares Faktum zusammenfassen: die Zufriedenheit und den klar ausgedrückten Willen, das gemeinsame Leben fortzusetzen. Die Existenz einer Nation ist (man verzeihe mir diese Metapher) ein tägliches Plebiszit, wie die Existenz des Individuums eine ständige Bekräftigung des Lebens ist.«[81]

Für Husari (genauso wie für Fichte) war der Faktor freier Entscheidung in der Frage nationaler Identität völlig inakzeptabel. Denn die Zugehörigkeit zu einer Nation ist für ihn etwas »Schicksalhaftes«, »Vorgegebenes«, was nicht durch freie Wahlen oder Willensbekundung beeinflusst werden kann. Nun war die Lage im historisch zentralistischen Frankreich ja völlig anders als in der arabischen Welt oder in Deutschland. Staat und Nation waren in Frankreich nicht voneinander getrennt. Daher verstand man die Präsenz einer Nation nur innerhalb eines abgegrenzten Staatsterritoriums. Husari stellte hingegen fest, auch wenn die Araber in getrennten Ländern lebten, leben mussten, so sind sie und bleiben Teile einer gemeinsamen Nation. Kaum anders haben das die Vertreter des romantischen Nationalismus in Deutschland formuliert.[82]

Was genau sind die nationsbildenden Kriterien bei Husari? Die Sprache steht in seinen Veröffentlichungen immer wieder im Mittelpunkt, denn sie ist für ihn der Ausdruck des Geistes und des täglichen Lebens einer Nation. Als Binsenwahrheit bemerkt er, dass dieses Kriterium den Unterschied zwischen Mensch und Tier ausmacht, um daraus dessen elementare Relevanz zu betonen. Die Geschichte ist für ihn ein weiteres, entscheidendes Kriterium der Nationsbildung. Tradition, Sitten und Glaube, wobei die Religion nicht zwingend, jedoch unter bestimmten Umständen eine Rolle spielen kann. Dies spricht für den neuen Geist des nach dem Abschied von den osmanischen Amtsgeschäften zunehmend säkular gewordenen Husari. Schließlich hat die Nationsbildung für ihn die Dimension des Schicksalhaften und weniger der rationalen Willensentscheidung.

Der irakische Politikwissenschaftler Wamid Jamal O. Nadhmi schreibt zum Einfluss Fichtes auf Husari: »Ohne Zweifel befasste sich Husari intensiv mit der deutschen Nationalbewegung und stand sehr stark unter dem Einfluss von Fichte. Schließlich ähnelten die deutsche Teilung und die verspätete Erlangung der Einheit Deutschlands den Verhältnissen innerhalb der arabischen Nation. So können wir konstatieren, dass der Ausgangspunkt bei Husari die bestehende Parallelität der politischen Verhältnisse zwischen der arabischen Nation einerseits, der deutschen und italienischen Nation andererseits war. Unterschiedlich war die Lage hinsichtlich der Nationen Englands, Frankreichs und Russlands. Husari ging es darum, sich in der Absicht mit den Erfahrungen anderer Völker auseinanderzusetzen, um Wege zur Verwirklichung der arabischen Einheit zu finden. Sein Ausgangspunkt war also rein panarabisch, was bedeutet, dass für ihn die Nationalbewegungen anderer Nationen, mit denen er sich befasste, lediglich eine Vorbildfunktion hatten.«[83]

Wie viele andere nationalarabisch denkende und wirkende Denker und Politiker spielten Bildung und Erziehung für Husari eine sehr wichtige Rolle. Auch dies war bei Fichte nicht anders. Husari bekleidete von 1918 bis 1920 in der kurzen Regierungszeit des haschemitischen Königs Faisal I. in Syrien das Amt des Bildungs- und Erziehungsministers. Später hatte er auch im Irak, wohin sich die Haschemiten zurückziehen mussten, wichtige Ämter im Erziehungsbereich inne. Auf Geheiß der Briten musste er den Irak verlassen. Ihm wurde außerdem die irakische Staatsangehörigkeit aberkannt. Danach lebte und wirkte er in Beirut und Kairo. Eine Zeitlang musste er sich als Aufenthaltsort zwischen der Türkei und dem arabischen Raum entscheiden. Es war für ihn, den Panarabisten, natürlich eine Herzenssache, sich für den eigenen arabischen Kulturkreis zu entscheiden. Einfach war dies für ihn nicht, zumal er das Türkische ja besser als das Arabische beherrschte.

Im Gegensatz zu den Gründern der Baath-Bewegung, aus der rasch eine pointierte nationalarabische politische Partei hervorgegangen ist, stand Husari der Bildung von politischen Parteien eher skeptisch gegenüber. Eine Partei zu gründen, bedeutete für ihn, spalterisch zu handeln. Von ihm ist der Spruch überliefert: »Sorgt für die kulturelle Einheit und ich zementiere alle anderen Formen der Einheit.«[84] Letztendlich war dieses Denkmuster idealistisch, um nicht zu sagen naiv. Er hoffte jedenfalls, dass alle patriotischen Menschen sich dem Panarabismus anschließen würden, wodurch sich die Parteifrage erledigen würde. Die anderen, vom Patriotismus-Gedanken nicht beseelten Kräfte waren für ihn entweder Vaterlandsverräter oder Anhänger von Ideologien – so die Kommunisten, Faschisten und Nationalsyrer, die er für verachtenswert hielt. Allerdings, und das ist einer der wichtigsten Widersprüche in seinem Denken, hegte er in durchaus machiavellistischer Denkweise Sympathien für national-chauvinistische Tendenzen in Deutschland und anderen mitteleuropäischen Staaten, ging er dabei doch von der Devise aus »Der Feind meines Feindes ist mein Freund«. Husari tat dies allerdings in feiner und subtiler Weise, anders als es vielfach in den arabischen Ländern der Fall war, wenn ohne profundes Hintergrundwissen über den Nationalsozialismus oder den italienischen Faschismus zum Teil bis heute mit diesen sympathisiert wird. Es ist nicht überliefert, dass Husari die rassistisch-chauvinistische Stoßrichtung der NS-Ideologie teilte, auch enthielt er sich gegenüber vergleichbaren Verlautbarungen bei Fichte. Trotz herber Kritik am Parteiwesen durch Husari sind später mehrere politische Parteien in der Levante entstanden, die sich wie die »Al-Qawmiyyun Al-Arab« (Nationalaraber) als dessen Anhänger positionieren.

Kritiker bemängeln an Husaris Konzeption des arabischen Nationalismus, dass sie das Kulturelle und Pädagogische überbetone, während die wichtigen Bereiche der Politik und Wirtschaft einen marginalen Stellenwert hätten. Nach ihrer Auffassung ist dieser institutionelle und strukturelle Mangel im Nationaldenken Husaris mitverantwortlich dafür, dass es der gesamten nationalarabischen Bewegung, also von Husari und der Baath-Partei über die Partei der Nationalaraber bis hin zu Nasser und den Baath-Regierungen im Irak und Syrien, an praktischen Konzepten für das Regierungssystem, die Verwaltung, die Wirtschaft und das Rechtswesen mangelte, was für diese Kritiker der Grund ist für die vielen, auch institutionellen Missstände in der arabischen Welt bis auf den heutigen Tag. Im Falle der arabischen Einigungsideen vermissen diese Kritiker eine aktionsorientierte, praktische Komponente des Nationaldenkens. Denn es gab zwar eine Fülle an Deklarationen, Absichtserklärungen und Veröffentlichungen, nicht jedoch effiziente Aktionen. Das Moderne an Husaris Denken liegt allerdings darin, trotz seiner osmanisch-türkischen Sozialisierung die islamische Religion nicht länger als die tragende Säule für die Nationsbildung betrachtet zu haben. Er fand die Sprache, Kultur und die gemeinsame Geschichte wesentlich wichtiger. Daher entschied er sich für den Panarabismus und nicht für den Panislam. Seine vielfältigen Erfahrungen im osmanisch beherrschten Balkan ließen ihn glauben, dass die Bande gemeinsamer Sprache und Kultur dort weit wichtiger seien als religiöse Unterschiede.

Sati Husari veröffentlichte zahlreiche Bücher, Essays und Reden sowohl über Bildung und Erziehung als auch über den arabischen Nationalismus, wobei gerade seine Nationalismus-Werke große Verbreitung in der arabischen Welt fanden. Schon die Titel dieser Bücher zeigen die Bedeutung der Nationalidee für sein Gesamtwerk: »Meinungen und Reden über Patriotismus und Nationalismus«, »Vorträge über die Entstehung der Nationalidee«, »Meinungen und Reden über den arabischen Nationalismus«, »Das Arabertum zwischen Befürwortern und Gegnern«, »Das Arabertum zuerst«, »Plädoyer für das Arabertum«, »Was ist Nationalismus?«, »Über den arabischen Nationalismus und die Wurzeln des Partikularismus«.

Seine gesamtarabische Bedeutung liegt darin begründet, dass er stärker als andere Denker die Grundlagen nationalen Denkens im allgemeinen und philosophischen Sinn erforschte, um sich dann spezifisch mit den besonderen Verhältnissen innerhalb der arabischen Welt zu befassen. Daraus erwuchs seine Überzeugung von der maßgeblichen Bedeutung von Sprache und Kultur für die Einheitsbewegung, und zwar unabhängig von der territorialen Teilung und der Tatsache, dass die meisten Länder unter dem direkten oder indirekten Einfluss der Kolonialmächte standen. Dies bedeutete aus seiner Sicht, dass eine nationale Identität für die Gesamtheit der arabischen Nation trotz des Fehlens eines arabischen Nationalstaates uneingeschränkt bestehe[85].

Husari hiterließ eine große Schar politisch und pädagogisch agierender Anhänger. Zu ihnen gehören die aus Syrien, Palästina und dem Libanon stammenden Denker und Schriftsteller Constantin Zurayq, Nicola Ziyadeh, Youssef Haikal, Nabih Faris und Hazem Nuseibeh. Auch der maßgebliche Umsetzer des Panarabismus in praktische Politik, der ägyptische Präsident Nasser, stand unter Husaris Einfluss, pflegte mit ihm regen Kontakt und zeichnete ihn mit einem hohen staatlichen Preis aus. Die Schüler von Husari waren in ihrem Denken vorwiegend säkular und modern, gleich ob sie Christen oder Muslime waren. Der eine oder andere unter ihnen fand jedoch gelegentlich Missfallen daran, dass Husari sich stark vom europäischen Denkansatz über den Nationalismus inspirieren ließ. Und trotz eben ihres säkularen Ansatzes kritisierten sie an Husari, dass er die alles überragende Bedeutung der Religion in der arabischen und gesamtislamischen Welt verkannt habe. Er sah die Religion als wichtiges Bindeglied, nicht jedoch als ausgrenzenden Faktor, denn Teilhaber der arabischen Nation waren aus seiner Sicht nicht nur die Muslime, sondern alle Araber. Oft führte er das Beispiel an, dass führende Protagonisten des deutschen Einheitsstaates 1871 das protestantische Preußen und das katholische Bayern gewesen seien. Sein Schüler, der Palästinenser Hazem Nuseibeh, betonte wie sein Lehrmeister die besondere Bedeutung der Geschichte als Einigungsfaktor. Aber er plädiert offen dafür, die Geschichte »in der richtigen Weise« – will heißen: apologetisch – zu präsentieren. Sein Anliegen, gestützt auf ähnliche Ideen bei Ernest Renan, bei dem nationalistischen französischen Publizisten Maurice Barrès und zum Teil Machiavelli, ist nichts anders als die Instrumentalisierung der Geschichte im Dienst der nationalen Sache. Allerdings ist er gegen eine Instrumentalisierung um jeden Preis, weil das Verfälschungen oder Idealisierungen der nationalen Geschichte und überhaupt vergangener Zeiten mit sich bringen würde.[86] Tatsächlich muss man die Werke vieler Autoren aus der arabischen Welt kritisch beurteilen hinsichtlich der Deutung historischer Geschehnisse und Zusammenhänge, die das Anliegen der Araber, des Islam oder der damit zusammenhängenden Wertvorstellungen zum Inhalt haben. Oft wird apologetisch argumentiert, um nachzuweisen, dass an der Entstehung von Problemen, Krisen und Niederlagen fast immer »die Anderen« schuld gewesen seien. Das erlebt man sehr häufig gerade in der Gegenwart in Form von Verschwörungstheorien, mit deren Hilfe auch selbstverschuldete Krisen und Rückständigkeit dadurch erklärt werden, dass nahezu immer äußere Feinde, innere Gegner oder Rivalen als allein verantwortlich präsentiert werden. Es ist unbestritten, dass Kolonialismus, äußere ökonomische Ausbeutung und militärische Angriffe zu Stagnation und Rückständigkeit der gesamten nahöstlichen Region geführt haben. Dennoch: Die Krisen immer wieder und ausschließlich auf »den Anderen« zurückzuführen, zeugt von wenig Bereitschaft zur Selbstkritik und ist daher entwicklungshemmend.

Wir kommen erneut auf Husaris Geschichtsverständnis zurück. Die Einheit der Araber ist sein Ziel, die Geschichte sein methodisches Hilfswerk. Da er schon immer, erst recht seit der Revolte der Freien Offizieren 1952 der festen Überzeugung war, dass für die nationalarabische Bewegung Ägypten die führende arabische Macht ist, die diesen Einigungsprozess bewerkstelligen kann, war er versucht, die Geschichte bzw. die Rolle Ägyptens innerhalb der arabischen Welt geschichtlich neu zu deuten. Sein Ziel war vor allem, nachzuweisen, dass Ägypten schon immer ein wichtiger Akteur innerhalb der gesamtarabischen Einheitsbewegung war. So suchte er Fakten zusammen, die diese These belegen sollten, etwa wenn er mit Recht darauf hinwies, dass zu Zeiten der Mameluken-Herrschaft Ägyptens Staatsterritorium auch Syrien, den Libanon, Palästina und den Hidschaz umfasste. Dadurch versucht er nachweisen, dass es bereits früher einen »gemeinsamen« arabischen Staat gegeben hat, ohne allerdings auf die Umstände dieser Vereinigung näher einzugehen. Außerdem weist er nach, dass die Geschichte Ägyptens und Syriens in der Ära der Ayyubiden unter Saladin im 12. Jahrhundert eng verbunden war und Ägypten unter den Fatimiden, Abasiden und Omayyadin Teil des »Großen Arabischen Reiches« war.[87] Über die Isolierung Ägyptens von den meisten, sich unter dem Osmanischen Reich mehr oder weniger als Einheit fühlenden arabischen Provinzen weiß er zwar in Klageform zu berichten, eine tiefer gehende Analyse der sich daraus ergebenden Konsequenzen für die Stellung Ägyptens innerhalb der arabischen Welt bzw. zum Arabertum gegen Ende des 19. Jahrhunderts wird indessen weitgehend ausgeblendet. Ebenfalls untersucht Al-Husari nur am Rande, ob die von ihm hervorgehobene Verflechtung Ägyptens mit den arabischen Ländern nicht doch eher im Sinne einer muslimischen Verbundenheit zu verstehen ist, allerdings mit dem Unterschied etwa zu Persern, Türken oder Südasiaten, dass dort zusätzlich der Faktor sprachlicher Gemeinsamkeit vorhanden war. Bereits 1936 veröffentlichte Husari die Schrift »Die Rolle Ägyptens bei der Wiederbelebung des arabischen Nationalismus«, in der er auf die zentrale Bedeutung dieses bevölkerungsreichsten, bildungsmäßig wichtigen arabischen Landes für die Entwicklung der gesamten arabischen Nation verweist.

Die aktuelle Entwicklung der Beziehungen zwischen den arabischen Ländern untereinander gehörte für Al-Husari zu den wichtigsten Themen seiner Erforschung. Da sein Hauptziel die Verwirklichung der gesamtarabischen Einheit war, bemühte er sich, jede Form der regionalen Integration zu idealisieren und so auszulegen, als führe dies automatisch zur Schaffung des ersehnten gesamtarabischen Einheitsstaates. Lange bevor sich die arabische Welt seit Beginn der 1960er Jahre ideologisch in ein konservativ-dynastisches und ein progressiv-republikanisches Lager zu spalten begann, war er bereit und willens, auch die von konservativen und großbürgerlichen Kreisen befürworteten Einigungsmodelle zu unterstützen. So segnete er den nach einem früheren syrischen Ministerpräsidenten benannten »Maqdasi-Plan« ab, den dieser 1951 dem Ministerrat der Arabischen Liga vorlegte. Gemäß diesem Plan sollte eine wie auch immer geartete Union, Föderation oder Konföderation zwischen arabischen Königreichen, Fürstentümern und Republiken unterschiedlicher politischer Couleur gebildet werden. Da er einem idealistischen, romantischen Nationalismus verhaftet war, schien es ihm völlig überflüssig, die Realisierungschancen und Perspektiven dieses Plans konkret zu hinterfragen. Nach diesem Verständnis war für ihn die Schaffung der Arabischen Liga als erste gesamtarabische Institution der Neuzeit eine unbestrittene Errungenschaft. Er wollte wenig davon wissen, dass diese regionale Organisation eben wegen der zum Teil unüberbrückbaren ideologischen und machtpolitischen Unterschiede der einzelnen Mitgliedsstaaten unfähig sein könnte, zwischen den streitenden Mitgliedern effektiv zu schlichten, geschweige denn erfolgversprechende Einigungsinitiativen auf den Weg zu bringen. In der Spätphase seines Lebens beschwerte er sich allerdings über den stark bürokratischen Charakter und der mangelhaften Effizienz der Liga. Tatsächlich fand die Liga bis heute kein geeignetes Konzept, schwerwiegende innerarabische politische oder militärische Konflikte beizulegen, geschweige denn machbare Lösungen für den dauerhaften palästinensisch-israelischen Konflikt zu unterbreiten und durchzusetzen.

Wie bei Machiavelli, der sich den Typus eines »neuen Fürsten« für die Stärkung und Einigung Italiens herbeisehnte, träumte auch Husari von einer starken und charismatischen Führungspersönlichkeit, die das Werk arabischer Einigung voranbringen könnte. Wie bereits erwähnt, war der ägyptische Präsident Gamal Abdel-Nasser für Al-Husari seit 1955 die politische Führungsfigur, die dazu prädestiniert war, diese Aufgabe wahrzunehmen. Umgekehrt schärfte das Werk Al-Husaris das Bewusstsein Nassers für den Panarabismus und für das gesamtarabische Einheitsziel. Der Staatsmann und der Denker trafen sich oft, sie tauschten Meinungen, Ideen und Zukunftspläne aus, und man könnte resümieren, dass Al-Husari zum Nasseristen und der Staatsmann Nasser zum »Husaristen« mutierten. Von nun an ergriff Al-Husari kompromisslos Partei für Nasser und fing an, die Einheitsidee nicht um jeden Preis, sondern nach ideologischen, nasseristischen Maßstäben zu verfolgen. Hatte er früher Einheitspläne auch konservativer Prägung unterstützt, so wollte er nunmehr ausschließlich eine »progressive« Marschrichtung akzeptieren. Nach diesem neuen Rollenverständnis ergriff er in den Konflikten zwischen Ägypten und den konservativen Ländern Saudi-Arabien und den Golfstaaten Partei für Nasser. Er unterstützte ebenfalls Nassers Politik gegen »kommunistische Umtriebe« in Bagdad und Damaskus. Zwar galten die Kommunisten nicht als reaktionäre Kräfte. Ihr Makel lag aber für beide darin, dass sie von Moskau gesteuert waren und daher die panarabischen Interessen zu konterkarieren drohten. Der Vorwurf gegen die Kommunisten hatte auch einen Namen bzw. einen historischen Bezug: »Schubiyya«. Ursprünglich bedeutete dies die Gleichstellung von Arabern und Nichtarabern, was freilich weder aus der Sicht des Islam noch eines humanistisch-aufklärerischen Denkens zu beanstanden ist. Während der Herrschaft des nationalirakischen Präsidenten Abdulkarim Kassem (1914–63) wurde dieser Begriff aber zum Synonym für einen gegen die gesamtarabische Einheit gerichteten National-Partikularismus. Mit anderen Worten: Kassem und andere arabische Politiker, die die Parole »die nationalen Interessen zuerst« vertraten, wurden als Verräter an der Sache der gesamten arabischen Nation stigmatisiert. Auch im ideologischen Streit zwischen Nasser und der Baath-Partei nahm Al-Husari eindeutig Partei für Nasser und Ägypten. Dabei ging es hier nicht um einen ideologischen Streit zwischen »Progressiven« und »Reaktionären«, denn schließlich wurden beide Fronten per definitionem als progressiv eingestuft. Vielmehr ging es nach Auffassung Al-Husaris darum, dass die Baath-Politiker neben der »Reaktion« die Hauptschuld am Auseinanderbrechen der Vereinigten Arabischen Republik zwischen Ägypten und Syrien (1958–1961) trügen. In seiner Beurteilung des Scheiterns dieses ersten Modells der neuzeitlichen panarabischen Vereinigung polemisierte Husari wortstark gegen Kritik an diesem Einheitsstaat. Er wandte sich gegen die kaum von der Hand zu weisende These, dessen Scheitern sei nicht zuletzt den erheblichen politischen, gesellschaftlichen und ökonomischen Unterschieden in den beiden Gliedstaaten Ägypten und Syrien geschuldet. Seine uneingeschränkte Parteinahme für Nasser hinderte ihn daran, die Argumente der Gegner aus dem Lager der Baath-Partei und der bürgerlich-liberalen Kreise zur Kenntnis zu nehmen.

Es gehört zweifelsohne zum Verdienst Al-Husaris, dass die Bildungsschichten in den verschiedenen arabischen Ländern, zu einem geringeren Teil auch in Ägypten, sich unter seinem Einfluss zunehmend als »Araber« wahrzunehmen begannen, ohne ihre spezifische Identität als Libanesen, Iraker, Syrer oder Marokkaner aufzugeben. Es gab jedoch auch eine radikale Strömung, die solche spezifischen Identitätsmerkmale als einen auszumerzenden Makel bekämpfte und gegen Andersdenkende nicht selten eine aggressive und verunglimpfende Rhetorik verwendete.

Al-Husari war es 1958 vergönnt zu erleben, dass der erste arabische Einheitsstaat zwischen Ägypten und Syrien entstehen konnte. Damals beglückwünschten ihn Staatsmänner, Politiker und Intellektuelle aus verschiedenen Ländern, die den Akt der Staatsgründung als sein persönliches Verdienst priesen. Umso schmerzvoller war für ihn das Scheitern dieses Vereinigungsexperiments bereits drei Jahre später.[88]

Konstantin Zuraiq und der Nationalismus des Bildungsbürgertums

Der aus dem Bürgertum stammende, in Damaskus 1909 geborene Konstantin Zuraiq achtete in seinem Nationaldenken wie Al-Husari auf Bildung, Pädagogik, Pflege der arabischen Sprache und Kultur. Er entstammte einer liberal-kosmopolitischen syrisch-orthodoxen Familie, wobei sich sein Vater aus beruflichen Gründen teils in Syrien, teils in Lateinamerika aufhielt. Seine Familie wohnte in unmittelbarer Nachbarschaft mit Muslimen und knüpfte enge, gar freundschaftliche Beziehungen zu ihnen. Auch die (christliche) Konfessionsschule, die er besuchte, wurde ebenfalls von vielen Muslimen frequentiert. Daher war sein Religions-Verständnis vom Geist der Liberalität und der gegenseitigen Achtung geprägt. Stärker als Fragen der Religion interessierten ihn die eine Nation stiftenden Kriterien, wobei er im konkreten Bezug zum arabischen Nationalismus die »besondere« Bedeutung des Islam hervorhob. Er sah auch einen wechselseitigen, befruchtenden Zusammenhang zwischen der arabischen und der islamischen Kultur. Die Blüte der arabischen Kultur in jener Zeit, als in Europa Mittelalter herrschte, sah er unmittelbar in Verbindung mit einem damals verbreiteten aufgeklärten Islam-Verständnis. Diese Kulturblüte hat einen Niedergang erlitten, als die Mehrheit der Muslime den Schriften und Regeln ihrer Religion blindlings zu folgen begann, ohne die diffizilen und oft mehrdeutigen Lehrsätze zu hinterfragen. Der aufgeklärte Humanist und Mahner Zuraiq verkündete die Botschaft, nur durch eine reformorientierte Auslegung des Islam lasse sich der Niedergang der arabischen Nation überwinden – eine These, die ihre Gültigkeit bis heute nicht verloren hat. Die Verknüpfung zwischen Religiösem und Nationalem ist gegenwärtig sogar noch stärker. Die Tendenz, den Islam buchstäblich zu nehmen und anzuwenden, wirkt angesichts der erschreckenden Stärkung salafistischer Strömungen und dschihadistischen Terrorismus in fast allen muslimischen Ländern ungebremst. Die Kritik Zuraiqs beschränkte sich nicht nur auf das zeitgenössische Islam-Verständnis. Sie umfasste sämtliche Denk- und Lebensformen aller Religionen und Konfessionen. Als Reformer bemühte er sich, Fragen der Religion und Nation rational zu beantworten. Seine vielen Kritiker warfen ihm Utopismus vor, ohne seine Ideen und praktischen Vorstellungen widerlegen zu können.[89] In zwei wesentlichen Punkten unterscheidet sich dieser Denker von der Hauptströmung panarabischen Denkens. Im Gegensatz zu ihr (und übrigens auch zu Fichte) rechtfertigt er seine nationalarabische Überzeugung nicht mit jenem häufig gebrauchten idealistisch-romantischen »Argument«, die arabische Nation sei etwas Besonderes, sei besser als andere Nationen. Ihm ist derartiges realitätsfernes, verabsolutierendes Denken zuwider. Der zweite bemerkenswerte Aspekt liegt in seiner Wahrnehmung des Nationalismus als säkulares Gedankengut. An anderer Stelle wurde erwähnt, dass er zwar die Bedeutung des Islam für alle Araber, für die christlichen Araber also auch, hervorhebt. Damit meinte er allerdings die »kulturhistorische« Dimension des Islam als eine der Wurzeln nationalarabischen Denkens. Sowohl ethnonationale als auch theokratische Gesellschaftsmodelle lehnte er entschieden ab. Sein säkulares Denken ging mit einem modernen Fortschrittsglauben einher, der, ohne das Vergangene zu ignorieren, zukunftsorientiert war.[90]

Die panarabische Baath-Partei und ihre sozial-nationale Idee

Für die geistige Entstehung der »Arabischen Sozialistischen Partei der Wiederauferstehung« (Baath) in Syrien und im Irak waren im zeitgeschichtlichen Rückblick drei negative Hintergründe entscheidend: Das Scheitern des Aufstands des Haschemitischen Scherifen von Hidschas Hussein bin Ali (1853 oder 56–1931) gegen die Osmanen im Jahr 1915 und damit der Beginn des europäischen Kolonialismus auf arabischem Territorium, ferner die folgenschweren Auswirkungen des Ersten Weltkriegs auf die arabische Region durch die Schaffung künstlicher, von Europa völlig abhängiger Staatsgebilde sowie schließlich der Verlust Palästinas infolge des politisch-militärischen Sieges der gut vernetzten und militärisch übermächtigen zionistischen Bewegung. Die Hauptfeinde der Baath-Partei waren, und sind zum Teil immer noch, das mit dem europäischen Kolonialismus einhergehende westliche System des ausbeuterischen Kapitalismus, der Zionismus in Gestalt des Staates Israel und seiner weltweit agierenden Lobby sowie der Kommunismus.

Die Palästina-Frage war für die Baath-Partei das Hauptanliegen ihrer politischen Agenda und damit noch stärker als bei Sati Husari. Sie wurde 1947 gegründet, das heißt mitten in der Zeit der Auseinandersetzung zwischen den Panarabisten und der zionistischen Bewegung. Für die Partei war die Haltung der einzelnen arabischen Regierungen im Konflikt zwischen Palästinensern und Zionisten der mustergültige Maßstab zur Beurteilung ihrer Politik. Daher unterstützte sie vor allem in Syrien und im Irak alle Militär-Staatsstreiche gegen die von ihr als korrupt und in der Palästina-Frage als »verräterisch« und unfähig apostrophierten Regimes, insbesondere in Jordanien, im Irak und in Syrien selbst. Mit Enttäuschung und Verbitterung musste die Baath-Partei jedoch häufig die Erfahrung machen, dass sich die neuen Militärherrscher nicht nur das verhasste alte Politik-Muster bald zu eigen machten, sondern obendrein die Parteikader nach kurzer Schonfrist gängelten, verhafteten und die Partei sogar verboten. Dies erlebte die Partei häufig in den 1960er Jahren sowohl in Syrien als auch im Irak. Die Praxis der Baath-Partei krankte später an ihrem ehrgeizigen und teils widersprüchlichen Bestreben, von viel zu vielen ideologischen und politischen Strömungen Inhalte übernehmen zu wollen. So war sie bestrebt, »wissenschaftlich«, »revolutionär« und »sozialistisch« nach marxistischem Muster orientiert zu sein. Gleichzeitig definierte sie sich als säkular, aber nicht atheistisch, freiheitlich-liberal, aber nicht im Sinne des Kapitalismus. So heterogene Ziele ließen sich nicht auf einen Nenner bringen, sodass der Widerspruch zwischen dem theoretisch Erdachten und der gesellschaftspolitischen Realität drastisch offenbar wurde. Ein weiteres Manko der Baath-Partei war, dass die Führungspersönlichkeiten weder willens noch imstande waren, mit anderen Bewegungen Allianzen zu schmieden. So war das Lager der bekämpften Gegner, Rivalen und Feinde weit größer als das der Verbündeten. Zu den von der Baath-Partei bekämpften Ideologien gehörten unter anderem Marxisten und Kommunisten, islamische Bewegungen, konkurrierende arabische Nationalisten wie die Nasseristen, schließlich erst recht die westlich orientierten liberal-kapitalistischen Strömungen. Ein weiteres Defizit war der Umstand, dass die Partei von Anfang an im elitär-intellektuellen Wirkungsbereich verharrte. So hat sie es im Wesentlichen nicht geschafft, breite Kreise oder gar Massen der Arbeiter, Angestellten, Handwerker und Kaufleute als Mitglieder oder Anhänger zu rekrutieren. In den beiden Geburtsstätten der Baath-Bewegung,

Syrien und Irak, regierten und (im Falle Syriens) regieren immer noch unter dem ideologischen Deckmantel dieser Partei Militärherrscher, die wesentliche Forderungen aus dem Ideenkatalog der Parteigründer mit Füßen treten: freiheitliches Denken, ein »menschlicher« Sozialismus, das Gleichheitsprinzip. Die Clans von Saddam Hussein im Irak und Hafes Al-Assad in Syrien bekannten bzw. bekennen sich zu den Idealen der Partei, pervertierten aber nach kürzester Zeit zu blutigen, habgierigen, korrupten und unterdrückenden Dynastien. Für den syrischen »Philosophenkönig« und Baath-Vordenker Michel Aflak muss die Erfahrung mit den Baath-Regierungen eine bittere Erfahrung gewesen sein. In seiner Heimat wurde er zunächst hofiert, aber kurze Zeit danach ins Exil nach Beirut und Paris gezwungen. Auch sein Verhältnis zu Saddam Hussein war prekär. Denn formal blieb er zwar bis zu seinem Tode im Juni 1989 der ideologische Führer des Landes, faktisch jedoch hatte er keinen nennenswerten Einfluss auf die Politik Saddam Husseins. Mit Sicherheit konnte der aufgeklärte Idealist Aflak mit der Politik seines ideologischen Zöglings, des irakischen »principe nuovo« Saddam Hussein, kaum was anfangen. Liest man Aflaks Reden und Schriften in dieser Zeitspanne, so findet man aus naheliegenden Gründen keine kritischen Anmerkungen über Saddam Hussein. Doch zwischen den Zeilen spürt man menschliche und politische Enttäuschung. Mit Sicherheit war Aflak mit dem Krieg gegen Iran (1980–88), mit der Invasion Kuwaits 1990 und mit der diktatorischen Herrschaft Saddams nicht immer bzw. nicht uneingeschränkt einverstanden.

Die Studienjahre, die die Syrer Michel Aflak und sein Mitstreiter Salahiddin Bitar (1912–1980) in Paris verbrachten, prägten stark die spätere ideologische Orientierung der Baath-Partei. In der Heimat stand er stark unter dem Einfluss seines Lehrers, des Philosophen Zaki Al-Arsuzi (1901–1968), der als einer der Vordenker des Panarabismus gilt. Die Pariser Jahre bewirkten, dass beide junge Männer Zeugen eines liberalen und freiheitlichen Umgangs des Staates mit Andersdenkenden wurden. Daher stand in der Frühphase ihres Denkens der Freiheitsbegriff an vorderster Stelle, aber das währte nicht lange und wurde bald von anderen Prioritäten überlagert.

Ein Merkmal prägte die Baath-Partei von Anfang an: das säkulare Denken und die Abneigung gegen religiösen Fanatismus jedweder Form. Hier sind die Einflüsse von Zuraiq und Al-Arsuzi deutlich zu spüren. Beide junge Studenten, Aflak und Bitar, gehörten der »Gesellschaft für arabische Kultur« an, an der sich auch Studenten aus dem Maghreb wie der spätere marokkanische Politiker und Nationalführer Alal Al-Fesi beteiligten. Ziel dieser literarisch-panarabischen Gesellschaft war es, ins Bewusstsein der Araber und Europäer gleichermaßen zu rufen, dass die national- und traditionsbewussten Araber sich weder zu den in Europa aufkommenden kommunistischen Ideen noch zum Faschismus hingezogen fühlten. Im Jahr 1953 kam es zum Zusammenschluss der inzwischen von Aflak und Bitar neu gegründeten Partei mit der »Arabisch-Sozialistischen Partei« des Syrers Akram Hourani (1915–1996). Dieser war ein bürgerlicher Politiker, der bisher zwischen panarabischer und nationalsyrischer Orientierung lavierte, die die Gemeinsamkeit und Einheit der Levante (»Bilad Ascham«) betonte. Dazu gehört nach ursprünglichem Verständnis Historisch-Syrien – also das heutige Syrien, der Libanon und Palästina. In manchen Schriften werden auch Transjordanien (das heutige Königreich Jordanien) und Teile des irakischen Westens hinzugerechnet. Diese nationalsyrische Strömung ist nicht erklärtermaßen gegen die Idee eines gesamtarabischen Staates. Sie wendet allerdings ein, dass dieses Gebilde ein viel zu umfangreiches und heterogenes Territorium umfasse. Die Nationalsyrer plädierten stattdessen für die Bildung verschiedener Staatengruppen in diesem riesigen Raum: die arabische Halbinsel, die Levante, das Niltal, der Irak und der Maghreb[91].

Da die in den 1960er Jahren neu gegründete Baath-Partei sich bereits qua Programm als eine für die Sache der gesamtarabischen Einheit tätige Bewegung verstand, weitete sie ihre Tätigkeit auf die gesamte arabische Region, insbesondere auf die Levante und ihre Nachbarländer aus. Damit stand sie im Wettbewerb zu anderen nationalarabischen, aber auch zur Nationalsyrischen Partei und ohnehin zu den islamischen und panislamischen Gruppen, die der »säkularen« panarabischen Idee eher ablehnend gegenüber standen.

Der gedankliche Inhalt und die Zielsetzung der panarabischen Idee der Baath-Partei unterscheiden sich nur in Nuancen, von der nationalen Idee bei Al-Husari. Beide Gruppierungen strebten ja die Bildung eines gesamtarabischen Staates an, beide wandten sich gegen »Separatisten«, »Regionalisten« wie die Nationalsyrer und andere Kräfte, die wie die Kommunisten nicht national, sondern international wirkten und den Nationalismus als restaurativ, gar faschistisch anprangerten. Ein wesentlicher Unterschied in der Lesart der arabischen Einheit lag darin, dass die Baath-Partei im Gegensatz zu Husari nicht jede Form der Einheit akzeptierte und die Arabische Liga als Zusammenschluss mehrheitlich »feudaler Regierungen« dezidiert anprangerte. So lehnte die Parteiführung 1951 einen Plan zur Vereinigung des damals monarchischen Irak mit der Republik Syrien ab, weil eine derartige Einheit die republikanischen Fundamente des liberalen Syriens untergrabe. Für die Partei galt die Synthese von Freiheit und sozialer Gerechtigkeit: »Denn die Einheit, die im Gegensatz zur Freiheit entsteht, ist eine irrtümliche Option. Dasselbe gilt für den Freiheitsbegriff, der nicht mit Sozialismus und Einheitsidee im harmonischen Einklang liegt.«[92]

Ein weiterer Unterschied zwischen Baath-Partei und Husari lag in deren Perzeption des europäischen nationalistischen Denkens. Einerseits befassten sich Aflak wie Husari eingehend mit den entsprechenden Strömungen vor allem in Frankreich, Italien und Deutschland. Während aber Husari keine Berührungsängste, insbesondere mit der deutschen Erfahrung hatte, ist es Aflak und seinen Getreuen schwerer gefallen, Gemeinsamkeiten oder gar Affinitäten zum europäischen Nationalismus einzugestehen. Grund dafür war die Verbitterung über die Kolonialgeschichte Europas. Allerdings waren die ideologischen Hauptgegner für die Baath-Partei weniger der Liberalismus als Freiheitsidee, sondern vielmehr der Kapitalismus und Kommunismus. Vielleicht war die Ablehnung des Kommunismus sogar am stärksten, weil dieser als Alternative zur Baath-Ideologie immerhin attraktiver als der Kapitalismus erschien. Aflak warnte eindringlich vor den negativen Auswirkungen der kommunistischen Ideologie auf das arabische Nationaldenken und trat für die Ausarbeitung einer Wissenschaftstheorie des arabischen Nationalismus ein – als intellektuelle Waffe, um der kommunistischen Gefahr entgegenzuwirken[93]. Die Parteigänger des Kapitalismus schienen hingegen harmloser zu sein, da sie sich aus feudalen und großbürgerlichen Kreisen rekrutierten, die unter den Massen und den Gebildeten ohnehin verhasst waren und als reaktionär und ausbeuterisch galten. Überhaupt lehnte der westlich sozialisierte Aflak aus Opportunitätsgründen Übernahmen aus dem europäischen Denken ab und betrachtete solche »Nachahmungen« als wenig kreativ, illusionistisch und oberflächlich. An deren Stelle wollte er ein System positiv-revolutionären Denkens, der Vernunft, des Realismus und der Wissenschaftlichkeit errichtet sehen.[94] Er wollte mit Hilfe von genuin-arabischen Denknormen die Rettung der arabischen Welt aus ihrer Lethargie und Rückständigkeit herbeiführen. Mit diesem puristischen, idealistischen Denken glaubte er romantischerweise den Schlüssel zur Lösung zu haben, ja im Besitz der absoluten Wahrheit zu sein. Sein Verständnis des Ursprungs der arabischen Nation ist allerdings kaum anders als bei Husari und den Anhängern der Bewegung der arabischen Nationalisten (Qawmiyyun Al-Arab), die nach der Nakba von 1948 von Palästinensern, Libanesen, Syrern und Irakern in Beirut gegründet wurde.[95] Sie glauben nicht an ein allmählich entstandenes, modernes Bewusstsein für die gemeinsame Zugehörigkeit zu einer Nation und wollen nicht wahrhaben, dass – meist negative – europäische Einflüsse wie Kapitalismus und Kolonialismus dieses nationale Bewusstsein in der arabischen Welt geschärft haben könnten. Sie verwarfen vor allem die These, dass aufgrund der desolaten Lage der Araber seit ihrer Unterjochung im Osmanischen Reich europäisch beeinflusste Reformideen und -bewegungen entstanden sind, die zur Befreiung der Araber von den Fesseln starren Denkens und despotischer Herrschaft beitrugen. Diese Sichtweise beruht auf der tiefen Überzeugung, dass die Araber dank ihrer gemeinsamen Sprache, Kultur und Sitten schon seit vorislamischen Zeiten eine Nation im modernen Sinne waren.

Die maßgeblichen Unterschiede lagen allerdings bei den gesellschaftlichen und wirtschaftlichen Fragen. Husari, dem es vor allem um die Schaffung der politischen Einheit ging, blendete die soziale Frage beinahe ganz aus. Offensichtlich war er als Pädagoge in sozialen und ökonomischen Fragen nicht sonderlich bewandert. Die Baath-Protagonisten, unter ihnen neben Lehrern und Schriftstellern auch Ökonomen und Sozialwissenschaftler waren, verknüpften ihre Forderung nach Verwirklichung der arabischen Einheit mit der Forderung, dass in allen arabischen Ländern zu allererst neben den politischen auch die sozialen Missstände beseitigt werden müssten, so etwa die Kluft zwischen den Feudalherren und den entrechteten Bauern und Handwerkern. Die Lesart lautete: Das arabische Vaterland leide unter der Rückständigkeit, die von der »Zerstückelung« dieser Gebiete in künstliche Gebilde herrühre. Daher gelte es, diesen unnatürlichen Zustand zu beseitigen und gleichzeitig »progressive« Ansätze zu verfolgen. So erhob die Baath-Partei für sich von nun an den Anspruch, eine Partei des »Fortschritts« zu sein. Dieser Begriff aber findet sich bei Husari nur am Rande. Nasser hingegen, der ideengeschichtlich Husari, nicht der Baath-Partei folgte, übernahm später von der Partei den Anspruch der »fortschrittlichen« Positionierung. Seit den 1940er Jahren haben in den arabischen Ländern die Kommunisten den Gebrauch des Fortschrittsbegriffs – bezogen auf die ökonomischen und sozialen Verhältnisse – überstrapaziert. Die idealistischen Panarabisten vor der Baath-Zeit befassten sich noch vornehmlich mit philosophischen und historischen Themen fern von konkreten Analysen der herrschenden sozialen und wirtschaftlichen Verhältnisse. Die Baath-Gründer bemühten sich ab den 1950er Jahren um eine Synthese zwischen beidem. Das mag in der theoretischen Ausarbeitung ein gewaltiger Anspruch gewesen sein. In der Praxis jedoch sind die 1963 in Syrien und im Irak an die Macht gekommenen Baath-Regierungen ihm kaum gerecht geworden.[96]

Es steht fest, dass die Vorstellungen der Baath-Partei über den Sozialismus und die soziale Frage nicht ausgereift waren. Das Parteiprogramm in der Gründungszeit (1947–54) bekräftigte die Forderung nach dem gerechten und starken Staat, der dirigistisch agiert, damit der Lebensstandard der ärmeren Schichten angehoben wird. Dirigismus und staatlich kontrollierte Eigentumsverhältnisse, Eingriffe in den privatwirtschaftlichen Sektor zur Verhinderung eines weiteren Abgleitens der Unterschicht in die soziale Not waren im Wesentlichen die wirtschaftlichen Forderungen der Partei. Die Baath-Partei trägt schon im offiziellen Namen das Wort »sozialistisch«, sie wollte aber um jeden Preis dem Eindruck entgegenwirken, sie sei womöglich eine kommunistische, gar prosowjetische Partei. Daher pflegte sie demonstrativ das Konzept eines »arabischen Sozialismus«. Der Versuchung dieses Schlagwortes ist später auch Nasser erlegen. Was bedeutet aber »arabischer« Sozialismus? Die Antwort der Partei blieb meist schwammig und gebetsmühlenartig: Es gehe um den arabischen Kampf gegen Kapitalismus, Feudalismus und Reaktion.

Wie war das Verhältnis der Baath-Partei zum wichtigsten panarabischen Politiker, dem ägyptischen Staatschef Nasser? Es dominierte eine aus der Rivalität resultierende Skepsis. In den Augen der Partei handelte es sich beim ägyptischen Staatsstreich vom 23. Juli 1952 nicht um eine Revolution, wie dies die Freien Offiziere um Nasser für sich in Anspruch nahmen, sondern lediglich um einen Putsch, der sich von den in Syrien häufigen Militärstaatsstreichen kaum unterscheide. Ihnen stand die Baath-Partei meist ablehnend gegenüber und sah sie entweder als partikularistisch, also mit dem Panarabismus nicht konform an – oder schätzte sie generell als reaktionär und korrumpiert ein.[97] Das Fehlen eines revolutionären Anspruchs der neuen ägyptischen Führung wollte die Partei darin erkennen, dass zunächst außer der formalen Abschaffung des monarchischen Systems kaum strukturelle Veränderungen am politischen System selbst geschahen. Auch in der anfänglichen innerarabischen Politik Nassers sah sich die Partei in ihrem negativen Urteil bestätigt. Denn in einer der ersten Verlautbarungen des neuen, völlig unerfahrenen Regimes hieß es, dass man sich in die inneren Angelegenheiten jedes Mitgliedsstaates der Arabischen Liga nicht einzumischen beabsichtige. Dass sich diese Haltung bald ändern sollte, weil sich Ägypten den gesamtarabischen Führungsanspruch auf die Fahnen schrieb, hat dennoch kaum zu einer Neubewertung Nassers in der Baath-Partei geführt. Der entscheidende Streitfaktor über die ideologische und politische Stoßrichtung blieb bestehen.

II.
Panarabismus und Palästina-Konflikt (1939–1967)

Ägyptens Palästina-Politik vor Nasser

Am Vorabend des ägyptischen Staatsstreichs vom Juli 1952 war der Stellenwert der Palästina-Frage für die ägyptische Bevölkerung im Vergleich zu anderen arabischen Völkern von wenig Relevanz. Für Syrer und Iraker stand sie hingegen immer im Mittelpunkt ihres politischen und gesellschaftlichen Diskurses. In Syrien etwa galt dies nicht nur für die nationalarabisch orientierten politischen Strömungen wie die Baath-Partei, sondern genauso für die Anhänger der national-syrischen Partei. Für die letztgenannte Partei des Fruchtbaren Halbmondes stand nicht die »arabische«, sondern die »syrische« Nation, die vor allem Syrien, den Libanon und Palästina einschließt, im Mittelpunkt. Auch im nordafrikanischen Teil der arabischen Welt waren Sympathien für die Sache der Palästinenser vorhanden. Das Wissen um die näheren Umstände dieser komplexen Frage war anfänglich jedoch mangelhaft. Von den Bildungseliten abgesehen beschränkte sich das Engagement der breiten Massen lediglich darauf, an der Seite der palästinensischen Glaubensbrüder zu stehen.

In Ägypten verfolgte man die Erhebungen der Palästinenser gegen das Erstarken des Zionismus mit Sympathie, während die Unterstützung jüdischer Immigranten in Palästina durch die ehemalige Mandatsmacht Großbritannien mit Argwohn und Verbitterung betrachtet wurde. So beriefen die Mitglieder der beiden ägyptischen Parlamentskammern 1938 eine Konferenz zur »Unterstützung Palästinas« ein, an der verschiedene Parlamentarier aus Ägypten und anderen arabischen Ländern teilnahmen[1].

Die vorrevolutionären ägyptischen Politiker nahmen in der Palästina-Frage eine ambivalente Haltung ein: einerseits verbargen sie nicht ihre ablehnende Haltung gegenüber den zionistischen Plänen, einen jüdischen Staat in Palästina zu gründen, andererseits aber standen sie auf der Seite der britischen Mandatsmacht. Eine wirkungsvolle Unterstützung der Palästinenser gab es also nicht. Zum Teil war die offizielle

Sympathie mit den Palästinensern also lediglich der Tatsache geschuldet, dass die breite ägyptische Masse aus religiösen Gründen mit ihren palästinensischen Glaubensbrüdern solidarisch war.[2] In diesem Sinne äußerte sich sogar der dezidiert prowestliche ägyptische Premierminister Mustafa An-Nahhas Pascha im Juli 1937 vor dem Abgeordnetenhaus.[3] In einer an die britische Regierung gerichteten Note erklärte er: »Ägypten, das den Geschehnissen in Palästina nicht gleichgültig gegenüber stehen kann, vertritt die Auffassung, dass die britische Regierung … bereits die berüchtigte Balfour-Deklaration in Kraft gesetzt hat, welche die Einwanderung von Juden nach Palästina ermöglichte.«[4]

Der Führer der liberalen »Ahrar-Partei«, Muhammed Mahmoud, drückte seine Empörung über den geplanten Teilungsplan für Palästina aus: »Die Ägypter bekunden den Palästinensern, Bewohnern des Heiligen Landes, ihr Entsetzen über die geplante Teilung ihres Vaterlandes… und machen ihren britischen Verbündeten darauf aufmerksam, dass einzig die Richtlinien der Arabien-Politik, die 1915 vereinbart wurden, sich mit den Verpflichtungen der britischen Regierung decken. Nur die Einhaltung dieser Richtlinien ist geeignet, die Abmachungen der britischen Regierung in den Augen der Araber glaubwürdig erscheinen zu lassen.«[5]

Auch der Führer der »jungägyptischen Partei«, Ahmad Hussein, sah das Erstarken des Zionismus als mit der nationalreligiösen Programmatik seiner Partei unvereinbar. Schließlich erklärte der ägyptische Außenminister Botros Ghali vor der Vollversammlung des Völkerbundes im September 1937, dass die kulturelle, sprachliche und religiöse Einheit von Ägyptern und Palästinensern die ägyptische Regierung zur Unterstützung des arabisch-palästinensischen Standpunktes verpflichte.[6]

Der Primat der Palästina-Frage unter Nasser

Unter Nasser hat sich das ägyptische Engagement für Palästina vom Stadium der rein deklaratorischen Unterstützung hin zu einem innerarabisch und international nachhaltig aktiven Kurs entwickelt. Der neue pro-palästinensische Kurs ist eng mit der Hinwendung Ägyptens zum Panarabismus verknüpft – die Entwicklung des Palästina-Konfliktes ist also nicht von der Geschichte des arabischen Nationalismus und des Panarabismus zu trennen. In der Ära des nach islamisch-afrikanischer Einheit strebenden Interimspräsidenten Muhammad Nagib

(1901–1984), der nur 1953/54 amtierte, war dieses umfassende Engagement in der Palästinafrage noch nicht ersichtlich. Außer, dass Nagib das Regime von König Farouk (1920–1965) für die Niederlage der ägyptischen Armee im Palästina-Krieg aufgrund des Einsatzes funktionsuntüchtiger Waffen und Munitionen verantwortlich machte, gab es keine klaren Bekenntnisse in Sachen Palästina. Auch bei Nasser war eine zielgerichtete Palästina-Politik nicht vom Anfang seiner Präsidentschaft an vorhanden. Als junger Offizier der ägyptischen Armee beteiligte sich Nasser am Palästinakrieg von 1948. Diese Erfahrung spielte bei seinem späteren Palästina-Engagement allerdings keine entscheidende Rolle, wenn man seiner »Philosophie der Revolution« glauben mag: »Wir kämpften in Palästina, aber unsere Träume waren in Ägypten verankert. Unsere Kugeln waren gegen den Feind gerichtet, der in den Schützengräben uns gegenüber lauerte, aber unsere Herzen kreisten unser fernliegendes Vaterland, das damals eine Beute für jene Wölfe war, die es verwüsteten.«[7]

Es mag verwunderlich sein, dass Nasser Palästina zu dieser Zeit als ein fernes Land angesehen haben soll. Ein »fremdes Land« war es allerdings für ihn von Anfang an nicht; schon als Student streikte und demonstrierte er heftig gegen die pro-zionistische »Balfour Deklaration«, wie er in seinem Hauptwerk beschreibt.[8] Auf der Generalstabsschule glaubte Nasser, die Probleme um Palästina besser zu verstehen. Er sah den Kampf der arabischen Länder gegen die Gründung des Staates Israels als ein legitimes Anliegen, als eine Pflicht zur Selbstverteidigung, welche ihnen die Umstände auferlegt hätten. An einer anderen Stelle seines Buches räumt er ein, dass die Erfahrungen des Palästina-Krieges nicht der auslösende Faktor für den Putsch von 1952 waren, aber für das Streben der Araber nach Einheit und Eintracht größte Bedeutung hatten.[9]

Die »Philosophie der Revolution« wurde um das Jahr 1953 geschrieben, das heißt bevor Nasser die Führung der arabischen Welt für sich beanspruchte. Die innerarabischen Konflikte des Jahres 1955 und die darauf erfolgte Trennung in »progressive« und »konservative« Regime schärften das Bewusstsein des ägyptischen Präsidenten für die gesamtarabische Relevanz der Palästina-Frage. Umgekehrt ist es auch richtig, dass diese Frage die bevorstehenden innerarabischen Auseinandersetzungen befeuerte. Mit Nasser erfuhr der arabisch-israelische Konflikt eine neue Akzentuierung: Während frühere, hauptsächlich konservative Regime diese Auseinandersetzung primär in religiösen, und nur am Rande in nationalen Kategorien beurteilten, definierte ihn Nasser in erster Linie als ein nationales Anliegen der arabischen Welt.

Freilich stellte er nicht in Abrede, dass Palästina darüber hinaus nicht nur die islamische Welt, sondern sogar alle bündnisfreien Staaten der Welt angehe. Mit der Hervorhebung des arabischen Nationalismus, der aus seiner Sicht mit einer »fortschrittlichen« Politik verbunden sein musste, entstand eine neue Wahrnehmung Israels als »Werkzeug imperialistischer Mächte«.

Seit der Suezkrise von 1956 gab es für Nasser drei feindliche Kräfte in seinem politisch-ideologischen Denken: den westlichen Imperialismus, die arabische Reaktion und schließlich den über den Staat Israel hinaus wirkenden internationalen Zionismus. So sah Nasser die Beteiligung Israels am Suez-Krieg als Beweis dafür, dass dieser Staat seine gemeinsamen Interessen mit dem Westen systematisch abstimme und mit allen Mitteln versuche, den Aufstieg des arabischen Nationalismus zu verhindern.[10] Zwar mag das militärische Engagement Israels auf der Sinai-Halbinsel andere Ziele verfolgt haben als die beiden Westmächte Großbritannien und Frankreich, die in der Verstaatlichung der Suezkanal-Gesellschaft vor allem eine Beeinträchtigung ihrer wirtschaftlichen und machtpolitischen Interessen sahen. In den Augen Nassers aber war das gemeinsame Vorgehen Israels mit diesen beiden Mächten der Beweis dafür, dass die Schaffung des Staates Israel inmitten der arabischen Welt nichts anderes bedeuten konnte als die Fortsetzung westlicher Kolonial- und Hegemonialpolitik. Durch die auf »fortschrittlichen« Ideen basierende Verflechtung des arabischen Nationalismus mit der Sache Palästinas, gelang es Nasser schließlich, seinen Anspruch auf die Führung der arabischen Welt zu legitimieren. In diesem Sinne räumte der israelische Außenminister Aba Eban 1965 ein, dass erst unter der Führung von Nasser die arabische Forderung nach der »Befreiung Palästinas« an Brisanz und Aktualität gewonnen habe.[11] Von nun an wurden die Palästina-Frage bzw. der arabisch-israelische Konflikt für Ägypten Hauptpunkte seiner innerarabischen, aber auch weltweiten Politik. Das galt nicht nur für die Führungsschichten, sondern auch für die breiten Massen Ägyptens. Hatten viele Ägypter früher die arabische Welt als eine Region gesehen, die »außerhalb« des Landes lag, so wurde ihnen unter dem charismatischen Einfluss Nassers bewusst gemacht, dass Ägypten der Kern dieser Region sei.

Ende 1950er Jahre begann Nasser die bis dahin marginale politische Vertretung der Palästinenser mit aufzubauen und aufzuwerten. So stellte die Vereinigte Arabische Republik 1959 diese Frage auf die Tagesordnung des Rats der Arabischen Liga. Es ging allgemein um die Forderung nach Anerkennung einer legitimen Organisation, die die Palästinenser repräsentieren würde. Im selben Jahr wurde in Kairo eine »hohe Planungskommission« ins Leben gerufen, welche die Richtlinien einer aktiveren Palästina-Politik ausarbeiten sollte. Nach dem Palästina-Krieg von 1948 fielen das Westjordanland an Jordanien und der Gaza-Streifen an Ägypten. Während Ägypten das von ihm kontrollierte Gebiet interimistisch »verwaltete«, wurde das Westjordanland einschließlich des arabischen Teils von Jerusalem in das Staatsterritorium Jordaniens einverleibt »Westbank«). Es war daher nicht verwunderlich, dass der ägyptische Plan nach Herstellung palästinensischer Selbstständigkeit und Souveränität in Jordanien auf starke Ablehnung stieß, denn die Annahme hätte den Verzicht dieses Landes auf die Westbank bedeutet. Eine harsche Replik Jordaniens ließ nicht lange auf sich warten. Der jordanische Ministerpräsident, Husaa Al-Majali, sprach von der »Homogenität« zwischen beiden Völkern Jordaniens, Jordaniern und Palästinensern. Er sagte: »Wir sind die Regierung Palästinas, wir sind die Armee Palästinas, wir sind schlicht die Palästinenser«.[12]

Ein von der jordanischen Regierung ausgearbeiteter »Arabischer Plan« befasste sich in Allgemeinplätzen mit der Palästina-Frage, um danach die Forderung an alle Mitgliedsstaaten der Arabischen Liga zu richten, die volle Souveränität des Königreichs Jordanien über das Westufer des Jordans anzuerkennen[13]. Der irakische Präsident und Rivale Nassers, Kassem, attackierte sowohl Ägypten als auch Jordanien, weil sie die Entstehung eines palästinensischen Staates bisher verhindert hätten. Kassem konnte sich dabei der Unterstützung aller ethnischen und religiösen Volksgruppen des Irak sicher sein.[14] Kassem präsentierte einen eigenen Palästina-Plan, indem er geschickt die These aufstellte, dass die drei Hauptakteure des Palästina-Krieges von 1948 – Israel, Ägypten und Jordanien – sich an Palästina vergriffen hätten. Daher forderte er, zunächst im Westjordanland und im Gazastreifen eine »palästinensische Republik« ins Leben zu rufen, um von dort aus ganz Palästina zu befreien.[15] Die national gesinnten Araber verwarfen diese stillschweigende Gleichstellung von Ägypten und Jordanien mit Israel, während die marxistisch orientierten unter ihnen den Plan guthießen. Erwartungsgemäß lehnten Ägypten und Jordanien den Plan, wenn auch aus unterschiedlichen Beweggründen, als taktischen Schachzug ab.

Im Zeichen der arabischen Uneinigkeit in der Palästina-Frage gingen Beschlussfähigkeit und Effizienz der Arabischen Liga verloren. Dort konnte man sich nur auf ganz allgemein formulierte und schwer realisierbare Zielsetzungen wie die Notwendigkeit und Dringlichkeit der Rückkehr der Palästinenser in ihre angestammten Heimatorte einigen. In beiden Teilstaaten der VAR wurde eine »Palästinensische

Nationalunion« mit dem Ziel gegründet, das palästinensische Volk in den militärischen und politischen Stand zu setzen, seine Heimat selbst zu befreien. Währenddessen verschärften sich die Spannungen zwischen Kairo und Amman. Jordanien erklärte sich bereit, den Bewohnern des Gazastreifens jordanische Reisepässe auszustellen, was Ägypten als Affront und Einmischung in seine inneren Angelegenheiten zurückwies. In dieser aufgeheizten Atmosphäre wurde der jordanische Premier Al-Majali Opfer eines politischen Attentats. Parallel dazu gründeten die VAR und der Irak jeweils eine eigene palästinensische Armee, während Jordanien an seiner deklaratorischen Position festhielt, dass seine Armee bereits auch eine »palästinensische« Armee sei.[16]

Die PLO und die arabischen Palästina-Pläne

Die ägyptische Regierung wandte sich allmählich vom Vorsitzenden der »Hohen Arabischen Kommission«, dem früheren Mufti von Jerusalem Hadj Amin Al-Husseini, ab. Der Disput entstand offenbar, nachdem Al-Husseini nicht länger bereit war, sich für die neue Palästina-Politik Nassers einspannen zu lassen. Nach bisher einvernehmlich verlaufenen Jahren der Verständigung zwischen Al-Husseini und Ägypten wurde ihm vorgeworfen, in der Palästina-Sache mit »reaktionären Regimen« kollaboriert zu haben. Tatsächlich war er nicht willens, seine guten Verbindungen zu Saudi-Arabien und anderen Staaten der Golf-Region zu Gunsten einer einseitig pro-ägyptischen Orientierung fallenzulassen.

Bereits auf dem »Palästinensischen Arabischen Kongress« vom Mai/Juni 1964 in Kairo wurde die Errichtung einer palästinensischen Befreiungsorganisation empfohlen. Die in Alexandrien im September 1964 tagende arabische Gipfelkonferenz stimmte der bevorstehenden Errichtung der späteren PLO zu. Gemäß ihren Statuten sollte sie die Palästinenser vertreten und auf die Befreiung Ganz-Palästinas hinarbeiten. Die Gründung dieses »Dachverbands« und anderer Organisationen wie Fatah, der Volksfront zur Befreiung Palästinas, der Demokratischen Front, später auch von Hamas, Dschihad Islami u. a. war der Auftakt zur Politisierung und Militarisierung der Palästina-Frage. Zu diesem Zweck wurde beschlossen, eine palästinensische Armee zu gründen, die faktisch der Kontrolle der Vereinigten Arabischen Republik unterstehen und aus den in arabischen Ländern (mit Ausnahme Jordaniens) dienenden palästinensischen Offizieren und Soldaten bestehen sollte.

Im März 1965 ordnete der (ägyptische) Militärgouverneur des Gazastreifens den allgemeinen Wehrdienst an. Auf einer Pressekonferenz in Amman im Juli 1965 erklärte der Präsident des Exekutivausschusses der PLO, Ahmad Shukeiri, seinen Anspruch nicht nur auf Palästina in den Grenzen vor dem Ausbruch des Krieges von 1948. Er forderte nicht nur die Wiedereingliederung der Westbank, sondern auch Transjordaniens, des Haschemitischen Königreichs Jordanien also, in ein »Groß-Palästina«, da bis 1919 beide Ufer des Jordans zu Palästina gehörten. Verständlicherweise waren die Jordanier darüber zutiefst empört.[17] Zur Finanzierung ihrer Tätigkeit bekam die PLO Zuschüsse aus der Arabischen Liga, von einzelnen arabischen Ländern und, in Form von freiwilligen Spenden oder indirekter Steuern, von den Palästinensern selbst. In einigen Staaten der Golf-Region wie Kuwait wurden entsprechende Beträge aus den Gehältern der dort tätigen Palästinenser entrichtet. Die PLO stand lange nach ihrer Gründung eindeutig unter dem Patronat Ägyptens, das immer wieder die gesamtarabische Bedeutung dieser Organisation betonte, deren Wirken als »antiimperialistisch« deklarierte und deren Entstehung als das überhaupt wichtigste Ergebnis einer arabischen Gipfelkonferenz bezeichnete. Im Gegenzug bekundeten die meisten Funktionäre der PLO ihre uneingeschränkte Loyalität zu Ägypten und zur Palästina-Politik Nassers. Shukeiri als hochrangiger Vertreter der PLO war realistisch genug um zu wissen, dass angesichts fehlender Alternativen an diesem Abhängigkeitskurs kein Weg vorbei führen konnte.[18]

Während die Beziehungen zwischen der PLO und Ägypten beinahe kontinuierlich spannungsfrei blieben, gab es mit einigen arabischen Staaten hin und wieder Meinungsverschiedenheiten, die in erster Linie vom Stand der Beziehungen dieser Länder zu Ägypten selbst abhingen. So erklärte sich der Nasser-treue irakische Präsident Abdulsalam Aref bereit, die PLO mit allen erforderlichen Mitteln zu unterstützen. Auch Saudi-Arabien und die meisten Golfstaaten unterstützten, wie übrigens der Libanon ebenfalls, die von der Arabischen Liga legitimierte PLO politisch und teils finanziell, standen aber der von Syrien geförderten Untergrundorganisation Fatah misstrauisch gegenüber. Die im politischen Wettbewerb mit Nasser stehenden anderen »progressiven« Staaten wie Syrien oder Algerien (seit 1965 unter der Führung von Houari Boumedienne) kritisierten dagegen die PLO als ein bürokratisches Konstrukt Ägyptens und der Arabischen Liga und sahen sie nicht als die wahre Vertreterin des palästinensischen Volkes an. Vor dem Hintergrund schwelender Rivalitäten innerhalb des »progressiven« Lagers selbst war das Verhältnis vor allem Syriens zur PLO ebenfalls angespannt. Damaskus warf der PLO immer wieder vor, nicht wie eine revolutionäre Kraft zu handeln, sondern im Establishment-Modus zu verharren. Damaskus unterstützte die Untergrundorganisation Fatah unter der Führung von Jasser Arafat, die später zur wichtigsten Fraktion innerhalb der PLO wurde. Fatah war allerdings damals noch zu schwach, um als Gegenpol zur PLO aufgebaut zu werden. Außerdem gab es von Anfang an ideologische Meinungsverschiedenheiten zwischen Syrien und der Fatah, deren Führer Yassir Arafat nicht bereit war, den Islam als Bestandteil seiner Konzeption preiszugeben und sich der säkularen Ideologie der Baath- Partei ganz zu unterwerfen. Später fand Syrien in der »Volksfront zur Befreiung Palästinas« und der »Demokratischen Volksfront zur Befreiung Palästinas« ideologisch kompatiblere palästinensische Verbündete.

Besonders zu Jordanien gestalteten sich die Beziehungen der PLO äußerst schwierig. Dies lag in erster Linie daran, dass die PLO die Vertretung aller Palästinenser für sich in Anspruch nahm. Allerdings lebten die meisten Diaspora-Palästinenser in Jordanien und machten dort sogar die Mehrheit der Bevölkerung aus. Obwohl sie meist die jordanische Staatsangehörigkeit besaßen, fühlten sie sich nur bedingt als Jordanier. Hinzu kam, dass sie sich von der Staatsführung im Vergleich zum beduinischen Bevölkerungsanteil u. a. in Bezug auf die Berufsaussichten im Staatsdienst und bei der Armee benachteiligt behandelt fühlten. Es war daher nachvollziehbar, dass die meisten palästinensischen Bürger Jordaniens auf die Entstehung und Programmatik der PLO positiv reagierten. Ein weiteres Konfliktpotenzial im Verhältnis Jordaniens zur PLO lag darin, dass diese von Ägypten abhängig war, Jordanien der Kollaboration mit dem verhassten Westen bezichtigte und es als Hort der Reaktion ansah. Schließlich rechnete sich die PLO der »progressiven« Fraktion zu, die unter der Führung Ägyptens, Syriens und später des Irak gegen »reaktionäre« Staaten wie Jordanien, Saudi-Arabien und Marokko agierte.

Tunesien unter Präsident Habib Burgiba unterstützte 1965 den Kurs Nassers in der Palästina-Frage und das Ziel der PLO, die legitimen Rechte der Palästinenser vollständig wiederherzustellen. Überraschend schlug Burgiba bisher nicht vertraute Töne an, als er die Palästinenser und die Araber insgesamt zur »Mäßigung« und »Bändigung« ihrer Emotionen in der Palästina-Frage aufrief. Konkreter wurde er im damals noch unter jordanischer Verwaltung stehenden Ostjerusalem, als er auf einer Pressekonferenz zur »friedlichen Zusammenarbeit« zwischen Arabern und Juden anstelle der gängigen Konfrontation und Kriegsrhetorik riet. Die arabischen Führer sollten nach seiner Auffassung den Konflikt mit Israel »realitätsbezogen« und nicht demagogisch angehen. Einige Tage später empfahl er eine Kursänderung in Richtung »Vernunft und Realismus«.[19] Während dieser Ansatz in einigen wenigen Medien als diskussionswürdiger Impuls aufgenommen wurde, wandte sich die Mehrheit der arabischen Regierungen, Medien, Intellektuellen und Gewerkschaften vehement gegen den »Verrat« an der palästinensischen Sache durch den »Burgibismus«, dem man obendrein vorwarf, westlich gesteuert gewesen zu sein. Am schärfsten wurde der »Burgibismus« von Nasser selbst als »sinnloses Palaver und schädliche Appeasement-Politik« apostrophiert.[20] Der Druck auf Burgiba wuchs enorm, was ihn veranlasste, seine zwar pragmatische, jedoch überhastet formulierte Initiative zurückzunehmen und sich durch die üblichen rhetorischen Bekenntnisse wieder voll für den Befreiungskampf der Palästinenser einzusetzen. Dass die substanzarme Mainstream-Rhetorik der Araber im arabisch-israelischen Konflikt letztlich für die verheerende Niederlage Juni Krieg 1967 mitverantwortlich war, vermochten die Gegner von Burgibas Kurzzeit-Initiative nicht wahrhaben. Er wiederum scheiterte an seinem sprunghaften, wenig konsequenten Zickzack-Kurs. Israel seinerseits nahm die neuen Töne vorsichtig auf, zeigte sich aber an einer vertieften und substantiellen Friedens-Initiative wenig interessiert. Ihm gelang es auf der internationalen Bühne jedoch, das Scheitern der Burgiba-Initiative als Beweis für den fehlenden Friedenswillen der Araber erscheinen zu lassen.

Die Palästina-Frage in der ägyptischen Außenpolitik

Der Wendepunkt in der Palästina-Politik Ägyptens war der Suezkrieg 1956. Die begeisterte Reaktion der arabischen Welt auf die Politik Nassers in diesem Konflikt, vor allem aber die Tatsache, dass Israel sich an diesem Angriffskrieg Seite an Seite mit den ehemaligen Kolonialmächten Großbritannien und Frankreich beteiligte, schärfte das Bewusstsein Nassers für die Notwendigkeit, Israels Expansionsdrang Einhalt zu gebieten und die Palästina-Frage als eine genuine Komponente der ägyptischen Staatsräson zu positionieren. Im Vorfeld dieses Krieges verstand es Nasser, eine differenzierte Haltung zum Westen einzunehmen. So war er zwar ein Gegner Großbritanniens und Frankreichs, mit den USA glaubte er dagegen, konstruktive Beziehungen aufzubauen zu können. Bald jedoch musste Nasser erkennen, dass die

USA substantiell die gleiche Interessenpolitik in der Region verfolgten wie die beiden europäischen Staaten. Seine Schlussfolgerung daraus: Während die Briten mit dem »Bagdad-Pakt« ihre machtpolitischen Interessen verfolgten, folgten die Amerikaner (etwa im Libanon) der »Eisenhower-Doktrin«, um die gleichen neokolonialistischen Ziele zu erreichen. Parallel dazu verstärkte die Sowjetunion ihre Bemühungen, in der Region Fuß zu fassen, und gab dazu ihre bisherige neutrale Position im arabisch-israelischen Konflikt zugunsten der arabischen, bzw. Nassers Position auf. In dem tiefen Glauben, eine Weltmacht als Verbündeten gewonnen zu haben, begann Nasser, eine neue Außenpolitik zu konzipieren, die, gestützt auf die bipolare Weltordnung, auf die Priorität der Palästina-Frage ausgerichtet war. Die wirtschafts- und außenpolitischen Beziehungen Ägyptens zu den USA hätten sich rapide entwickeln können, hätte Nasser nicht unter dem Einfluss des arabischen Nationalismus eine fundamentale Wende vollzogen, indem er sich fortan auf die Palästina-Frage konzentrierte und der Sowjetunion annäherte. Im Übrigen war diese strategische Wende Kern der Kritik, die ägyptische Nationalisten wiederholt übten. Sie warfen ihm vor, ohne Gegenleistung wertvolle potentielle Verbündete zu vergrätzen und wichtige wirtschaftliche und politische Ressourcen an eine schwammige gesamtarabische Einheitsidee einschließlich der Palästina-Frage zu vergeuden. Eine nachhaltige US-Wirtschafts-und Finanzhilfe wäre Ägypten sicher gewesen, hätte es sich dem jordanischen König Hussein vergleichbar verhalten – also rhetorisch pro-palästinensisch, aber ansonsten »neutral« in arabisch-israelischen Konflikt. Allerdings zeigten spätere Entwicklungen, dass die USA den ägyptischen Präsidenten Sadat und Mubarak zwar großzügige, langfristige Finanz- und Wirtschaftshilfe gewährten, dies aber zu keiner signifikanten Sanierung der strukturell maroden wirtschaftlichen Lage in Ägypten führte.

Ein Fallbeispiel mag die unterschiedlichen arabischen Positionen im Konflikt um Israel verdeutlichen: Als US-Präsident John F. Kennedy am 15. März 1961 ankündigte, Israel eine Anleihe in Höhe von 25 Millionen US-Dollar zu gewähren, löste dies heftige Proteste seitens der »progressiven« arabischen Staaten, insbesondere bei der Vereinigten Arabischen Republik aus. Von da an wurden die USA von ihnen als Feind der arabischen Sache abgestempelt und die Beziehungen zwischen der VAR und dem Westen verschlechterten sich dramatisch. Als Reaktion auf den US-Beschluss brachten auch die konservativen arabischen Staaten ihre Empörung zum Ausdruck, allerdings nur verhalten, und sie unterließen konkrete Maßnahmen, um die USA von der Anleihe abzubringen.[21]

Auch die Beziehungen Ägyptens zur Bundesrepublik Deutschland wurden unter Nasser immer stärker vom arabisch-israelischen Konflikt geprägt. Das 1952 zwischen dem deutschen Bundeskanzler Konrad Adenauer und dem israelischen Premier David Ben Gurion ausgehandelte Wiedergutmachungsabkommen belastete die deutsch-arabischen Beziehungen erst im Laufe der 1960er Jahre unter dem Einfluss des von Nasser geführten »progressiven Lagers«. Verschärft wurden die Spannungen zwischen Bonn und Kairo im Herbst 1964, als ein 1960 zwischen Adenauer und Ben Gurion unterzeichnetes Geheimabkommen über Waffenlieferungen an Israel bekannt wurde. Wenig Verständnis fand in den politischen Kreisen Ägyptens die westdeutsche Rechtfertigung, die Waffenlieferung an Israel sei der »Ausdruck der äußersten Bemühungen der Bundesrepublik«, die nicht vorhandenen diplomatischen Beziehungen zwischen beiden Ländern »zu kompensieren«.[22] Bundeskanzler Ludwig Erhard bemühte sich, die Spannungen abzumildern und versprach, die Waffenlieferungen an Israel einzustellen. Nasser, der offensichtlich solchen Versprechungen misstraute, lud als gezielte Provokation den Staatsratsvorsitzenden der DDR, Walter Ulbricht, zu einem »Freundschaftsbesuch« nach Ägypten ein. Bonn erklärte inzwischen, keine Waffen mehr in Spannungsgebiete zu liefern. Gemäß der damals geltenden »Hallstein-Doktrin« bezeichnete die Bundesregierung den Besuch Ulbrichts und die damit einhergehende diplomatische Aufwertung der DDR als »unfreundlichen« Akt und beschloss als Gegenreaktion die Aufnahme voller diplomatischer Beziehungen zu Israel. Die Spannungen zwischen der Bundesrepublik und der arabischen Welt eskalierten und führten schließlich zum Abbruch der diplomatischen Beziehungen mit Deutschland durch die meisten Mitgliedsstaaten der Arabischen Liga.[23] Damit scheiterte der Versuch der Bundesrepublik, »zwischen den arabischen Staaten und Israel zu lancieren, ohne in den Konflikt zwischen Arabern und Israelis mit hineingezogen zu werden.«[24]

Die breite Öffentlichkeit in Deutschland dagegen nimmt, vor allem aufgrund der Torpedierung des Friedensprozesses durch die nacheinander folgenden israelischen Regierungen, gegenüber der Politik Israels eine zunehmend differenzierte, zum Teil negative Haltung ein.

Frankreichs agierte zur gleichen Zeit deutlich differenzierter. Bis zur Beilegung des Algerien-Konflikts im Juni 1962 war die Nahostpolitik Frankreichs dezidiert proisraelisch. Trotz der bis zum Juni 1967 aktiv gepflegten militärischen Kooperation zwischen Frankreich und Israel, kam es unter Präsident de Gaulle ab 1962 zu einer Verbesserung der politischen und wirtschaftlichen Beziehungen Frankreichs zu den meisten arabischen Ländern einschließlich Ägyptens. Dies ging mit einer allmählichen Trübung des Verhältnisses zu Israel einher. In den arabischen Staaten keimte die Hoffnung, infolge des neuen Kurses de Gaulles würde die Militärkooperation mit Israel heruntergefahren und Frankreich im Nahostkonflikt nunmehr zumindest eine »neutrale« Haltung einnehmen. Eine weitere Hoffnung der »progressiven« arabischen Länder lag darin, dass de Gaulle außen- und sicherheitspolitisch einen von den USA unabhängigen Kurs betrieb, was sich zusätzlich negativ auf die französisch-israelischen Beziehungen auswirkte. Zudem torpedierte Frankreich die mit Wohlwollen der USA begleiteten Bemühungen Israels, seitens der Europäischen Wirtschaftsgemeinschaft einen Präferenzstatus bei den Einfuhrzöllen zu erhalten. Ohnehin wuchs in Frankreich die Einsicht, dass seine regionalen wirtschaftlichen Interessen mehr im arabischen Raum, insbesondere in Nordafrika, lagen als in Israel. Ein erneuter Versuch Israels, nach dem Juni Krieg von 1967 den Präferenzstatus zu erhalten, scheiterte erneut am Veto Frankreichs. Neben wirtschaftlichen Gründen wollte Paris die infolge der verheerenden Niederlage im Sechstagekrieg außer Rand und Band geratenen arabischen Länder nicht noch weiter destabilisieren.[25] Die klare Verurteilung Israels durch Frankreich kam ihm und den arabischen Ländern zugute: Die demoralisierten Araber sahen darin ein Signal der Rehabilitierung, während die Franzosen ihre wirtschaftliche Stellung im Nahen Osten auf Kosten anderer westlicher Länder ausbauen konnten.

Auch im Falle der Sowjetunion war die Verbesserung der Beziehungen zumindest zu den »progressiven« arabischen Ländern der Tatsache geschuldet, dass Moskau seine Haltung Israel gegenüber fundamental änderte. Seit der Staatsgründung Israels 1948 bekannte sich Moskau kontinuierlich zu dessen Recht auf Existenz. So erklärte der sowjetische Ministerpräsident Kossygin nach dem Ende des Sechstagekrieges am 19. Juni 1967 vor der Vollversammlung der Vereinten Nationen, sein Land verurteile zwar die israelische »Aggression«, halte jedoch an der Anerkennung dessen Existenzrechts weiterhin fest.[26] Entsprechend diesem Kurs nahmen die Sowjetunion und die anderen sozialistischen Staaten des Ostblocks nach und nach volle diplomatische Beziehungen zu Israel auf. Bis zum Ausbruch des Sechstagekrieges weigerte sich die Sowjetunion außerdem, die PLO als legitime Vertreterin des palästinensischen Volkes anzuerkennen. Hauptgründe dafür waren das Bekenntnis der PLO zur Befreiung ganz Palästinas und die Rücksicht Moskaus auf die Kommunistische Partei Israels. Ein hoher Beamter des sowjetischen Außenministeriums soll sich Anfang 1966 geweigert haben, nach Protest der israelischen Botschaft in Moskau einen offiziellen Vertreter der PLO zu empfangen.[27] Erst nach dem Sechstagekrieg und der damit einhergehenden Spaltung der kommunistischen Partei Israels besserte sich das Verhältnis Moskaus zur PLO. 1969 entstand eine Personalunion zwischen dieser Organisation und der Untergrundorganisation Fatah unter der neuen Führung von Arafat. Erst durch diese Fusion erhob sich die PLO nach Auffassung der Sowjetunion zu einer »revolutionären« Organisation. Die Annäherung Moskaus an die Position der arabischen Staaten zum Nahost-Konflikt vollzog sich allerdings deutlich früher. Schon 1954 unterstützte die Sowjetunion vor den Vereinten Nationen die Position Ägyptens und bediente sich einer antiisraelischen Rhetorik, was auf eine Wende in der sowjetischen Israel-Politik hinwies. Immer häufiger wurde Israel in der Sprachregelung der Sowjetunion als Stützpunkt imperialistischer Mächte bezeichnet. In einem Gemeinsamen Kommuniqué über die Gespräche, die Präsident Nasser in Moskau im September 1965 führte, unterstrichen die sowjetischen Führer ihre »uneingeschränkte Unterstützung der legitimen und unteilbaren Rechte der arabischen Palästinenser«.[28] In einer Rede vor der ägyptischen Nationalversammlung in Kairo am 17. Mai 1966 sagte Kossygin: »Ihr Land spielt im Kampf der arabischen Völker, welche nach Lösung des Palästina-Problems trachten, eine maßgebliche Rolle. Wir wissen die große Aufmerksamkeit zu würdigen, die die Araber diesem Problem entgegenbringen, und sind der Meinung, dass es auf eine gerechte Weise beigelegt werden muss.«[29] In einem sowjetisch-irakischen Kommuniqué vom August 1966 sowie einem Gemeinsamen Kommuniqué der Verhandlungen zwischen der KPdSU und der syrischen Baath-Partei im Februar 1967 war ebenfalls von den »legitimen Rechten« der Palästinenser die Rede.[30]

Auch bei den politischen und wirtschaftlichen Beziehungen zu den afrikanischen und asiatischen Ländern befanden sich Israel und die arabischen Staaten, insbesondere Ägypten, in einem konfliktbeladenen Wettbewerb. Als die meisten afrikanischen Länder im Laufe der sechziger Jahre ihre Unabhängigkeit erlangten, bemühte sich Israel, den Boykott des Landes seitens der arabischen Länder durch Aufnahme diplomatischer Beziehungen zu den Ländern Afrikas und Asiens zu kompensieren. Der damalige israelische Ministerpräsident Ben Gurion äußerte 1960 die Auffassung, die Zukunft Israels hänge vom Verlauf der wirtschaftlichen Beziehungen zwischen ihm und den afrikanischen und asiatischen Ländern ab.[31] Bis Ende 1968 gelang es Israel tatsächlich, in 29 afrikanischen Staaten diplomatisch vertreten zu sein. Während Nasser bemüht war, der diplomatischen Offensive Israels in Afrika mittels der häufig beschworenen »panafrikanischen Solidarität« Einhalt zu gebieten, gelang es Israel, durch ein umfassendes und nachhaltiges Entwicklungshilfeprogramm seine Präsenz in Afrika südlich der Sahara zu untermauern. Innerhalb von 20 Jahren leistete Israel Entwicklungshilfe in Millionenhöhe (US-Dollar). Zwischen 1960 und 1966 schloss die israelische Regierung 33 bilaterale Abkommen mit Entwicklungsländern, darunter mit 20 schwarzafrikanischen. Gemäß offiziellen israelischen Angaben waren zwischen 1958 und 1966 fast 2.000 Entwicklungshelfer aus Israel dort bei der Durchführung von rund 3.500 Entwicklungsprojekten tätig. In dieser Zeitspanne soll Israel etwa 9.000 Fachkräfte aus 90 Ländern ausgebildet haben, die Hälfte davon aus schwarzafrikanischen Ländern.[32] Die politischen Beziehungen der meisten dieser Länder zu Ägypten entwickelten sich parallel dazu dennoch positiv. Manchen dieser Länder wie etwa Ghana unter Präsident Nkrumah ist der Spagat zwischen der Verfolgung von rein wirtschaftlichen Interessen mit Israel und dem politischen Bekenntnis zum Panafrikanismus gelungen. Nasser rechnete es dem mit einer Ägypterin verheirateten Nkrumah hoch an, dass dieser trotz seiner engen wirtschaftlichen Zusammenarbeit mit Israel in politischer Hinsicht Israel häufig desavouierte und seine Politik heftig kritisierte.[33] Denn immerhin verabschiedeten die internationalen Konferenzen afrikanischer und asiatischer Staaten, an deren Stoßrichtung Ägypten maßgeblich beteiligt war, bezüglich der Nahostfrage meist proarabische Resolutionen. So wurde Israel auf der Konferenz blockfreier Staaten im indonesischen Bandung im April 1955 unter dem Aspekt des »Imperialismus« thematisiert. Auf der ersten Konferenz der unabhängigen afro-asiatischen Staaten in Accra vom April 1958 riefen die Delegierten zur Lösung der Palästina-Frage im Sinne des arabischen Standpunktes auf. Auch auf der Konferenz blockfreier Staaten in Belgrad 1961 bekräftigten die Teilnehmer ihren Willen, »die Rechte des palästinensischen Volkes vollständig« zu unterstützen. Zu den fraglichen Staaten gehörten zum Teil auch Nutznießer der israelischen Entwicklungshilfe wie der Kongo, Äthiopien, Ghana, Guinea und Mali. 1964 wurde im Rahmen der Bandung-Konferenz in Indonesien ein propalästinensisches Komitee ins Leben gerufen, an dem die PLO maßgeblich beteiligt war.[34]

Die diplomatische Offensive Israels war in Asien weniger erfolgreich als in Schwarzafrika. Grund dafür war die Tatsache, dass viele diese Länder entweder muslimisch geprägt waren oder, wie im Fall Indien, eine starke muslimische Minderheit hatten. Hinzu kam, dass die Handelsbeziehungen der arabischen Länder mit Asien viel tiefer und traditionsreicher waren als mit Schwarzafrika. Dennoch konnte Israel seine außen-und handelspolitischen Beziehungen mit einigen asiatischen Staaten ausbauen. Burma, das heutige Myanmar, war der erste asiatische Start, mit dem Israel bereits 1953 volle diplomatische Beziehungen aufnahm. Auf Intervention Ägyptens hin wurden jedoch 1964 rund 7.000 israelische Experten und Firmenvertreter des Landes verwiesen.[35]

Nach der Türkei war Iran der zweite muslimische Staat, der Israel diplomatisch de facto anerkannte. Die konservativen Länder wie Jordanien empörten sich über diesen Akt, der der gemeinsamen Religion zuwiderlaufe. Für das »progressive« Lager mit Ägypten war dieser Schritt der Beweis dafür, dass das iranische Regime nichts anderes sei als ein »Handlanger des Imperialismus«. Nasser ordnete im Juli 1960 die Schließung der VAR-Botschaft in Teheran an. Ein Botschafteraustausch zwischen Iran und Israel blieb zwar aus, beide Länder unterhielten jedoch im Erdöl- und Militärbereich robuste Beziehungen[36]. Als Premierminister Mussadeq 1951 eine neue Regierung bildete, verschlechterten sich jedoch die relativ guten politischen und wirtschaftlichen Beziehungen wieder. Bald wurde das israelische Konsulat in Teheran geschlossen.

Indien hat die Gründung eines jüdischen Staates auf dem ehemaligen britischen Mandat Palästina aus grundsätzlichen Erwägungen abgelehnt. Dies war die erklärte Haltung mehrerer indischer Staatsmänner von Mahatma Gandhi über Jawaharlal Nehru bis zu Indira Gandhi. Denn Indien bekennt sich, in bewusstem Antagonismus zu Pakistan, zu einer säkularen Staatsidee und lehnt daher den Gedanken eines auf einer Religion basierenden Staatswesens ab. Zudem lebt in Indien eine große muslimische Minderheit. Die traditionell guten arabisch-indischen Handelsbeziehungen und die hohe Zahl indischer Arbeiter, Ingenieure und Firmenvertreter vor allem in der arabischen Golfregion spielten und spielen eine maßgebliche Rolle für die anfänglich distanzierte Haltung Indiens zu Israel.

Doch alle diplomatischen Erfolge und alle rhetorische Unterstützung durch afrikanische und asiatische Staaten vermochten die nachhaltigen *militärischen* Niederlagen der Araber gegen Israel nicht zu verhindern.

Die arabische Niederlage im Sechstagekrieg gegen Israel 1967

Der Sechstagekrieg von 1967 war nach dem ersten Palästina-Krieg 1948 und dem Suez- Krieg 1956 die dritte militärische Konfrontation zwischen Israel und seinen arabischen Nachbarländern. Am Vorabend des Sechstagekrieges befanden sich die innerarabischen Beziehungen wieder einmal in einer prekären Phase. Die Kampfansage, die die arabischen Länder unisono an die Adresse Israels richteten, war deklaratorischer Natur und schon aufgrund der tiefen Spaltung zwischen den »progressiven« und den »konservativen« Regimes aber auch innerhalb des »progressiven« Lagers selbst wirkungslos.

Im Mai 1967 spitzte sich die Lage im Nahen Osten zu. Nachdem die militärischen Operationen der von Syrien unterstützten Fatah zunahmen, richteten israelische Luftstreitkräfte gezielte Angriffe gegen Damaskus. Laut arabischen Nachrichtendiensten soll Israel sogar eine Invasion Syriens geplant haben. Tatsächlich drohten israelische Politiker Syrien in mehreren Erklärungen zwischen dem 10. und 12. Mai 1967 mit neuen »Vergeltungsanschlägen«. Am 22. Mai erklärte Präsident Nasser vor Soldaten der ägyptischen Luftwaffe: »Am 13. Mai erhielten wir genaue Informationen, dass Israel an der syrischen Grenze … ca. 11–13 Brigaden zusammenzog. Diese Truppen waren in zwei Fronten aufgeteilt, eine im südlichen Abschnitt des Tiberias-Sees und die andere im Norden des Sees. Die Entscheidung, die Israel zu dieser Zeit traf, bestand darin, am 17. Mai einen Aggressionskrieg gegen Syrien zu führen.«[37]

Der israelische Ministerpräsident Eschkol bezeichnete dieses und ähnlich lautende Statements als »lückenhafte Meldungen …, welche die Ägypter aufgegriffen und für wahr gehalten« hätten[38]. In der Absicht, seinen syrischen Verbündeten gegen einen zu erwartenden Angriffskrieg Israels militärischen Beistand zu leisten, forderte Nasser am 16. Mai den Abzug der auf der Sinai-Halbinsel stationierten UN-Friedensstreitmacht (UNEF). UN-Generalssekretär U Thant gab daraufhin dem vehement vorgetragenen Ersuchen Ägyptens statt. Die Präsenz von UN-Truppen in Ägypten war Teil einer nach dem Ende des Suezkrieges getroffenen Vereinbarung, wobei sie für die ägyptische Führung schon immer ein Dorn im Auge war. Denn sie war eine ständige Zielscheibe innerarabischer Angriffe, insbesondere aus dem rivalisierenden progressiven Lager, das die vermeintliche Appeasement-Politik Ägyptens gegenüber Israel anprangerte. Tatsächlich aber war die Anwesenheit dieser Truppen eine nicht verhandelbare Forderung Israels, wenn es um den Abzug seiner Truppen aus dem besetzten ägyptischen Territorium ging. Die ägyptische Führung hinterfragte bei der Forderung nach einem Abzug nicht hinreichend die Konsequenzen, die sich aus israelischer Sicht möglicherweise ergeben könnten. Parallel dazu forderte die PLO Jordanien auf, ihr vom jordanischen Territorium aus Guerilla-Tätigkeiten gegen Israel zu erlauben. Derartige Forderungen erhob die PLO jedoch nicht gegenüber dem stärkeren Verbündeten Ägypten, wohl wissend, dass Nasser einem solchen Ansinnen kaum zugestimmt hätte.[39]

Nach dem Abzug der UN-Friedenstruppen aus dem ägyptischen Territorium ordnete Nasser die Unterstellung von Scharm Al-Scheich unter ägyptische Hoheit an. Die israelische Regierung, die wohl verlässliche Informationen über den höchst defizitären Zustand der ägyptischen Armee besaß, reagierte empört auf den Abzug der UN-Truppen und bezeichnete den ägyptischen Schritt als eine »offene Verletzung des internationalen Rechts, einen Schlag gegen die souveränen Rechte anderer Nationen und einen Akt der Aggression gegen Israel.[40] Israel tat also so, als würde diese Maßnahme seine Sicherheit beeinträchtigen, obgleich es über die tatsächliche desolate Lage der ägyptischen Armee bestens informiert war. Am 5. Juni 1967 griff Israel in einem Dreifronten-Krieg Ägypten, Syrien und Jordanien an. Der Krieg führte zur Besetzung der Sinai-Halbinsel, Westjordanlandes und der syrischen Golanhöhen. Daraus ergaben sich später weitreichende außen- und sicherheitspolitische Konsequenzen für die gesamte Region.

Tatsächlich war Nasser weder willens noch imstande, sich auf eine militärische Konfrontation mit Israel einzulassen. Ihm war sicherlich nicht verborgen geblieben, dass die ägyptischen Streitkräfte den weit überlegenen Truppen Israels in keiner Weise Stand halten konnten. Es war ihm auf der anderen Seite politisch kaum möglich, seinem wenig geliebten syrischen Verbündeten die Solidarität zu verweigern. Offensichtlich hat er auch Israels militärische Absichten nicht durchschaut, denn er scheint die Massierung israelischer Truppen zunächst an der Grenze zu Syrien, später auch zu Ägypten als bloßes Drohgebaren missinterpretiert zu haben. Ihn haben also der verheerende Militärangriff im Juni 1967 gegen Ägypten, Syrien und Jordanien und der binnen weniger Tage errungene Sieg Israels völlig überrascht. Wenig glaubwürdig war die unmittelbar nach der Niederlage erfolgte offizielle Deutung der Hintergründe. Schuld am Debakel war demnach neben finsteren imperialistischen Machenschaften Nassers bisheriger Stellvertreter und Oberkommandierender der Streitkräfte Abdulhakim Amer, der ihn angeblich mit fingierten Daten über die tatsächliche Stärke der ägyptischen Armee hinters Licht geführt und dadurch allein die Niederlage zu verantworten habe. Als unmittelbare Folge des Desasters beging der bisherige ägyptische Armeechef, Abdulhakim Amer, Selbstmord, während der Chef der PLO Shukeiri seinen Stuhl räumen musste.

Wortmächtig hatte der Propaganda-Apparat Ägyptens und später der VAR seit Mitte der 1950er Jahre die Priorität der Palästina-Frage betont und gebetsmühlenartig den historisch eminent wichtigen, unmittelbar bevorstehenden Sieg der arabischen Nation über den Zionismus in Aussicht gestellt. Was mit der Niederlage der Araber im Sechstagekrieg 1967 tatsächlich eintrat, war zwar historisch, aber für die Araber in höchst bedenklicher Weise. Schlimmer noch als der »historische« war der »geographische« Aspekt. Denn infolge der Niederlage ging nunmehr das gesamte Territorium Palästinas an Israel verloren. Hinzu kam die langfristige Besetzung des Sinai und die bis heute andauernde Besetzung des größten Teils der syrischen Golanhöhen. Auf ihre Niederlage reagierten die Araber mit Erschütterung, Desorientierung und Wut über die Diskrepanz zwischen Wunschdenken und Realität, zwischen erträumter und tatsächlicher militärischer Stärke. Zwar demonstrierten Hunderttausende in Ägypten und anderen arabischen Ländern nach dem Rücktritt Nassers für dessen Verbleib im Amt. Dennoch hatte er an Charisma und Glaubwürdigkeit dramatisch verloren. Die Niederlage stellte eine Zäsur im politischen Leben Nassers dar; sie besiegelte das Ende seiner Ära. Bis zu seinem frühen Tod im September 1970 verlor der ägyptische Präsident und Architekt des neuzeitlichen Panarabismus massiv an Wirkungskraft. Sein Scheitern betraf das Hauptanliegen der gesamtarabischen Welt, nämlich den Kampf um Palästina. Gescheitert war dadurch auch das Konzept des Panarabismus, dessen Kern nun schon seit langem eben die Palästina-Frage bildete.[41]

Der Panarabismus und der Entwurf eines arabischen Sozialismus nasseristischer Prägung standen plötzlich zur Disposition, und es schien, als suchte die intellektuelle Klasse im Zeichen der Verzweiflung und Resignation nach einer neuen, den Zusammenhalt der Nation rettenden Ideologie.

Infolge der Niederlage blühten in den Köpfen vieler Araber Verschwörungstheorien. Hätte König Hussein mit Ägypten und Syrien nicht in den allerletzten Stunden ein Militärbündnis gebildet, wäre er eindeutig zum Verräter an der gesamtarabischen Sache und dem Hauptverursacher des Juni-Desasters abgestempelt worden. Trotzdem schrieb ihm ein großer Teil der Öffentlichkeit die Mitverantwortung für die Niederlage zu. Auch die mangelnde Koordinierung, ja die kleinkarierte Rivalität innerhalb des »progressiven« Lagers, aber ebenfalls die passive, rein deklaratorische Unterstützung der Sache Palästinas durch das Lager der »Progressiven« reihte man in den umfangreichen Katalog arabischer Versäumnisse und Verfehlungen ein. In Ägypten, wo obendrein der Tod Tausender von Soldaten zu beklagen war, erschütterte die Niederlage in vielen Kreisen den Glauben an die gesamtarabische Einheitsidee. Nach dem Debakel von 1967 war es dem in tiefste

Resignation verfallenen Nasser nicht mehr gelungen, das Bewusstsein der Ägypter für die nationalarabische Idee aufrecht zu erhalten. Selbst die zwei prominentesten Anhänger des Panarabismus in Ägypten, die Journalisten M. H. Haikal und Ahmad Bahaiddin wandten sich zeitweilig vom Panarabismus enttäuscht ab. Bei Beisetzungsfeierlichkeiten zu Ehren gefallener Soldaten und Offiziere riefen manche das vorrevolutionäre Schlagwort »Misr, Misr« (Ägypten, Ägypten«).[42] Dennoch wäre es verfehlt anzunehmen, dass die Ägypter infolge der Niederlage im Sechstagekrieg den Glauben an die gesamtarabische Idee gänzlich abgeschüttelt hätten. Denn es verband sie immerhin mit den anderen betroffenen Völkern, insbesondere den Syrern, Palästinensern und Jordaniern das bittere Gefühl von Schmach und Niederlage und der Verlust größerer Teile des Staatsgebiets. Die Verbitterung über den Westen und der Hass auf Israel waren in diesem Zusammenhang zwar ein negatives, aber dennoch starkes Bindeglied. So wurden in Ägypten die Guerilla-Aktivitäten palästinensischer Untergrundorganisationen mit Begeisterung aufgenommen. Es drang in das Bewusstsein der Massen in allen arabischen, zum Teil auch islamischen Ländern die Überzeugung, dass von Partisanen geleisteter bewaffneter Widerstand strategisch effizienter sei als die Kampfhandlungen bürokratisch geführter regulärer Streitkräfte.

Unmittelbar nach dem Sechstagekrieg verlagerte sich die innerarabische Agenda Ägyptens zeitweilig in Richtung der arabisch-afrikanischen Länder. Dies hatte zwei Gründe. Einerseits saß bei Nasser die Enttäuschung tief über die häufig missratenen Beziehungen zu den beiden nahöstlichen »progressiven« Ländern Irak und Syrien. Zum anderen putschten in den beiden nordafrikanischen Nachbarländern Libyen und Sudan die Offiziere Gaddafi und Numeiri, für die Nasser trotz der verheerenden Niederlage Vorbild und unumstrittene Führungspersönlichkeit blieb. Auch die neue Allianz war mit der Palästina-Frage verknüpft. Das Bündnis versprach diesmal allerdings auf einer wirtschaftlich stabilen Basis zu ruhen, da Libyen ein erdölreiches Land ist und der junge Herrscher aus Tripolis euphorisch versprach, die gewaltigen Einnahmen aus dem Erdöl-Geschäft auch und gerade für die Lösung der Palästina-Frage und die Stärkung der Araber einzusetzen. Während der neue sudanesische Präsident mit den politischen Wirren und den ökonomischen Unzulänglichkeiten seines Landes beschäftigt war, glaubte Gaddafi angesichts der geringen Bevölkerungszahl und der anfangs noch überschaubaren innenpolitischen Probleme sich der arabischen Einheit und der palästinensischen Sache voll widmen zu können. Der in politischen und wirtschaftlichen Angelegenheiten unerfahrene Panarabist Gaddafi wollte die arabische Einheit rasch und umfassend verwirklichen. Auf dem Weg dorthin war es für ihn unerlässlich, sämtliche konservativen Dynastien zu stürzen und die »künstlichen« Grenzen innerhalb der arabischen Welt abzuschaffen. Sein Ziel lautete unumwunden: Schaffung des arabischen Einheitsstaates. Diese Einheit war für ihn ein unabdingbares Instrument zur Befreiung Palästinas, auch seinen Putsch vom 1. September 1969 sah er in erster Linie als Meilenstein auf dem Weg in diese Richtung.[43] Nasser mühte sich, den Übereifer des jungen Offiziers zu bremsen, der, wäre es allein nach ihm gegangen, eine Vereinigung mit Ägypten sofort auf den Weg gebracht hätte.

Nassers Palästina-Agenda änderte sich im Kern trotz der Juni-Niederlage von 1967 nicht. Es galt aber jetzt, die veralteten Strukturen von Staatsapparat und Armee umzubauen und fundamental zu reformieren. Der einsetzende, permanente militärische Abnutzungskrieg entlang der Demarkationslinie zwischen Ägypten und Israel, bei dem die Armee Ägyptens ihre neu gewonnene Schlagkraft unter Beweis stellen konnte, verschaffte Nasser innenpolitisch und gesamtarabisch eine Atempause. Bis zu seinem Tod im September 1970 gelang es ihm jedoch nicht, aus der verfahrenen gesamtpolitischen Lage langfristige, wirksame Lösungen anzubieten.

Für das Debakel des Sechstagekrieges konnte der Nasserismus keine plausible Erklärung liefern. Die Feststellung Nassers, die USA und Großbritannien hätten Israel bei den Kampfhandlungen aktiv unterstützt, beeindruckte vielleicht die arabischen Massen, nicht jedoch die Bildungsschichten. Dies gilt auch für manche Sprachregelungen: Offiziell war von »Naksa« (Rückschlag) und nicht »Hasima« (Niederlage) die Rede. Das Debakel des Sechstagekriegs offenbarte das Scheitern der nasseristischen Palästina-Politik insgesamt. Schließlich hatten die »Freien Offiziere« Mitte der 1950er Jahre verkündet, dass die arabische Niederlage im Palästina-Krieg von 1948 unter den neuen revolutionären Verhältnissen nicht eingetreten wäre.[44] Der Hohn und die Verbitterung der Menschen über die eklatanten Defizite der ägyptischen Armee veranlassten Nasser, persönlich einzugreifen und zu betonen, dass die Armee doch die »Hoffnung der Nation« sei.[45]

Nach der Niederlage im Juni Krieg schien das ohnehin fragile Konzept eines »arabischen« Sozialismus gefährdet zu sein. Denn der nach dem nur kurzzeitigen Rücktritt Nassers 1967 als Nachfolger vorgesehene Freie Offizier Zakariyya Muhiyiddin teilte zwar seine antiwestlichen Vorbehalte, war jedoch ein Gegner des Sozialismus und einer engen Bindung an die Sowjetunion. Aber das sozialistische Konzept stand trotz der Rückkehr Nassers ins Präsidentenamt noch im gleichen Jahr unter Beschuss. Viele Gegner Nassers witterten eine Chance, das Land ideologisch neu zu orientieren. Das waren die verbotenen bürgerlich-liberalen Parteien, aber auch die Muslimbrüder, die dem Land endlich eine islamische Agenda geben wollten. Die Muslimbrüder waren der tiefen Überzeugung, dass das semi-säkulare System Nassers – von ihnen »atheistisch« genannt – für die Niederlage hauptverantwortlich war. Sie instrumentalisierten somit das Debakel des Sechstagekriegs geschickt und konnten viele der ohnehin tiefreligiösen Ägypter für ihre Sache gewinnen. Dies veranlasste das angeschlagene Regime, seine Propaganda nunmehr religiös zu akzentuieren. Zu beobachten war der Umstand, dass die Massenmedien nun die Bedeutung der Religion für Staat und Gesellschaft massiv betonten und den »arabischen Sozialismus« krampfhaft auf seine angeblichen Islam-Wurzeln zurückzuführen suchten. Die in politischer Taktik geschulten und primär auf die Wahrung ihrer Machtinteressen in der Region bedachten sowjetischen Verbündeten störten sich nicht an dieser religiösen Verbrämung, zumal es ihnen hinlänglich bekannt war, dass das marxistische Gedankengut in der Region ohnehin nicht Fuß fassen konnte und dessen Verbreitung schon immer unter Strafe gestellt war. Zudem war es Moskau bewusst, dass es zu Nasser vorerst keine realistischen Alternativen gab. Tatsächlich wurden scharfe Kritiker der Sowjetunion entmachtet (Amer, Zakariyya Muhiyiddin), während moskautreue Politiker wie Ali Sabri weiter an Einfluss gewannen.

Mit dem neuen ägyptischen Präsidenten Anwar Sadat vollzog sich nach 1970 im Lande bald ein Bruch mit dem Nasserismus, sowohl hinsichtlich der panarabischen Orientierung der ägyptischen Politik wie auch hinsichtlich der Priorität der Palästina-Frage. Der wenig charismatische Sadat schien vielen Beobachtern zunächst eher als Übergangspräsident zu sein, galt er doch bisher als loyaler »Ja-Sager« und Befehlsempfänger von Nassers Gnaden. Bald aber begann er, sich als Urheber einer neuen politischen Strategie zu profilieren. Wichtige Elemente des neuen Kurses waren seine Annäherung an Israel infolge psychologisch wichtiger ägyptischer Teilerfolge im Oktober-Krieg von 1973 und eine Liberalisierung der Volkswirtschaft nach den sozialistischen Jahren der Mangelwirtschaft. Durch eine Säuberung (»Harakat At-Tashih«), gelang es ihm, den linken Flügel der Nasseristen zu entmachten. Sadat übte von nun an lautstark Kritik am verkrusteten, von den Geheimdiensten völlig beherrschten nasseristischen Staatsapparat. Wohlmeinende Beobachter aus dem liberal-bürgerlichen Milieu Ägyptens lobten den Wandel, da er der Übermacht der Geheimdienste

Einhalt gebot und der bisher gleichgeschalteten Medienlandschaft einige pluralistische Akzente verlieh. Die Kritiker aus dem Kreis nationalarabisch oder sozialistisch orientierter Intellektueller sahen hingegen in der neuen Agenda neoliberale Elemente und eine Bevorzugung der neureichen, bürgerlichen Minderheit auf Kosten der breiten Massen.

In der Politik zu den anderen arabischen Staaten ist Sadats Bruch mit dem Nasserismus dadurch eingetreten, dass er die Beziehungen Ägyptens zu den arabischen Ländern von der ideologischen Färbung der Ära Nasser loslöste. Während Nasser seine politische und militärische Interventionspolitik gegenüber den arabischen Ländern panarabisch legitimierte, ging Sadat an die Sache pragmatisch heran, und sein Konzept war auf Schlichtungsdiplomatie orientiert. Sadat ging außerdem auf Distanz zum libyschen Machthaber Gaddafi, der sich als Erbe Nassers verstand und sich mit dem »restaurativen« Kurs Sadat nicht abfinden wollte. Verstärkt suchte Sadat außerdem den außenpolitischen und wirtschaftlichen Schulterschluss mit reichen konservativen arabischen Ländern wie Saudi-Arabien und den arabischen Golf-Staaten. Dadurch versprach er sich, die chronische Wirtschafts-und Finanzkrise Ägyptens zu lindern. Die innerarabischen Prioritäten Ägyptens lagen nunmehr nicht mehr in Syrien, im Irak oder gar Palästina, sondern sie waren ideologisch neutral und ohne erkennbare panarabische Orientierung. Man könnte diese Kursänderung ideengeschichtlich und machtpolitisch als eine Rückführung Ägyptens zu seinen traditionellen »Wurzeln« bezeichnen. Denn wie vor dem Staatsstreich von 1952 war das panislamische Bekenntnis in der Ära Sadat stärker als das Panarabische. Dies galt auch für die zeitweilige Rückbesinnung auf die historische Idee einer Einheit der beiden Länder des Niltals, Ägypten und Sudan. Die Palästina-Frage verschwand zwar nicht völlig von der Agenda Sadats. Doch wurden Akzente nun deutlich weniger dezidiert gesetzt und strategische Ziele weniger stringent verfolgt als bei Nasser. Sadat war der Überzeugung, dass er mit Hilfe US-amerikanischer Diplomatie leichter zu einer Beilegung des palästinensisch-israelischen Konflikts kommen könne als durch sowjetische Waffenlieferungen, die die dramatische Niederlage vom Juni 1967 nicht hatten verhindern können. Diese Erkenntnis und das geschickte diplomatische Agieren des US-Außenministers Henry Kissinger nach dem Oktober-Krieg von 1973 beschleunigten die Hinwendung Ägyptens zum Westen.[46]

Wegen der engen Beziehungen des Westens, insbesondere der USA zu Israel glaubte Sadat, durch die Verbesserung des ägyptisch-amerikanischen Verhältnisses den Konflikt mit dem »Erbfeind« Israel endlich meistern zu können. Es ging Sadat bei diesem dramatischen

Kurswechsel erstens um die Wiederherstellung ägyptischer Sicherheits- und Wirtschaftsinteressen, aber zweitens darum, sein bisheriges profilloses und blasses Image aufzupolieren. Mit seiner Entscheidung, in die Höhle des Löwen nach Jerusalem zu gehen und vor der Knesseth zu sprechen, stieß er nicht nur die eigenen ägyptischen Diplomaten vor den Kopf, sondern verunsicherte auch seine bisherigen arabischen und palästinensischen Verbündeten. Arnold Hottinger bezeichnet die abrupte und völlig unkoordinierte Art von Sadats Friedensoffensive als eine »tödliche Gefahr« für alle bisherigen arabischen Anstrengungen beim Krisenmanagement des Konflikts mit Israel.[47]

Sadat wurde im Oktober 1981 im Zusammenhang mit seiner Israel-Politik von einem islamistischen Offizier während einer Militärparade ermordet. Sein Nachfolger wurde der bisherige Vizepräsident Husni Mubarak, der Ägypten 30 Jahre lang autoritär und im Geiste einer auf den reinen Erhalt des Status quo ausgerichteten Innen-wie Außenpolitik bis zu seinem Sturz im »Arabischen Frühling« im Februar 2011 regierte.[48] Mubarak hielt innerarabisch und in der Palästina-Israel-Politik am Kurs seines Vorgängers fest. Sicherlich gab es unter seiner Ägide Bemühungen zur Lösung des palästinensisch-israelischen Konflikts. Allerdings fehlte es dort wegen bestehender anderer Prioritäten am nötigen, nachhaltigen Engagement. Gegenüber dem zunehmenden Einfluss der islamistischen palästinensischen Oganisation Hamas im benachbarten Gazastreifen nahm er eine betont rigide Haltung ein, die bisweilen an die schroffe Blockadepolitik Israels erinnerte.

III.
Die Vertreibung der Palästinenser: Geburt einer Nation

Das palästinensisch-arabische Trauma der *Nakba*

Wie bei vielen anderen politischen und militärischen Auseinandersetzungen gibt es auch im Hinblick auf den Konflikt zwischen Israel und den Palästinensern völlig unterschiedliche Sichtweisen auf den Palästina-Krieg von 1948, die Vertreibung der Palästinenser und die Entstehung des Staates Israel. Der israelische Begriff »Unabhängigkeitskrieg« klingt in den Ohren der Palästinenser zynisch und ist aus der Sicht vieler Historiker als Geschichtsklitterung anzusehen. Schließlich gab es am Vorabend jenes Krieges gar keinen jüdischen bzw. zionistischen Staat, der dann 1948 von der britischen Mandatsmacht in die Unabhängigkeit entlassen worden wäre. Es lebten in Palästina und anderen Ländern des Nahen Ostens schon immer dort tief verwurzelte jüdische Gemeinden, die – wie auch im Falle Palästinas – eine Minderheit inmitten einer muslimisch-christlichen Mehrheitsgesellschaft bildeten. Die palästinensisch-muslimische Bevölkerungsmehrheit und eine starke palästinensisch-christliche Minderheit, die seit Jahrhunderten dort lebten, prägten das gesellschaftliche und kulturelle Leben in der Region. Die Vertreibung von über 750.000 Palästinensern und die Zerstörung von etwa 400 Dörfern war die Grundlage der Gründung des Staates Israel. Spätestens seit dem zwischen 1988 und 2008 ausgetragenen israelischen »Historikerstreit« wurde der um die Staatsgründung aufgebaute Mythos zerstört, dass die palästinensischen Vertriebenen und Flüchtlinge ihre angestammten Heimatorte »freiwillig« verlassen hätten. Allein die zahlreichen Massaker, die jüdische Untergrundkämpfer – unter anderem im Dorf Deir Yassin am Rande Jerusalems – verübten, waren für viele Menschen Grund genug, die Heimat zumindest vorübergehend zu verlassen. Der polnisch-israelische Historiker Simcha Flapan beschreibt die Rolle der zionistischen Führung bei Flucht und Vertreibung der Palästinenser wie folgt: »In Wirklichkeit arbeiteten die politischen und militärischen Führer Israels auf diese Flucht hin, da ihrer Überzeugung nach die zionistische Besiedlung und die israelische Staatswerdung den ›Transfer‹ der arabischen Palästinenser in arabische Nachbarländer erforderlich machten«.[1]

Die zionistische Bewegung, die in ihren Reihen zweifellos kompetente Historiker und Geographen hatte, ging Ende des 19. Jahrhunderts paradoxerweise davon aus, dass Palästina, wo der jüdische Staat entstehen sollte, ein bevölkerungsloses Territorium sei. Als der zionistische Pionier Theodor Herzl erkannte, dass dies nicht der Fall war, entschied er sich für das Modell eines religiös-geistlichen Zentrums des Judentums anstelle einer Staatsgründung. Im Gegensatz zum liberalen, im Geist der Aufklärung aufgewachsenen Herzl[2] hielten manche seiner Weggefährten, wie etwa der russische Radikalzionist Wladimir Zeev Jabotinsky, am Plan einer Staatsgründung rigoros fest. Dass die Palästinenser vor 1948 keinen eigenen selbständigen Staat hatten, wird aus der zionistischen Perspektive als Rechtfertigung für die Gründung eines jüdischen Staates in Palästina ins Feld angeführt. Doch deckt sich diese Sichtweise weder mit dem Natur- noch mit dem Völkerrecht.

1917 bekundete die britische Regierung in der »Balfour-Deklaration« ihre Unterstützung für das vom Zionistischen Kongress festgelegte Ziel der Schaffung einer »nationalen Heimstätte« für die Juden auf palästinensischem Boden. Parallel dazu versprach London, die arabischen Länder des Nahen Ostens einschließlich Palästinas, nicht nur vom Joch der Osmanischen Herrschaft zu befreien, sondern sie darüber hinaus in die Unabhängigkeit zu entlassen. Diese doppelzüngige Zusage der Briten – Staatliche Unabhängigkeit Palästinas und ein zionistischer Staat am selben Ort – ist zusammen mit dem tatkräftigen Wirken einflussreicher Befürworter des zionistischen Projekts im britischen Foreign Office und im US-State Department für den Ausbruch des palästinensisch-israelischen Konfliktes maßgeblich verantwortlich.

Am Vorabend des Palästina-Krieges von 1948 erklärte Großbritannien in Kenntnis der tatsächlichen Kräfteverhältnisse zwischen beiden Kontrahenten seine Mandatsmacht über Palästina für beendet und zog überstürzt seine Truppen aus dem Kriegsgebiet ab. Inzwischen beschlossen die Vereinten Nationen, Palästina in einen arabischen und einen jüdischen Staat zu teilen. Diese Resolution wurde von den arabischen Ländern verworfen. Daraufhin beschlossen Syrien, Jordanien, Ägypten, der Libanon, der Irak und Saudi-Arabien, den Palästinensern gegen die militärisch überlegenen zionistischen Milizen Beistand zu leisten und griffen militärisch in den für die Araber und Palästinenser verlustreichen Krieg ein. Nach zionistischer Lesart ist der Mythos vom kleinen, frischgebackenen israelischen Staat (»David«) entstanden, der den Angriff überlegener arabischer Streitkräfte (»Goliath«) furios überstanden habe. Dazu bemerkt Simcha Flapan: »Die vorliegenden Fakten und Zahlen weisen auf eine gänzlich andere Situation hin. Ben Gurion selbst räumte ein, dass der eigentliche Selbstverteidigungskrieg nur vier Wochen dauerte, bis zum Waffenstillstand vom 11. Juni. Danach trafen umfangreiche Waffenlieferungen in Israel ein. Die besser ausgebildeten und erfahreneren israelischen Truppen erlangten damit eine waffentechnische Überlegenheit zu Lande, zu See und in der Luft.«[3]

Nach israelischer Lesart war der zionistische Staat von Anfang an bemüht, Frieden mit seinen arabischen Nachbarn zu schließen. Tatsächlich war es aber so, dass die zionistische Führung zwischen dem Ende des Zweiten Weltkrieg und 1952 etliche von arabischen Staaten und neutralen Vermittlern unterbreitete Vorschläge zurückwies, die zu einer Friedensregelung hätten führen können.[4]

Mit Ausnahme des Gazastreifens und des Westjordanlands, die von Ägypten bzw. Jordanien gehalten werden konnten, ging das historische Gebiet Palästina an die zionistische Bewegung verloren, die den neuen Staat am 15. Mai 1948 proklamierte. Nach dem Verständnis der ersten israelischen Regierung wurde der neue Staat lediglich auf einem Teil des Gebietes des biblischen Israel (»Eretz Israel«) gegründet. Sie weigerte sich daher, die Grenzen des neuen Staates völkerrechtlich zu fixieren, solange nicht andere Teile von Eretz Israel dazukämen. Unmittelbar danach wurde der neue Staat von vielen Mitgliedsstaaten der Vereinten Nationen anerkannt, darunter neben Großbritannien und Frankreich die USA und die Sowjetunion. Der Teilungsplan für Palästina stieß, wie bereits erwähnt, auf einhellige Ablehnung in der arabischen Welt. Nur die kommunistischen Parteien stimmten ihm auf Druck Moskaus zu[5].

Der frühere Mufti von Jerusalem versuchte während des Palästinakrieges und auch nach der Nakba, sich als alleiniger Repräsentant des palästinensischen Volkes zu behaupten. Dies gelang ihm aber nicht, trotz seiner auch mit Waffengewalt ausgeführten Versuche, die Entstehung gegen ihn gerichteter palästinensischer Bewegungen zu verhindern. Die Mehrheit der palästinensischen Bevölkerung stand dem Aufruf des Mufti zum Heiligen Krieg ablehnend gegenüber und wäre im Zusammenhang mit dem Teilungsplan durchaus zu Kompromissen bereit gewesen.[6]

Abu Iyad, bürgerlich Salah Khalaf (geb. 1933), war bis zu seiner Ermordung in Tunesien 1991 einer der profiliertesten Führungspersönlichkeiten innerhalb der Personalunion PLO/Fatah. Er gehörte zu den Zeitzeugen der Nakba, die er als Jugendlicher miterlebte. Über seine eigene Vertreibung aus Jaffa schreibt er: »Der 13. Mai 1948 wird unauslöschlich in meiner Erinnerung bleiben. An jenem Tag, weniger als 24 Stunden vor der Proklamation des Staates Israel, floh meine Familie aus Jaffa, um in Gaza Zuflucht zu suchen. Wir waren umzingelt. Die zionistischen Kampfverbände kontrollierten alle nach Süden führenden Straßen, und uns blieb als Rettung nur noch der Seeweg. Unter einem Granatenhagel der israelischen Artillerie, die in den benachbarten Siedlungen, vor allem in Tel Aviv, in Stellung gegangen war, gingen wir an Bord eines Schiffes – meine Eltern, meine vier Geschwister und ich sowie weitere Mitglieder meiner Familie. Hunderttausende von Palästinensern machten sich unter oft tragischen Umständen auf den Weg ins Exil. Für mich, der ich noch nicht einmal fünfzehn war, kam die Flucht einer Apokalypse gleich. Tief erschütterte mich der Anblick der Männer, Frauen, Greise und Kinder, die sich, gebeugt unter der Last ihrer Koffer und Bündel, mühsam zu den Kais von Jaffa drängten. Ihre Klageschreie und ihr Schluchzen wurden von ohrenbetäubenden Explosionen begleitet.«[7]

Der aus dem Jugoslawienkrieg der 1990er Jahre gängige Begriff der »ethnischen Säuberung« lässt sich nach Auffassung vieler Politikwissenschaftler auf die Vertreibung der Palästinenser 1948 übertragen. Die Täter waren die maßgeblichen Protagonisten der israelischen Staatsgründung. Der israelische Historiker Ilan Pappe: »Die Liste beginnt mit dem unbestrittenen Führer der zionistischen Bewegung, David Ben Gurion, in dessen Privathaus die ersten und letzten Kapitel der Geschichte ethnischer Säuberungen diskutiert und festgelegt wurden. Ihm half eine kleine Gruppe von Leuten, die ich als ›Berater‹ bezeichne, ein ad hoc gebildeter Zirkel, dessen einziger Zweck darin bestand, die Vertreibung der Palästinenser zu planen und auszuführen… Diese Führungsriege entwickelte die Pläne für die ethnische Säuberung und beaufsichtigte ihre Durchführung, bis die Aufgabe erfüllt und die Hälfte der angestammten Bevölkerung Palästinas entwurzelt war.«[8]

Einer der profiliertesten Forscher zur Nakba war der in Damaskus geborene nationalarabische Denker Konstantin Zuraiq (1909–2000), der im August 1948 eine knapp 60-seitige Schrift unter dem Titel »Über die Bedeutung der Nakba« schrieb. Im Wesentlichen schreibt er darin, die Nakba sei die größte Niederlage nicht nur von sieben arabischen Armeen im Kampf gegen den Zionismus, sondern die größte Niederlage der gesamtarabischen Welt. Für die Palästinenser bedeute sie neben dem Verlust von Hab und Gut Entwurzelung und Identitätsverlust. Die Araber insgesamt verlören dadurch nicht nur das Vertrauen in ihre eigenen Regierungen, sondern auch in sich selbst. Die Araber führten einen hoffnungslosen Kampf gegen weit überlegene Mächte, Zionisten und Kolonialisten. Dieses Unglück habe aber auch seine positive Seite, welche darin liege, nach der Zeit flammender Rhetorik nun vielleicht endlich in der Realität anzukommen. Die Araber müssten damit beginnen, die Dinge so zu sehen, wie sie sind, nicht wie sie sie sich wünschen. Sie müssten ihre eigenen Verfehlungen eingestehen und daraus die richtigen Schlüsse ziehen, anstatt sich dauernd damit zufrieden zu geben, dass immer nur die »Anderen« an ihrer Misere schuld seien, ob nun Juden, Engländer oder Amerikaner. Sie müssten auch begreifen, dass die Politik nicht ausschließlich aus moralischen Vorstellungen bestehe, sondern vor allem aus Interessenabwägung und Machtkalkül. Es wäre nicht vermessen, ja sogar wünschenswert, sich die Juden zum Vorbild zu nehmen. Im Verlauf ihrer Geschichte hätten sie mit vielen Niederlagen und Rückschlägen zu kämpfen gehabt, aber sie waren häufig imstande, ihre Kräfte zu bündeln und wirkungsvoll einzusetzen. Genau das müssten die Araber zum Zweck der Überwindung ihrer nationalen Krise, der Nakba, tun. Daraus folge die Notwendigkeit, sich nicht in kleinkarierten, pseudo-nationalstaatlichen Streitigkeiten zu verzetteln und sich bewusst zu werden, dass der Zionismus in Gestalt des Staates Israels und seiner Lobbyisten für die arabische Welt eine weit größere Herausforderung darstelle als der herkömmliche Kolonialismus. Denn dieser ideologische Neo-Kolonialismus könne morgen andere Länder in Besitz nehmen. Diese Gefahr könne nicht überwunden werden, solange veraltete dynastische Herrschaftsstrukturen, Clans, Korruption und Rückständigkeit in der arabischen Welt vorherrschten.[9]

Diese Analyse von Zuraiq über das Scheitern eines wirksamen gesamtarabischen Krisenmanagements gilt nicht weniger für die Gegenwart als für die Vergangenheit, in der er sei verfasste.

Die Palästinenser in der arabischen Welt

Das Verhältnis der Palästinenser zu den Arabern ist schwierig und ambivalent. Von Seiten der Völker und Regierungen der einzelnen Länder spüren die Palästinenser Empathie und Solidarität, gleichzeitig aber auch Vorbehalte und Vorurteile. Man bewundert ihr hohes Bildungsniveau und ihren unbestritten wichtigen Beitrag zur Entwicklung vieler arabischer Länder, insbesondere auf der arabischen Halbinsel. Schon in der Mandatszeit war der Bildungsstandard in Palästina recht gut entwickelt. Der aus der Levante stammende langjährige Nahostforscher an der Universität Oxford Albert Hourani bemerkt, dass in Palästina, Ägypten und dem Libanon bereits in den 1930er Jahren die gesellschaftliche Stellung der Frauen eine positive Veränderung erfuhr.[10] Nach der Vertreibung von 1948 sahen viele Palästinenser in der Bildung ihre ultimative Lebensperspektive. In der arabischen Bewunderung für die Palästinenser schwingt gelegentlich ein Hauch von Neid und Missgunst gerade in der Golfregion mit, wo sie hohe Ämter, Einfluss und Reichtum erlangten. Einerseits schätzen viele einheimische Firmenbesitzer in den reichen Erdölstaaten die Kompetenz der Palästinenser und beschäftigen sie daher in hohen Positionen, oftmals lieber als Arbeitnehmer aus anderen Ländern. Gelegentlich wird aber auch arabische Kritik laut an der angeblich mangelnden Unterstützung der meist in Armut lebenden palästinensischen Flüchtlinge durch ihre reichen Landsleute. Häufig ist dieser Vorwurf angesichts der drastischen Diskrepanz in den Lebensverhältnissen beider Gruppen nicht unbegründet. Allerdings sind viele reiche Palästinenser durchaus spendierfreudig, und in vielen Ländern am Golf schreiben entsprechende Dekrete und bilaterale Abmachungen mit der PLO bzw. der Palästinensischen Autonomiebehörde den palästinensischen Arbeitnehmern vor, einen gewissen Prozentsatz ihrer Löhne dorthin zu überweisen.

Es gibt andere arabische Vorurteile, die tiefer sitzen. Redet man mit Palästinensern über ihr Schicksal im Zusammenhang mit Flucht und Vertreibung, erfährt man unisono, dass sie Immobilien oder sonstige Besitztümer nie an zionistische Institutionen veräußert hätten. Nicht wenige Araber zweifeln jedoch daran und glauben, dass viele Palästinenser Landbesitz im großen Stil an Juden verkauft und dadurch die Nakba mit verschuldet hätten. Verständlicherweise argumentieren führende Vertreter der zionistischen Bewegung ähnlich.

Von den Vereinten Nationen belegte Fakten sprechen jedoch dagegen. Am Ende der Mandatszeit 1948 besaßen die Juden etwa 5,8 % des Landes in Palästina. Der Jewish National Fund (JNF) war ständig darum bemüht, mehr Land zu erwerben.[11] Generalstabsmäßig erstellten zionistische Aktivisten mit Kenntnissen in Topographie und Orientalistik gründliche Dossiers über einzelne palästinensische Dörfer, landwirtschaftliche Betriebe und größere Gemeinden, um bei der Vertreibung der einheimischen Bevölkerung keine wichtigen Details über Land und Leute außer Acht zu lassen.[12] Die zionistische Bewegung recherchierte intensiv über die Bodenverhältnisse in Palästina und über die rechtlichen Rahmenbedingungen in der osmanischen wie auch der britischen Mandatszeit. Der Jewish National Fund konnte mit tatkräftiger Unterstützung der britischen Militärverwaltung beträchtliche Flächen erwerben, die als »Staatseigentum« deklariert waren. Von privater Seite haben in erster Linie Großgrundbesitzer, die teils aus benachbarten arabischen Ländern stammten und dort ihren Wohnsitz hatten, an zionistische Institutionen verkauft. Die dadurch arbeitslos gewordenen palästinensischen Pächter und Kleinbauern versuchten daraufhin, brachliegendes Land zu erwerben und landwirtschaftlich nutzbar zu machen. Vehement und letztlich erfolgreich intervenierten die zionistischen Organisationen bei den zuständigen britischen Mandatsstellen dagegen, so dass diesen Kleinbauern der Entzug ihrer Lebensgrundlage drohte.[13] Im Großen und Ganzen kann von einer freiwilligen Übergabe des Landes nicht die Rede sein. Außerdem leistete die britische Mandatsmacht einen maßgeblichen Beitrag zur Erfüllung zionistischer Pläne. Experten für Raumordnungsplanung bewerten daher die Epoche des organisierten Landkaufs durch zionistische Organisationen als »Kriegserklärung und Landraub«[14]. Die Historikerin Viktoria Waltz resümiert: »Trotz aller Aktionen, trotz aller englischen Unterstützung gelang es der zionistischen Bewegung nicht, einen bedeutenden Teil Palästinas als ›Besitz‹ zu verzeichnen, sondern nur etwa sechs bis sieben Prozent, und sie konnte auch keinen großen Einfluss auf die Ausbreitung der jüdischen Besiedlung ausüben, die nur etwa zehn Prozent der besiedelten Fläche des ganzen Landes betrug.«[15]

Neben der Unterstellung, viele Palästinenser hätten ihr Land freiwillig an die Zionisten verkauft, herrschte nach der Nakba bei manchen Arabern das Vorurteil, die Palästinenser hätten Feigheit vor dem Feind und mangelnden Widerstandswillen bewiesen. Auch dieser Vorwurf taucht so gut wie nie in offiziellen Verlautbarungen oder in Medienberichten auf, aber umso häufiger wird darüber im privaten Kreis gemunkelt und spekuliert. Tatsache ist jedoch, dass es bereits in der ersten Hälfte des 20. Jahrhunderts zahlreiche palästinensische Erhebungen und Aufstände gegen das zionistische Bestreben nach Errichtung eines jüdischen Staates in Palästina gab. In den Unruhen von 1928/29 konnte der Mufti von Jerusalem zeitweilig viele Menschen für seine religiös-islamische Mission mobilisieren. Nach 1936 wurde der Kampf politisch geprägt und es kam zu einer Reihe von Aufständen, Streiks und Protestmärschen sowohl gegen die britische Besatzungsmacht als auch gegen die Pläne der zionistischen Bewegung, in Palästina Land zu erwerben. Unzulänglicher Bildungsstand unter der vorwiegend bäuerlichen palästinensischen Bevölkerung sowie der Mangel an Mobilität, Kommunikation, Finanzkraft und militärischer Stärke waren für die flächendeckende Überlegenheit der jüdischen Seite maßgeblich. Viele Zionisten versuchten zudem, den politischen Widerstand der Palästinenser als antisemitisch zu diskreditieren. Tatsächlich aber lebte die palästinensische Bevölkerung mit den alteingesessenen sephardisch-palästinensischen Juden bis zum Erstarken des Zionismus in Frieden und »in harmonischer Gemeinschaft«.[16] Selbst das ungeschickte Vorgehen des Muftis von Jerusalem in Bezug auf seine Allianz mit Hitler-Deutschland lässt sich nicht in den Kategorien des klassischen europäischen Antisemitismus einordnen. Zwar beteiligte er sich an der Aufstellung von bosnisch-muslimischen Einheiten, die mit der Waffen-SS kooperierten, an antijüdischen Exzessen war er anscheinend aber nicht beteiligt.[17] Sein Hauptanliegen richtete sich wie bei der Mehrheit der Palästinenser gegen den Zionismus, nicht gegen die Juden selbst. Der verzweifelte und naive Versuch des Muftis, mit Hilfe Deutschlands eine weitere Immigration von Juden zu stoppen, erwies sich als fruchtlos. Außerdem wurde dies von der anti-palästinensischen Propaganda der zionistischen Führung geschickt instrumentalisiert.[18] Der palästinensische Widerstand gegen den Zionismus ist nach Auffassung vieler Experten existenziell und gegen den Heimatverlust gerichtet, und ist keinesfalls antisemitisch: »Der arabische Widerstand gegen das zionistische Projekt, das in den 1930er Jahren unter dem Druck der europäischen Judenverfolgung forciert und in den 1940er Jahren im Schatten des Holocaust kompromisslos vorangetrieben wurde, war politisch: er diente der Verteidigung eigener sozialer, ökonomischer und politischer Interessen; er wurzelte nicht in rassischen Gegensätzen oder einer, womöglich islamisch begründeten, rassistischen Gesinnung. Allerdings waren die Grenzen zwischen politischer und religiöser Gegnerschaft fließend.«[19]

Der Panarabist Konstantin Zuraiq verwirft die Behauptungen der »Geldgier« und der »Feigheit« als Hintergründe der Nakba. Nicht das palästinensische Volk sei an der Nakba schuld, sondern neben der hauptverantwortlichen zionistischen Bewegung im Verein mit Großbritannien seien es die damaligen politischen Eliten in Palästina und anderen arabischen Ländern gewesen. Außerdem verweist er auf die eklatante militärische Asymmetrie nicht nur zwischen Palästinensern und Zionisten, sondern zwischen letzteren und immerhin sieben arabischen Armeen, die letztlich vor der zionistischen Übermacht hätten kapitulieren müssen. Er prangerte Ineffizienz, korrupte Strukturen und das Unvermögen der arabischen Länder an, dieses Kräfteverhältnis rechtzeitig zu erkennen und der bevorstehenden Gefahr entgegenzuwirken. Angesichts des Versagens dieser Länder sei aber zu ihrer Entlastung zu berücksichtigen, dass sie wissenschaftlich, ökonomisch, materiell und bildungsmäßig wenig entwickelt waren, wohingegen die aus Europa stammende aschkenasischen Elite der Zionisten Teil der hochentwickelten westlichen Hemisphäre gewesen sei. Kein Wunder, dass der arabische Nationalist und Bildungsbürger Zuraiq als Ausweg aus der gesamtarabischen Krise zwei Rezepte empfahl: die Überwindung von Unwissen und Planlosigkeit sowie die Gründung eines auf Bildung und Rationalismus beruhenden gesamtarabischen Staates.[20]

Die Diskussion unter Palästinensern und Arabern über die Nakba setzte sich lange mit der »Angemessenheit« des am Vorabend des Palästinakrieges von 1948 seitens der arabischen Regierungen verkündeten Aufrufs an die Palästinenser auseinander, ihre Heimat »vorübergehend« zu verlassen. Viele Palästinenser kritisierten, dass dieser im Kern berechtigte Aufruf nicht von einem Plan für die Zeit danach begleitet worden sei.

Trotz der erwähnten Vorurteile hat die Palästina-Frage für die überwältigende Mehrheit der arabischen Völker nach wie vor einen sehr hohen Stellenwert. Man beobachtet zwar gegenwärtig angesichts des gescheiterten »Arabischen Frühlings«, dass die Verwerfungen in Syrien, im Irak, in Libyen und im Jemen die Palästina-Frage in den Hintergrund gedrängt haben. Dennoch bleibt sie im Bewusstsein der Araber, einschließlich ihrer politischen und geistigen Eliten, ein zentrales, ja *das* »schicksalhafte« Anliegen. Dies sieht man daran, dass die meisten Aufstände im arabischen Nahen Osten seit 1948 immer den Bezug auf Palästina nahmen. Außerdem ist die starke Radikalisierung eines großen Teils der weltanschaulichen Strömungen und kämpfenden Gruppierungen im syrischen Bürgerkrieg zu einem beträchtlichen Teil der Frustration angesichts der Übermacht Israels und der militärischen wie auch politischen Hilflosigkeit der arabischen Regime geschuldet.

Nationsbildung in der Diaspora

Die Anhänger des Zionismus sehen in der Entstehung Israels als »jüdischer Staat« den Beweis für den kontinuierlichen Bestand eines jüdischen »Volkes«. Nun ist es äußerst problematisch, die Hauptkriterien für die Zusammengehörigkeit einer israelisch-jüdischen »Nation« klar zu definieren. Sind es die Religion, die Ethnie, die »Gemeinsamkeit« von Sitten, Erfahrungen oder gar Geschichte bzw. »Leidensgeschichte« oder all das zusammen? Darüber ist man sich in Israel und unter den Juden weltweit, mit Ausnahme der dogmatischen Zionisten, nach wie vor nicht ganz schlüssig. Rolf Verleger, der in die Tradition eines aufgeklärten, säkularen Judentums einzuordnen ist, hegt keine grundsätzlichen Bedenken gegen den Stolz auf die Zugehörigkeit zu dieser Religion und zum Staat Israel selbst. Das beinhaltet für ihn allerdings auch die Notwendigkeit, nach moralischen Maßstäben zu handeln bzw. »sich dafür einzusetzen, dass dieser Staat seinen Frieden mit seinen arabischen Nachbarn macht, indem er endlich aufhört, die arabischen Palästinenser als Menschen zweiter Klasse zu behandeln.«[21]

Auf der anderen Seit gibt es viele Juden, seien es nun Anhänger eines »rechten«, »bürgerlich-liberalen« oder »linken« Zionismus, die sich darin einig sind, dass es ein palästinensisches »Volk« gar nicht gibt bzw. nicht geben dürfe. Seltsamerweise hat es nach zionistischer Lesart »schon immer« einen Staat Israel auf palästinischen Boden gegeben. Daher wird im Zusammenhang mit der Staatsgründung von der erlangten »Unabhängigkeit« gesprochen. In dieses Denkschema passen allerding das tatsächliche Vorhandensein einer palästinensischen Bevölkerungsmehrheit am Vorabend des Krieges von 1948 und die bestehenden Ansätze einer palästinensischen Nationsbildung ganz und gar nicht. Die israelische Premierministerin und Außenministerin Golda Meir brachte es auf den Punkt, als sie die Existenz eines solchen Volkes kategorisch verneinte. So behauptete sie 1964, »so etwas wie Palästinenser« habe es noch nie gegeben.[22] Immerhin: Kurz vor dem Palästina-Krieg stellte die palästinensisch-arabische Bevölkerung eine Zweidrittelmehrheit der Gesamtbevölkerung, zu Beginn der britischen Mandatszeit waren es 90 %.[23]

Taktisch handelten die Zionisten durch ihre Annahme des britischen Teilungsplans für Palästina von 1917 geschickter und vorausschauender als die Palästinenser und die Araber. Jedenfalls verschaffte ihnen die Ablehnung des Teilungsplans auf der arabischen Seite eine Verschnaufpause und das taktisch hilfreiche Argument, nicht die Juden, sondern eben ihre arabischen Kontrahenten seien nicht gewillt, mit den Juden zusammenzuleben. Aber schon die zionistische Negierung der Existenz eines palästinensischen »Volkes« unmittelbar nach Staatsgründung belegt den Absolutheitsanspruch des Zionismus auf »Eretz Israel«, auf das gesamte historische Palästina also. Arabische Verfehlungen und westliche Voreingenommenheit ermöglichten schließlich den zionistischen Trägern des neuen Staates, das nationale Projekt »Eretz Israel« sukzessive Realität werden zu lassen.

Ägypten war das einzige arabische Land, in dem schon Mitte des 19. Jahrhunderts Begriffe wie »Volk« und »Staat« Fuß zu fassen begannen. Für die Palästinenser lässt sich eine solche geistige und politische Entwicklung im 19. Jahrhundert nicht nachweisen. Unter der Bevölkerung Palästinas existierte damals allenfalls ein vornationales Bewusstsein für eine »Gemeinsamkeit«, die durch Familien- und Stammeszugehörigkeit, räumliche Bezüge, gemeinsame Sprache, Sitten und Gebräuche definiert war, aber auch durch die Erfahrungen mit aufeinander folgenden Fremdherrschaften.

Erst in den 1930er und 1940er Jahren wurde den politisch wie militärisch zerstrittenen palästinensischen Führern ansatzweise bewusst, dass die von den Zionisten initiierte und mit Hilfe Großbritanniens und der USA erfolgreich durchgeführte Masseneinwanderung von Juden nach Palästina eine nationale, ja existenzielle Gefahr für die Palästinenser zu werden drohte. Es folgten in vielfacher Hinsicht asymmetrische Kämpfe zwischen den verfeindeten Volksgruppen, wobei die Hilfe für die zionistischen Verbände von außen materiell und ideell weit überlegen war. Es war daher absehbar, dass die Palästinenser in dieser Konstellation die Verlierer sein würden.

Aktive Bestrebungen zur Nationsbildung kamen erst nach 1948 in der den Palästinensern auferlegten Diaspora zustande. Von heute auf morgen musste die Mehrheit der Palästinenser in den umliegenden, zwar arabischen, aber doch »fremden« Ländern leben. Die im Bereich des historischen Palästina verbliebenen Bürger – rund ein Drittel der ehemaligen Bevölkerung – fanden sich nunmehr unter drei verschiedenen Herrschaften wieder. Das waren der neu ins Leben gerufene Staat Israel, zweitens Jordanien, das das Westjordanland seinem Territorium einverleibte und schließlich Ägypten, das den Gazastreifen zwar nicht annektierte, ihn aber verwaltungsmäßig seinem Hoheitsgebiet unterstellte.

Nationsbildungen werden vielfach nicht aus positiven Beweggründen vorangetrieben. So wurden die nationalen Bewegungen in Deutschland, Italien oder auf dem Balkan von einem starken »Empörungspotenzial« begleitet, das sich gegen innere Missstände und äußere Gefahren richtete. Bei den Palästinensern gestaltete sich die Suche nach der eigenen nationalen Identität kaum anders. Neben den bereits erwähnten »positiven« Komponenten der empfundenen Gemeinsamkeit richtete sich ihre Empörung vor allem gegen die zionistische Staatsgründung, die sie als eine besonders eklatante Form neokolonialer Herrschaft wahrnahmen, derentwegen sie Heimat, Hab und Gut verloren hatten. Anders als die jüdischen Israelis, die den freiheitlich-liberalen Charakter und die sozialen Errungenschaften Israels zumindest in den ersten Jahrzehnten nach der Staatsgründung genießen konnten, fühlten sich die im Land verbliebenen »israelischen Araber« von Staat und Gesellschaft ausgegrenzt und diskriminiert. Spürbar war und ist ihre Benachteiligung in den Sektoren Bildung, Arbeitsmarkt und Infrastruktur. Im Berufsleben geht die Benachteiligung darauf zurück, dass die Karriereplanung in Israel meist über die Qualifikationen und Verbindungen läuft, die im Militärdienst erworben werden. Von ihm aber wird die arabische Minderheit in Israel ausgenommen.

In den nun von Jordanien und Ägypten verwalteten Territorien Westjordanland und Gazastreifen waren die Verhältnisse weniger entfremdend. Arabisch blieb unverändert die Amtssprache. Aber auch dort genossen die Palästinenser nicht die gleichen Rechte wie die einheimische Bevölkerung, d.h. die Jordanier und Ägypter. Allerdings verlieh Jordanien als einziges Aufnahmeland den palästinensischen Neubürgern das Staatsbürgerrecht recht großzügig, wenngleich sie in der Praxis der einheimischen beduinischen Bevölkerung nicht gleichgestellt waren. Die Aufstiegschancen für die Palästinenser gerade im Staatsdienst und beim Militär waren gering, was diese veranlasste, sich auf den Bildungssektor und die Privatwirtschaft zu konzentrieren.

Die Ausstellung eines »richtigen« jordanischen Reisepasses anstelle eines bloßen Passierscheins als Dokument für den Flüchtlingsstatus förderte aber die Mobilität der Palästinenser aus Jordanien erheblich und erleichterte ihre Suche nach Arbeitsplätzen sowohl in den Golfstaaten als auch im nicht-arabischen Ausland.

Die Bewohner des Gazastreifens erhielten hingegen einen ägyptischen »Flüchtlingspass«, der ihnen den Zugang zum öffentlichen Dienst, aber auch zum privaten Arbeitsmarkt nur mit erheblichen bürokratischen Restriktionen erlaubte.

In Syrien (zum Teil auch im Irak) besaßen die dort aufgenommenen palästinensischen Flüchtlinge anders als in den restlichen arabischen Ländern nicht nur formal, sondern auch in der Praxis die gleichen Rechte und Pflichten wie die einheimischen Staatsbürger. Es gibt tatsächlich keine Belege dafür, dass die Palästinenser in Syrien und im Irak irgendwelchen Formen der Benachteiligung ausgesetzt waren. Der nahezu einzige Unterschied bestand darin, dass die Palästinenser keinen syrischen Reisepass erhalten durften. Die Regierungen Syriens, ob bürgerlich oder von der Baath-Partei geführt, vertraten den wenig stichhaltigen Standpunkt, dass diese Regelung die Gefahr mindere, die Palästinenser könnten ihre Heimat vergessen. Übrigens bedienten sich auch andere arabische Regimes dieser Rhetorik, um die äußerst restriktive Einbürgerung von Palästinensern zu »legitimieren«.

Im Libanon, in dem ein religiös-konfessionelles Proporz-System das politische und gesellschaftliche Leben prägte, waren die Umstände für die palästinensischen Flüchtlinge deutlich schwieriger als in Syrien. Alle waren sich in der Forderung nach Rückkehr der Palästinenser in ihre angestammten Heimatsorte einig. Die mehrheitlich muslimischen Palästinenser erhielten nur mäßige Unterstützung von ihren libanesischen Glaubensbrüdern. Die Christen verhielten sich deutlich reservierter ihnen gegenüber, weil sie in den muslimischen Neuankömmlingen eine Gefahr für die konfessionelle Balance sahen. Doch auch mit den libanesischen Glaubensbrüdern der Palästinenser gab es, insbesondere auf dem Arbeitsmarkt, latente Spannungen. Die meisten Palästinenser lebten und leben in Flüchtlingslagern und durften und dürfen eine breite Palette von Berufen nicht ausüben.

Während also die Palästinenser in vielen nahöstlichen Staaten teils subtile, teils unverkennbare Benachteiligungen erfuhren, im Großen und Ganzen aber mit ihrer neuen arabischen Umgebung zurechtkamen, waren ihre Erfahrungen in der Golfregion oft im Positiven wie Negativen ganz anders. Diese an Erdöl- und Gasvorkommen reichen Länder wurden von den vielen Tausenden Palästinensern, die dort als Lehrer, Ingenieure, Ärzte oder einfache Arbeiter tätig waren, nicht minder »arabisch« wahrgenommen als Syrien, der Libanon oder der Irak. Sie machten dennoch die Erfahrung, dass die Völker dieser geografisch weit entlegenen Regionen in Sitten, Gebräuchen, Mentalität, ja auch Esskultur sich von der Bevölkerung der Levante stark unterschieden. Ihnen fiel zudem die Verschlossenheit der Bewohner der arabischen Halbinsel auf und ihr spürbares Misstrauen gegenüber den Fremden, auch wenn diese wie sie Araber und Muslime waren. Es gelang vielen Palästinensern bald, gute und zum Teil einträgliche Berufe auszuüben, so dass ihr Auskommen, anders als in den ressourcenarmen Ländern Syrien, Libanon oder Ägypten, langfristig gesichert war.

Die bitteren Erfahrungen der Palästinenser mit Zionismus und Nakba sowie die ambivalenten Erfahrungen, die sie bei der Aufnahme durch die arabischen Länder machten, waren für ihr wachsendes nationales Bewusstsein prägend. Von der zionistischen Bewegung vertrieben oder mit Gewalt, List und Einschüchterung zum Verlassen des Landes gezwungen, von den arabischen »Bruderstaaten« häufig eher geduldet als geliebt, kündigte sich allmählich die Entstehung eines palästinensischen Nationalgefühls außerhalb der eigenen Heimat an. Diese neu gefühlte Identität enthielt zwar auch religiös-islamische und national-arabische Elemente. Ihr maßgeblicher Bestandteil war jedoch das klare Bekenntnis zu einem wie auch immer gearteten »palästinensischen« Nationalismus, dessen Wurzeln in der jahrhundertelangen Gemeinsamkeit des Lebens in Palästina bis zur Vertreibung 1948 lagen.

IV.
Arabischer Nationalismus, Zionismus und das Ende der Zweistaaten-Lösung

Die national-bürgerliche Fraktion der palästinensischen Bewegung: PLO/Fatah

Die Fatah wurde Ende der 1950er Jahre in Kuwait gegründet. Auslöser war u. a. der Suezkrieg 1956, der zur zeitweiligen Besetzung des Gazastreifens durch Israel führte. Dies schärfte bei den Palästinensern das Bewusstsein dafür, sich nicht länger ausschließlich auf die arabischen Länder verlassen zu wollen und ihre Sache politisch, ja sogar militärisch in die eigenen Hände zu nehmen. Die Ablehnung aller Formen der »Bevormundung« durch die arabischen Staaten wuchs spürbar, ebenso die Überzeugung, dass die gesamtarabische Vorgehensweise in der Palästina-Frage immer wieder gescheitert war.[1]. Aus dieser Überlegung entstanden mehrere Geheimzellen in Syrien, im Libanon, in Jordanien und in jenen arabischen Golfstaaten, in denen große, national-religiös orientierte und relativ finanzstarke palästinensische Gemeinden lebten. Die Gründung von Fatah ausgerechnet in Kuwait an der Peripherie des Machteinflusses von Präsident Nasser hatte einen durchaus triftigen Grund: »Denn nur dort war es problemlos möglich, Gegenentwürfe zu Nassers Nationalismus zu entwickeln… Ihre [Fatahs] erste und zentrale Aufgabe für die kommenden Jahre war es, die Palästinenser in der Diaspora für den palästinensischen Nationalismus zu mobilisieren.«[2] Während Präsident Nasser die Herstellung der arabischen Einheit als Vorbedingung für die Befreiung Palästinas betrachtete, setzte Fatah auf die besondere palästinensische Identität und forderte folgerichtig die Schaffung eines selbstständigen palästinensischen Staates.[3]

Ende 1959 rief Fatah in einer von ihr herausgegebenen Monatsschrift die Palästinenser auf, ihre Potentiale zu bündeln und gemeinsam auf die Schaffung neuer Institutionen hinzuarbeiten, die die gemeinsame Nationalidentität stärken sollte. Die ideologischen Wurzeln von Fatah leiteten sich vom Islam, dem palästinensischen Nationalgefühl und dem arabischen Nationalismus ab. Was die islamische Überzeugung betrifft, ist es wichtig zu wissen, dass Fatah in der Anfangsphase eine

»ideologische« Allianz mit zwei konträren Strömungen anstrebte: der nationalarabischen säkularen Baath-Partei und der Bewegung der Muslimbrüder. Diese drei geistigen Wurzeln – Islam, arabischer und palästinensischer Nationalismus – lassen sich bei vielen führenden Mitgliedern der Fatah einschließlich Arafats nachweisen, der bis zu seinem späteren Wirken in Ramallah an diesen drei Säulen festhielt.

Ende der 1950er Jahre gab es in den arabischen Golfstaaten also mehrere, in erster Linie geheim agierende palästinensische Organisationen, die sich später unter dem Dach von Fatah vereinigten. Fatah nahm in der Anfangsphase gegenüber der PLO als politischer Organisation der Palästinenser nicht nur eine rivalisierende, sondern sogar vehement ablehnende Haltung ein, da sie in ihr lediglich ein von Ägypten gesteuertes Gremium sah, das außer Agitation nichts zur Befreiung Palästinas unternahm. Fatah dagegen konzentrierte die Arbeit vor allem auf eine aktive Guerilla-Tätigkeit gegen Israels Kerngebiet und in den israelisch besetzten Territorien. Dafür wurde 1965 in Syrien ein militärischer Arm der Fatah namens Al-Asifa (»Der Sturm«) gegründet, der bis 1982 die militärischen Aktivitäten von Fatah dominierte. 1969 kam es dann doch zur Personalunion zwischen PLO und Fatah unter Führung von Jasser Arafat. Während Fatah in Syrien offiziell mit dem Segen des dortigen Baath-Regimes arbeiten konnte, musste sie im Libanon, im damals ägyptisch verwalteten Gazastreifen und in dem unter jordanischer Herrschaft stehenden Westjordanland konspirativ wirken. Am Vorabend des Oktober-Kriegs von 1973 und danach steigerte Fatah ihre Guerilla-Aktivitäten gegen Israel und in den inzwischen von Israel besetzten Gebieten Gazastreifen und Westjordanland. Zu dieser Zeit gewann Arafat nicht nur in palästinensischen, sondern in der gesamten arabischen Welt dadurch an Macht und Ansehen, dass er in der Palästina-Frage eine konkrete Alternative zur üblichen rein rhetorischen Vorgehensweise der arabischen Länder gegen Israel präsentierte. Es gelang ihm ferner, die arabischen Massen davon zu überzeugen, dass Israel eine Politik des Neokolonialismus betreibe und durch die Idee des Zionismus rassistisch agiere. Erst durch die mit Israel unter US-Patronat geschlossenen Osloer Verträge von 1993 vollzog Fatah eine vorübergehende Wende im palästinensisch-israelischen Konflikt. Die Al-Aqsa-Märtyrer-Brigaden, ein bewaffneter Arm der Fatah, wurden unmittelbar nach Beginn der zweiten palästinensischen Intifada gegen die israelischen Besatzer von Arafat im Jahr 2000 gegründet und verübten zahlreiche Selbstmordattentate.

Seit den 1970-er Jahren büßte Fatah durch die Rekrutierung säkular denkender neuer Mitglieder einen großen Teil ihrer islamischen

Orientierung ein, knüpfte gute Beziehungen zu Europa und bekannte sich immer stärker zu einem bürgerlichen Nationalismus, der an das italienische Risorgimento erinnern mochte.[4] Dies löste heftige Konflikte mit anderen palästinensischen Organisationen aus, die wie die Volksfront oder die Demokratische Front zur Befreiung Palästinas national-arabischen und marxistischen Ideen anhingen und sich mit der Idee eines reinen palästinensischen Nationalismus nicht zufrieden geben wollten. Im Übrigens prägte der Marxismus nur wenige Linke im arabischen Raum. Ihnen ging es meistens nicht darum, Marx und Engels im Hinblick auf ihre philosophischen Theorien näher kennen zu lernen. Angezogen wurden sie vielmehr von einem pragmatisch gedachten Marxismus, der als wirksame Waffe zur Durchsetzung von Gleichheit und Solidarität, gegen Rückständigkeit, Unterdrückung und neokolonialistische Interventionspolitik. In Fragen der Religion haben sich die allerwenigsten arabischen Marxisten im Sinne der »reinen Lehre« auf eine atheistische Weltsicht festlegen wollen.

Die Fraktion des politischen Islam im besetzten Palästina: Hamas und andere

Während man bei Fatah anfänglich noch islamische Wurzeln entdecken kann, die im Zuge der Öffnung für politische Aktivitäten nach und nach an Bedeutung verloren, ist der Islam bzw. der dezidiert politische Islam integraler Bestandteil der Ideologie und des Wirkens von Hamas, Dschihad Islami und anderen islamisch orientierten Organisationen und Gruppen in Palästina. Daraufhin deuten schon allein die Initialen von Hamas, die »Bewegung des islamischen Widerstands« bedeuten. 1987, im Jahr der ersten palästinensischen Intifada gegen die Israelis, wurde Hamas unter der Führung des 2004 von Israel ermordeten Islamgelehrten Scheich Ahmad Yassin als Ableger der ägyptischen Bewegung der Muslimbrüder gegründet. Dass Hamas nicht den Namen dieser Bewegung trägt, bedeutet kein Abrücken von Ideen und Zielen der Muslimbrüder. Vielmehr sollte die Gefahr eines Verbots der neuen Organisation durch die israelischen Besatzer minimiert werden.

Zum Verhältnis zwischen Hamas und Israel kursieren viele Deutungen, aber wenig stichhaltige Belege. Dass Israel Ende der 1980er Jahre eine »taktische« Sympathie für eine Ableger-Organisation der Muslimbruder-Bewegung hegte, liegt schon deshalb auf der Hand, weil in ihr eine ernst zu nehmende Konkurrentin der verhassten und als gefährlicher geltenden PLO gesehen wurde. Manche Experten sprechen in diesem Zusammenhang von einer »freundlichen Duldung«, wobei sie nicht davon ausgehen, dass es Fälle direkter Unterstützung von Hamas durch Israel gegeben hat.[5] Ein wesentlicher Unterschied in der Denk-und Arbeitsweise zwischen PLO und Hamas als konkurrierenden politischen wie paramilitärischen Organisationen im besetzten Palästina liegt darin, dass die PLO/Fatah pragmatischer und durchaus auch opportunistisch zu denken und handeln geneigt ist. Hamas hingegen agiert prinzipientreuer, aber auch weniger politikfähig, dogmatischer aber zielbewusster als die PLO. Dies sieht man zum Beispiel daran, dass die Hamas-Regierung im Gazastreifen rigide und kompromisslos ist. Die Meinungsfreiheit wird dort mit höchst drastischen Mitteln unterdrückt, und in ihrer Eigenschaft als Ablegerin der Muslimbrüder wendet Hamas das islamische Recht rigoros, ohne Rücksicht auf die liberal-säkularen Bürger an. Dieses Phänomen der »Prinzipientreue« hat dennoch seine positive Seite. Denn bei Hamas sind Korruption und Nepotismus deutlich schwächer ausgeprägt als bei der PLO. In anderer Hinsicht ist der eskalierende moralische Dogmatismus von Hamas aktuell ein Hindernis für eine Entspannung in den Beziehungen des Gazastreifens zu Ägypten unter dem jetzigen Präsidenten Sissi, was die Gesamtlage der Bevölkerung und insbesondere die Versorgung mit Lebensmitteln, Rohstoffen und Baumaterialien drastisch erschwert. Sissi handelt gegenüber der Hamas in erster Linie aus tiefster Abneigung gegen deren Mutterpartei, die Muslimbrüder.

Trotz ihrer rigiden Bilanz in der Innen- und Religionspolitik gilt Hamas im Bewusstsein vieler Palästinenser und Araber wegen des Festhaltens am Konzept des »bewaffneten Widerstands« gegen Israel als die im Vergleich zur PLO »bessere« bzw. »effizientere« Vertreterin ihrer nationalen Interessen. Nicht umsonst gewann die Hamas die Parlamentswahlen, die zuletzt 2006 stattfanden, mit absoluter Stimmenmehrheit. In der öffentlichen Meinung in Palästina ist die PLO dagegen eine machthungrige, korrupte Organisation, die längst keinen revolutionären Impetus mehr ausstrahlt und sich vom Anspruch einer bewaffneten »Befreiungsbewegung« längst verabschiedet hat. Hamas dagegen hält trotz der geostrategisch äußerst prekären Lage des Gazastreifens an der Praxis des bewaffneten Widerstands fest und macht keine Anstalten, mit Israel außer in dringenden kommunalen Angelegenheiten politische Verhandlungen anzustoßen, wie dies die PLO jahrzehntelang erfolglos tat. Viele Palästinenser und Araber sind nicht zuletzt angesichts des offenkundigen Scheiterns des 1993 initiierten Osloer Friedensprozesses der Überzeugung, dass es zu Hamas

Konzept eines bewaffneten Widerstands keine Alternativen gibt.[6] Viele von ihnen glauben, dass diese Option genauso erfolgreich sei wie die auf den Guerilla-Kampf angelegte Konzeption der libanesischen Partei Hisbollah, die sich vor allem im Süden des Landes im Kriegszustand mit Israel befindet. Meist wird dabei allerdings ausgeblendet, dass beide Situationen geostrategisch miteinander überhaupt nicht vergleichbar sind. Hisbollah hatte im Regime des syrischen Präsidenten Assad, zumindest bis zum Ausbruch der dramatischen Geschehnisse in Syrien, einen militärisch starken und politisch einflussreichen Verbündeten direkt an der eigenen Grenze. Außerdem erhält Hisbollah von dem noch viel stärkeren Verbündeten Iran weiterreichende Unterstützung in Form von Waffensystemen, Militärausbildung, Logistik und Geld. Zudem profitiert Hisbollah stark von der Schwäche des libanesischen Staates. Der Hamas dagegen fehlen für die Konzeption des bewaffneten Kampfes all diese begünstigenden Faktoren. Sie hat weder direkt an der Grenze ihres Machtbereichs noch in der Region einen verlässlichen Verbündeten. Der syrische Verbündete ist ihr außerdem wegen ideologischer Meinungsverschiedenheiten um den politischen Islam abhanden gekommen. Hinzu kommt, dass die isolierte geographische Lage des Gazastreifens, umgeben vom Feind Israel und dem der Hamas ebenfalls feindlich gesonnenen Ägypten gerade unter Präsident Sisi, einen wirkungsvollen bewaffneten Widerstand nicht begünstigt.

Da die letzten demokratischen Wahlen in Palästina 2006 stattfanden, bedeutet dies, dass heute weder die Hamas noch erst recht die PLO über eine politische Legitimation ihres Handelns verfügen. Wahrscheinlich würde aktuell keiner der beiden Kontrahenten die absolute Mehrheit erringen können. Es wäre trotz der aktuell verfahrenen Lage durch die israelische Besatzung und die innerpalästinensische Spaltung sinnvoll, unter internationaler Aufsicht Wahlen im Gazastreifen, und in der Westbank durchzuführen.

Politischer Islam und palästinensische Bewegung

Die palästinensischen Wähler verschafften der Hamas 2006 in demokratisch und fair verlaufenen Parlamentswahlen die absolute Mehrheit. Die daraus resultierenden Entwicklungen waren für die palästinensische Sache jedoch verhängnisvoll. Warum kam es zu diesem Wahlergebnis und weshalb war die spätere Entwicklung verhängnisvoll?

Der überwältigende Wahlsieg von Hamas hatte im Wesentlichen einen negativen und einen weiteren positiven Beweggrund. Der negative Aspekt lag in der aus Erfahrung erwachsenen Überzeugung der palästinensischen Wähler, dass der Verhandlungsprozess zwischen der Palästinensischen Autonomiebehörde und der israelischen Besatzungsmacht einseitig zugunsten Israels ausfiel. Israel baute Siedlungen im besetzten Westjordanland in exzessiver Weise weiter, was Frieden und Sicherheit der Palästinenser beeinträchtigte und ihnen die Perspektive eines eigenen, selbstständigen Staates nahm. Die Wähler nahmen außerdem der Palästinensischen Autonomiebehörde übel, dass sie trotz dieses Umstands an der engen Zusammenarbeit mit Israel gerade im Sicherheits- und Geheimdienstbereich festhielt. Die bisher oppositionelle Hamas griff diese »Appeasement-Politik« scharf an und forderte eine radikale Kursänderung, wobei es ihr zwischen 2004 und 2006 gelang, die Massen einschließlich vieler säkular denkender Wähler zu mobilisieren und für ihre Agenda zu gewinnen. Begünstigt wurde die Situation für Hamas außerdem durch die korrupten und ineffizienten Strukturen, die auf der Westbank on der regierenden PLO/Fatah geschaffen worden waren. Es war schon vor 2006 zu erkennen, dass die unter der kommunalen Verwaltung von Hamas stehenden Gemeinden deutlich weniger korrupt waren. So gesehen muss der überwältigende Wahlsieg von Hamas auf die israelische Besatzung und die Korruption von Fatah zurückgeführt werden, weniger auf die »Sehnsucht nach einem Gottesstaat«.[7]

Positiv zu bewerten sind die Aktivitäten von Hamas im humanitären und gesundheitlichen Bereich zugunsten der Ärmsten der Armen insbesondere im Gazastreifen und ihre Fähigkeit, über die sozialen Netzwerke sehr viele Wählerschichten aller Altersgruppen zu mobilisieren. Die Wahlkampagne der Hamas war insgesamt professioneller als bei Fatah. Die Hamas-Kandidaten traten geschlossen auf, während manche Kandidaten der Fatah paradoxerweise in Konkurrenz zu Personen aus den eigenen Reihen gingen.[8] Außerdem honorierte die Mehrheit der Wähler das Bekenntnis zum bewaffneten Widerstand gegen die Besatzungsmacht Israel. Mit anderen Worten: Die Wähler fanden die von der PLO verwendete Rhetorik des friedlichen Zusammenlebens mit Israel substanz- und ergebnislos und entschieden sich daher zugunsten der Hamas-Agenda.

Als verhängnisvoll erwies sich, auch hinsichtlich des schwelenden Streits zwischen Hamas und Fatah, die nach der Wahl von 2006 eingetretene Entwicklung. Weder Israel noch der Westen noch erst recht die unterlegene PLO haben das Wahlergebnis akzeptiert, das der Hamas die absolute Mehrheit bescherte. Aus dem rein »ideologischen« Disput zwischen der zu angepassten PLO und der zu dogmatischen Hamas entstand eine Kluft zwischen ihren »angestammten« Einflussgebieten, nämlich zwischen dem Westjordanland mit PLO/Fatah und dem Gazastreifen mit Hamas. Der Tod der jeweiligen Gründungsväter dieser Organisationen, Jasser Arafat 2004 und Scheich Yassin ebenfalls 2004, offenbarte das Unvermögen der neuen Führungen auf beiden Seiten, mit dieser Krise verantwortungsvoll, ja staatsmännisch umzugehen. Arafat war mit Sicherheit ein sehr ambitionierter Politiker, der erfahrungsgemäß mit der Teilung der Macht schon innerhalb seiner eigenen Organisation Schwierigkeiten hatte. Er war auf der anderen Seite aber viel erfahrener und politisch versierter als sein Nachfolger Mahmoud Abbas. Dies lässt den hypothetischen Schluss zu, dass Arafat, hätte die Hamas zu seinen Lebzeiten die absolute Mehrheit errungen, nach machbaren Kompromisslösungen gesucht und diese höchstwahrscheinlich gefunden hätte. Offensichtlich ist die Hamas mit den Herausforderungen des eigenen Führungswechsels besser zurechtgekommen als Fatah: »Sie [die Hamas] war aufgrund ihrer internen Struktur in der Lage gewesen, den Verlust auch eines historischen und ideellen Führers wie Scheich Yassin… zu verkraften… Die Fatah dagegen war durch den Tod Arafats in eine tiefe Krise geraten. Mahmoud Abbas war zwar ein idealer Konsens-und Übergangskandidat ohne ernsthafte Konkurrenten. Gleichzeitig aber war er so schwach, dass sich alle entschlossenen Anwärter auf die Nachfolge Arafats Chancen versprachen, ihn beeinflussen und damit letztlich ihre Position im eigentlichen Nachfolgekampf um das Erbe Arafats verbessern zu können. Die Parlamentswahlen boten die beste Plattform für den Machtkampf innerhalb der Fatah, und alle versuchten, das für sie und ihre Anhänger Beste daraus zu machen. Damit wurde die interne Fragmentierung der Fatah noch weiter verschärft und die Bewegung drohte regelrecht auseinanderzubrechen.«[9]

Ernst zu nehmende Analysen gehen davon aus, dass demokratische Wahlen auch in anderen Teilen der arabisch-islamischen Welt zu ähnlichen Ergebnissen wie in Palästina führen würden. Bereits 1991 gewann die Islamische Heilsfront die demokratischen Wahlen in Algerien. Der Muslimbruder Mohammad Mursi wurde im Juni 2012 zum ersten demokratisch gewählten Präsidenten Ägyptens gekürt. Im Falle Algeriens wurde das Wahlergebnis von der Armee bzw. Teilen des Westens für nichtig erklärt. Bei Hamas bestand die »Ablehnungsfront« aus der PLO, Israel und dem Westen, wobei die USA für die Ablehnung des Wahlergebnisses und den später angesetzten Boykott gegen die Hamas einen maßgeblichen Beitrag leisteten. Im Falle des Sturzes von Präsident Mursi in Ägypten verhielt sich der Westen zunächst ablehnend gegenüber dem Putschistenführer und späteren Nachfolger Mursis im Amt des Präsidenten, Sissi. Später begann man sich mit der neuen Lage zu arrangieren. Sicherlich war das Politikmanagement von Mursi und seinen Muslimbrüdern in ihrer extrem kurzen Amtszeit in wirtschafts-, außen- und sicherheitspolitischer Hinsicht defizitär, sicher standen auch Millionen von Ägyptern hinter dem Putsch des Militärs. Andererseits herrschte in Ägypten, in vielen arabischen Ländern sowie weltweit die Befürchtung, dass der jungen Demokratie in Ägypten durch den gewaltsamen Machtwechsel ein großer Schaden zugefügt worden ist. Im Westen herrscht im Allgemeinen die Überzeugung, dass Bewegungen des politischen Islam grundsätzlich fortschrittsfeindlich, gewaltbereit und terrorismusfreundlich seien. In den intellektuellen Kreisen der arabisch-islamischen Welt sieht man dies differenzierter. So verwirft der aus Ägypten stammende Entwicklungsforscher Samir Amin die automatische Gleichstellung dieser Bewegungen mit Gewalt und Rückständigkeit, wenngleich er deren Entstehung durchaus als Ausdruck der Frustration angesichts der negativen Resultate der »westlich-kapitalistischen Moderne« sieht. Kern seiner These ist die Feststellung, dass für die überwiegende Zahl dieser Bewegungen nicht die Theologie im Vordergrund stehe, sondern das soziale Engagement.[10] In manchen politischen Kreisen der arabischen Welt und des Westens wird davon ausgegangen, dass nach demokratischen Wahlen gebildete Regierungen unter der Führung von Protagonisten des politischen Islam zum Erstarken radikal-islamistischer Gruppen führen, die wie Al-Kaida und ISIS rein terroristisch sind. Bezogen auf ISIS (Daesch auf Arabisch) muss man aber genau umgekehrt argumentieren: Diese Terrororganisation ist letztlich dadurch so mächtig und gewalttätig geworden, dass ihre Anführer die berechtigte Empörung vieler Menschen, vor allem in Syrien und im Irak, über die nicht legitimierte Interventionen von außen ausnutzten und instrumentalisierten. Diese Empörung ist im Irak die Folge zweier gravierender Verfehlungen auf internationaler und nationaler Ebene: Der von George W. Bush unter fadenscheinigen Beweggründen gegen das Regime von Saddam Hussein 2003 geführte Irakkrieg führte zur Auflösung der irakischen Armee, wodurch Hunderttausende von Offizieren und Soldaten von heute auf morgen arbeitslos wurden. Bei vielen von ihnen wuchs aus Frustration und Rachsucht die Bereitschaft, gegen die US-Truppen und das neue, konfessionell einseitig schiitisch ausgerichtete irakische Regime militärisch und terroristisch vorzugehen. Da mit der Etablierung des neuen, von den USA gestützten Regimes eine drastische Marginalisierung der Sunniten einherging,[11] waren Angehörige dieser Glaubensrichtung einschließlich eines Teils der alten Kader von Saddam Hussein besonders anfällig dafür, sich Terrorgruppen wie Al-Kaida oder ISIS anzuschließen, die sich machiavellistisch geschickt als »sunnitische« Grathüter anboten und zum »Beweis« ihrer »echten« Mission brutal gegen andere Konfessionen und Religionen vorgingen. Ein weiterer wichtiger Grund für die Eskalation islamistischer Strömungen liegt in der Konzeptlosigkeit arabischer und westlicher Regierungen, die die radikaler werdenden Dschihadisten in der arabischen Welt viel zu lang hätschelten und, im Fall Afghanistans, als Gegner der Sowjetunion agierende islamistische Kampforganisationen förderten, um erst viel zu spät die aus ihnen hervorgehenden Gefahren zu erkennen.

Der gescheiterte Friedensprozess und seine Konsequenzen

Den Auftakt des Palästina-Friedensprozesses bildete die Madrider Konferenz von 1991. Daran war die PLO nicht beteiligt, da Israel sich noch weigerte, diese als offizielle Vertreterin des palästinensischen Volkes anzuerkennen und mit ihr in einen politischen Dialog einzutreten. Unter der Aufsicht von UNO, USA, Russland und EU wurde der Weg für israelisch-palästinensische Direktverhandlungen geebnet. Der sogenannte Osloer Friedensprozess von 1993 führte schließlich zur Etablierung der Palästinensischen Autonomiebehörde (PA) in den 1967 von Israel besetzten palästinensischen Gebieten Westjordanland und Gazastreifen. Allerdings krankte dieser Prozess an der völlig unterschiedlichen Auslegung des Begriffs »Frieden« zwischen den beiden Kontrahenten. Während die Palästinenser die Formel »Land gegen Frieden« vertraten, waren die auf einander folgenden israelischen Regierungen fest entschlossen, an der Besetzung der palästinensischen Gebiete und der Fortsetzung des exzessiven Siedlungsbaus festzuhalten.[12] Ohnehin war die palästinensische Delegation viel zu schwach, um den geschickten israelischen Verhandlungsmanövern standzuhalten. Arafat und seine Berater waren vom Wunsch elektrisiert, endlich »eine Art« palästinensischer Staatlichkeit errichtet zu sehen, achteten aber im Gegensatz zur israelischen Seite wenig auf verbindliche und konkrete Abmachungen. So willigten sie in die israelische Forderung ein, wichtige Fragen wie staatliche Strukturen, Siedlungen, Rückkehrrecht, Wasser und andere natürliche Ressourcen vorläufig auszuklammern. In einer Abhandlung über die Frage, ob die Palästinensische Autonomiebehörde rechtlich befugt sei, den Internationalen Strafgerichtshof gegen Israel wegen einer Reihe von Delikten wie willkürlicher Verhaftung von Personen, Erschießung verdächtiger Zivilisten und Enteignung von Boden anzurufen, zählt der Völkerrechtler Andreas Zimmermann ebenfalls die Ansiedlung israelischer Staatsangehöriger in den palästinensischen Gebieten zu den Straftaten, die geahndet werden könnten: »Das unmittelbare oder mittelbare ›Überführen‹ der eigenen Bevölkerung durch eine Besatzungsmacht in das von ihr besetzte Gebiet ist seit langem als Verbrechen anerkannt.«[13] Dennoch wurde der von Arafat und dem israelischen Premierminister Rabin gesteuerte Friedensprozess von der Mehrheit der Palästinenser und Israelis als Meilenstein auf dem Weg zur Lösung des Nahostkonflikts gelobt. Der starke, aus der Militärführung stammende Rabin war zu diesem Zweck prädestinierter als etwa sein Kollege und Rivale aus der Arbeitspartei Shimon Peres, der trotz anderslautender öffentlicher Beteuerungen an den Friedensentwurf mit den Palästinensern zaudernd und opportunistisch heranging. Das Oslo-Abkommen sah einen Abzug der israelischen Armee aus dem Westjordanland und dem Gazastreifen sowie die Bildung einer palästinensischen Administration dort bei gleichzeitigem Gewaltverzicht vor. Der Abzug vollzog sich schleppend und wurde später völlig revidiert. Im Osloer Vertragswerk fehlt übrigens die eindeutige Klassifizierung der unter palästinensischer Verwaltung stehenden Gebiete als »autonom«. 1995 wurde Rabin von einem rechtsextremen israelischen Juden ermordet, was zu einer erheblichen Beeinträchtigung des Verhandlungsprozesses führte. Unter Ministerpräsident Ehud Barak (1999 bis 2001) gab es Ansätze eines Verhandlungserfolgs, die von beiden Seiten aus taktischen Überlegungen aber nicht genutzt wurden. Entscheidende Hürde war die Entschlossenheit aller israelischen Regierungen, so viele Siedlungen in den besetzten Gebieten zu bauen, bis ein zusammenhängendes Territorium für den künftigen palästinensischen Staat im Westjordanland praktisch unmöglich wurde: »Die völkerrechtswidrige Siedlungspolitik verfolgt ein einziges, nüchtern besehen koloniales Ziel: den israelischen Anspruch auf das Westjordanland – das biblische Judäa und Samaria – durch eine eigene Infrastruktur unwiderruflich zu festigen. Gebaut wurden daher nicht nur Siedlungen…, sondern auch Industriegebiete und militärische Einrichtungen.«[14] Die Infrastruktur der Siedlungsgebiete wurde zudem auf enteignetem Land der Palästinenser gebaut, darf von ihnen jedoch nicht verwendet werden.[15]

Bei Premier Ariel Scharon (2001 bis 2006) war die Abneigung gegen die Idee eines palästinensischen Staates tief. Im Übrigen war er als Oppositionsführer 2000 durch sein demonstratives Auftreten auf der Esplanade der Al-Aqsa-Moschee in Jerusalem für den Ausbruch der Zweiten Intifada maßgeblich verantwortlich. Dabei sollten laut dem Friedensvertrag zwischen Israel und Jordanien vom 26. Oktober 1994 derartige provokative Aktionen unterbunden werden.[16] Der von Sharon 2005 verordnete Rückzug aus dem Gazastreifen löste in Teilen der israelischen Gesellschaft Empörung und weltweit Verwunderung aus. Eine offizielle Erklärung für diesen Schritt blieb aus. Mögliche Gründe waren seine Entschlossenheit, Israel von diesem demographischen Moloch »mit Seeblick« abzuschotten und jede Verantwortung für dieses Gebiet abzuschütteln, das unter der Blockadepolitik, Überbevölkerung und dem Fehlen jeglicher Mobilität von Menschen und Waren extrem leidet. Ein weiterer Beweggrund lag daran, dass der Gazastreifen im Gegensatz zu Westjordanland ressourcenarm ist; insbesondere fehlt Wasser. Ehud Olmert, der von 2006 bis 2009 das Amt des Premierministers Israels bekleidete, war nicht zuletzt wegen seiner Verwicklung in Bestechungsskandale innen- wie außenpolitisch ein schwacher und weniger entscheidungsfähiger Regierungschef, nicht zuletzt hinsichtlich des Friedensprozesses. Der amtierende Premier Netanjahu bekleidete dieses Amt erstmalig 1996–99. Er torpedierte den Friedensprozess dadurch, dass er mit der Parole »Frieden durch Sicherheit« alle Elemente des Friedensprozesses einer rechtslastigen israelischen Auslegung des Sicherheitsbegriffs unterordnete.[17]

Es wäre müßig, zur Lösung des palästinensisch-israelischen Konflikts weitere Initiativen zu kreieren. Es gibt bereits eine Reihe von Modellen, die wesentliche Elemente einer gerechten Lösung beinhalten. Diese sind zudem bereits von allen beteiligten Parteien und den wichtigsten Weltmächten abgesegnet worden, wenngleich eine Implementierung keiner dieser Initiativen bisher geglückt ist. Es gab u. a. den nach dem früheren saudischen König genannten »Abdallah-Plan«, einen »Mitchell-Plan«, die ägyptische-jordanische Initiative und manche mehr.

Im Jahr 2000 scheiterte der unter der Vermittlung des damaligen Präsidenten Bill Clinton durchgeführte Gipfel in Camp David vor allem aus zwei Gründen: zum einen am undurchsichtigen Verhandlungsstil der Israelis, zum anderen am taktischen Lavieren von Präsident Jasser Arafat. Die israelische Verhandlungsseite unter dem früheren Premierminister Ehud Barak verkündete medienwirksam die Räumung von 97 Prozent der besetzten palästinensischen Gebiete. Allerdings belegen später veröffentlichte Protokolle, dass etliche Gebiete – z. B. entlang der Grenze zwischen Jordanien und dem künftigen palästinensischen Staat sowie entlang der Westgrenze dieses Staates – von diesen Rückzugsplänen unberührt bleiben sollten.[18]

Auf palästinensischer Seite lag das Manko darin, dass die eigene Delegation wenig professionell verhandelte und Jasser Arafat es unterließ, die Gründe für die Ablehnung jener Abmachungen öffentlich zu machen. Später lieferte er die etwas seltsam anmutende Erklärung, er habe es vermeiden wollen, durch Offenlegung der Hintergründe der Ablehnung seinen »Freund« Bill Clinton zu »desavouieren«. Das faktische Scheitern der Verhandlungen war jedenfalls ein weiterer Grund für den Ausbruch der Zweiten Intifada Ende September 2000.

Die realistischste Perspektive für eine Lösung des Palästina-Konfliktes bot wohl die sogenannte *Roadmap*, der gemeinsam von den Vereinten Nationen, den USA, der EU und Russland ausgearbeitete »Fahrplan« zur Beilegung des Konflikts. Es handelt sich um einen mehrstufigen Friedensplan, an dessen Ende ein eigenständiger, friedlich neben Israel existierender Staat Palästina stehen sollte. Nach diesem im April 2003 als fertiger Friedensentwurf präsentierten Plan sollten die Anwendung von Gewalt beendet, bindende Sicherheitsabkommen zwischen beiden Kontrahenten geschlossen und politische Reformen in Palästina auf den Weg gebracht werden. Israel sollte den Siedlungsbau stoppen und einige bereits bestehende Siedlungen abbauen. In einer zweiten Stufe sollten die rechtlichen, administrativen und infrastrukturellen Voraussetzungen für die Errichtung eines unabhängigen palästinensischen Staates mit vorläufigen Grenzen geschaffen werden. Obwohl der US-amerikanische Präsident George W. Bush zu den Initiatoren des Fahrplans gehörte, wandte er sich später in wesentlichen inhaltlichen Punkten davon ab und vertrat im Zeichen seiner zunehmend evangelikal-konservativen Neuorientierung und der großangelegten Mission gegen die »Achse des Bösen« eine lückenlos proisraelische Haltung. Für Bush galt nunmehr die undifferenzierte Formel vom guten Israel und der »terroristischen« Führung der Palästinenser.

Den Palästinensern wurde also ein unabhängiger Staat zuerkannt. Israel sollte den neuen Staat anerkennen und unterstützen und sich aus dem Gaza-Streifen und dem Westjordanland zurückziehen, sobald sich die Sicherheitslage stabilisiert habe. Als weitere Voraussetzung für die formale Implementierung der *Roadmap* sollte auf palästinensischer Seite mit der Errichtung des Amts eines Ministerpräsidenten neben dem Präsidenten ein weiterer Schritt zur Demokratisierung der palästinensischen Behörden unternommen werden. Nach der Ernennung von

Mahmoud Abbas 2003 wurde der Plan den Konfliktparteien schließlich am 30. April 2003 übergeben. Die Vereinten Nationen verabschiedeten begleitend die Sicherheitsresolution 1515, die die Notwendigkeit der Implementierung der Roadmap, des Friedensfahrplans zwischen Israel und den Palästinensern, bekräftigt.[19]

Der Wunsch der palästinensischen Delegation nach Errichtung eines eigenen Staatswesens auf einem Teil des nationalen Bodens Palästinas war legitim und verständlich. Doch die eklatante Asymmetrie im Kräfteverhältnis zwischen beiden Konfliktparteien verhinderte letztendlich den Durchbruch und die Bildung des palästinensischen Staates. Allein der exzessive jüdische Siedlungsbau führte die Hoffnung auf einen Palästinenserstaat ad absurdum.[20] Seit der Unterzeichnung der Osloer Verträge weitete Israel in einem bisher nicht gekannten Ausmaß das Siedlungsprojekt aus, obwohl dies im augenfälligen Widerspruch zum Geist des Vertragswerks stand. Aus Sicht der Palästinenser ging es Israel darum, vollendete Tatsachen zu schaffen – unter anderem, um die Errichtung eines »richtigen« Staates Palästina zu verhindern und die Siedlungsgebiete als Faustpfand für künftige Verhandlungen über den endgültigen Status des palästinensischen Staates einzusetzen. Die israelische Führung geht allerdings von einer Fehleinschätzung aus, wenn sie glaubt, dass der Siedlungsbau langfristig den Interessen des Staates Israel dienen kann. Denn die außenpolitische und völkerrechtliche Glaubwürdigkeit Israels geht verloren, wenn es sich zwar kontinuierlich zur Zweistaaten-Lösung bekennt, gleichzeitig aber weitere Siedlungen baut und die Entstehung eines weiteren Staates neben Israel unmöglich gemacht wird.

Nicht nur die Vertretung des palästinensischen Volkes bekannte sich zur Zwei-Staaten-Lösung, sondern auch alle maßgeblichen regionalen und globalen Akteure taten dies. Für die Palästinenser wäre diese Option auf jeden Fall eine befriedigende Alternative zum jetzigen spannungsgeladenen Schwebezustand. Würde Israel glaubhaft ein Bekenntnis zu dieser Option ablegen, wäre eine vollständige und substantielle Beilegung des Konflikts durchaus möglich. Dieses Resultat wäre auch weit relevanter als etwa die Frage, ob *alle* Fraktionen innerhalb der Hamas zur rechtlichen Anerkennung des Staates Israels heute schon oder erst nach der Klarstellung der israelischen Position in der Zwei-Staaten-Option bereit sein würden. Gäbe es also ein unzweideutiges Bekenntnis Israels zu dieser Option, wäre die sogenannte *Roadmap* das wirkungsvollste Instrument dafür. Sie würde, soweit es sich absehen lässt, die Beendigung des Konflikts auf der Basis gegenseitiger Anerkennung und Achtung durch die Schaffung eines souveränen palästinensischen Staates neben dem bereits bestehenden Staat Israel ermöglichen. Beide Staaten sollen gemäß der *Roadmap* friedliche Beziehungen in den politischen, wirtschaftlichen und kulturellen, aber auch im Sicherheitsbereich unterhalten. Beide Seiten sollen außerdem auf Anwendung bzw. Androhung von Gewalt verzichten.

Die *Roadmap* sieht in ihren drei Phasen die Eindämmung der Gewalt auf beiden Seiten und die Verbesserung der Lebensgrundlagen der schwer leidenden palästinensischen Bevölkerung vor. Die ursprünglich für Mitte 2006 vorgesehene Friedenskonferenz ist allerdings inzwischen obsolet geworden ist. Sie hätte zum Ziel gehabt, endgültige Konzepte für die Zwei-Staaten-Option sowie Lösungen für Ost-Jerusalem, das Rückkehrrecht sowie die Siedlungs- und Wasserfrage völkerrechtlich bindend zu präsentieren. Zur *Roadmap* gäbe es kaum eine Alternative, wenn man am Konzept der Zweistaatenlösung festhalten will. Yossi Beilin, einer der Initiatoren der sogenannten »Genfer Initiative«, auf die noch zurückzukommen sein wird, sieht die Roadmap als »das einzige anerkannte Rahmenwerk für künftige Fortschritte zwischen Israel und Palästina und [sie] muss deshalb durch eine neue und realistische Zeitleiste aktualisiert werden. Die Europäer sollten auch als Teil der Roadmap bei der Zusammenstellung des Überwachungsmechanismus helfen, der dazu ermutigt und sicherstellt, dass sich beide Parteien an sie halten«.[21] Diese Option steht freilich längst nicht mehr auf der Agenda der israelischen Politik.

Außerhalb der von staatlicher Seite unternommenen Bemühungen zur Beilegung des Konflikts ist daher im Dezember 2003 die »Genfer Initiative« entstanden. Maßgebliche Akteure waren auf palästinensischer Seite Jasser Abed Rabbo, Mitglied des Exekutivkomitees der PLO, und der Arzt und Aktivist Salah Abdel Shafi. Auf israelischer Seite agierten die Politiker Yossi Beilin und Abraham Burg von der Arbeitspartei. Die Initiative schlägt zur Lösung des Konfliktes folgende Maßnahmen vor:

- Anerkennung Israels durch den Staat Palästina
- Anerkennung des Staates Palästina in vereinbarten und sicheren Grenzen mit der Hauptstadt »Al-Quds« (die arabische Bezeichnung Jerusalems) durch Israel.
- Schaffung eines verbindenden Korridors zwischen dem Gazastreifen und der Westbank.
- Militärischer Teilrückzug Israels aus dem Zentrum der Westbank und vollständiger israelischer Rückzug aus dem Gazastreifen in vereinbarten Zeiträumen.
- Auflösung der jüdischen Siedlungen im künftigen Staat Palästina. Israelische Staatsbürger, die dennoch dort bleiben wollen, müssen

sich der palästinensischen Souveränität unterwerfen. Dafür würden einige Siedlungen nahe der Grünen Linie wie etwa Gush Etzion und Maale Adumim erhalten bleiben.

- Erklärung Jerusalems zur offenen und ungeteilten Stadt mit freiem und ungehindertem Zugang, einer übergreifenden Verwaltung, die durch einen arabischen und einen jüdischen Bezirksausschuss ergänzt würde, sowie die gegenseitige Anerkennung der einzigartigen spirituellen und religiösen Bedeutung der Stadt für Judentum, Islam und Christentum. Palästina würde die Souveränität über den Felsendom zufallen.
- Israelische Anerkennung des »moralischen und materiellen Leids« der Palästinenser im Krieg von 1948, des Rechts der außerhalb des Landes lebenden palästinensischen Flüchtlinge auf Einwanderung nach Palästina sowie auf Wiedergutmachung. Gleichzeitig wurde betont, dass eine Rückkehr der palästinensischen Vertriebenen und Flüchtlinge in ihre ursprünglichen Heimatorte bzw. Wohnhäuser im Einzelnen nicht machbar sei.[22]

Mehrfach wurde festgestellt, dass ohne Umsetzung der Genfer Initiative weitere gefährliche Etappen der Eskalation des Palästinakonfliktes zu befürchten seien: »Nicht allein die Islamisten werden dafür sorgen, dass die israelische Präsenz in der Westbank physisch prekär bleibt.«[23] Tatsache ist aber, dass die Genfer Initiative durch die auf einander folgenden rechten israelischen Regierungen und die dogmatisch-militante Siedlerbewegung zu Fall gebracht wurde. Die Frage lautet daher: Wie nachhaltig ist der Friedenswille bei beiden Konfliktparteien? Wie unterschiedlich ist ihre Sicht auf die Lösungsoptionen? Was müssten beiden Parteien als Gegenleistung für eine umfassende Regelung an substanziellen und »atmosphärischen« Konzessionen leisten? Wie steht es um die Anerkennung Israels?

Kontraproduktiv und für die gesamte Region folgenschwer ist zunächst, unabhängig von der bereits angeschnittenen Frage der politischen Legitimität von Hamas und Fatah, das Instrument des Boykotts und der Ächtung, das nach wie vor gegen Hamas eingesetzt wird. Denn dieser harte Kurs stärkte bisher die Hardliner in der islamischen Bewegung, verhinderte Reformen und schwächte die moderaten, kompromissbereiten Kräfte in ihren Reihen. Darüber hinaus lähmt er liberale und weltlich orientierte Kräfte unter den Palästinensern, die dem politischen Islam kritisch gegenüberstehen, denn sie werden von den frustrierten Wählern schnell als »pro-westlich« oder als »Vaterlandsverräter« abgestempelt. Bedeutsamer noch ist die Tatsache, dass die Hamas-Führung weit weniger von Krieg, israelischer Blockade-Politik und Boykott-Maßnahmen betroffen ist als die palästinensische Zivilbevölkerung von rund zwei Millionen Menschen im Gazastreifen.

Die von israelischer Seite immer wieder vorgebrachte Forderung, zunächst müsse die PLO den Staat Israel anerkennen, ist durch das Osloer Vertragswerk, die immer wieder stattfindenden Verhandlungen zwischen Israel und der Palästinensischen Autonomiebehörde sowie durch eine Reihe entsprechender Erklärungen von PLO-Verantwortlichen längst erfüllt worden. Hingegen ist die Haltung der Hamas zu dieser Frage unklar. Immerhin stimmte die Führung von Hamas der Forderung von Präsident Abbas und dem sogenannten »Dokument der Gefangenen« längst zu. Dieses von in israelischen Gefängnissen inhaftierten Palästinensern erarbeitete Dokument bekennt sich zur Zwei-Staaten-Lösung und zum Existenzrecht Israels. Durch diese Zustimmung erkennt Hamas *de facto* die staatliche Existenz Israels an. Aber nicht der gesamte Führungskader von Hamas ist damit allerdings einverstanden. Der Hamas-Führer und amtierende Ministerpräsident der Regierung des Gazastreifens, Ismail Haniyya, äußerte aber im Februar 2006 in einem Interview der »Washington Post«, Hamas würde Israel anerkennen, »wenn Israel erklärt, dass es den Palästinensern einen Staat und ihre Rechte zurückgibt«.[24] Diese Position gegenseitiger Anerkennung vertritt eine deutliche Mehrheit innerhalb der Führung und der Basis dieser Bewegung.

Es ist zwar bekannt, dass sich Hamas im Gegensatz zum Mainstream innerhalb der PLO den bewaffneten Widerstand auf ihre Fahnen schreibt. Tatsache ist aber auch, dass die Führung von Hamas als Folge unverhältnismäßiger Militäraktionen und anderer Überreaktionen Israels gegen den Gazastreifen beim bewaffneten Kampf zurückhaltender geworden ist und sich erkennbar bemüht, dem Raketenbeschuss auf israelisches Gebiet durch verbündete islamistische Splittergruppen Einhalt zu gebieten. Es sei auch hinzugefügt, dass die israelischen Angriffskriege gegen den Gazastreifen (u. a. die Operation »Gegossenes Blei« von 2008/09 und die Operation »Protective Edge« vom Juli 2014) von langer Hand geplant waren und man lediglich auf einen »geeigneten« Moment gewartet hatte, um loszuschlagen. Der in Oxford lehrenden israelische Politikwissenschaftler Avi Shlaim bezeichnet Israel infolge seines massiven Vorgehens gegen die Bevölkerung von Gaza 2008/09 als »Schurkenstaat« und benennt drei maßgebliche Kriterien für die Gültigkeit dieses Begriffs: »… regelmäßige Verletzung von internationalem Recht, Besitz von Massenvernichtungswaffen und Ausübung von Terrorismus in Form von Gewaltanwendung gegenüber der Zivilbevölkerung aus politischen Gründen«. Ferner schreibt er: »Israels wahres Ziel ist nicht friedliche Koexistenz mit seinen palästinensischen Nachbarn, sondern militärische Dominanz«.[25] Der israelische Krieg gegen Gaza von 2014 war für die palästinensische Seite äußerst verlustreich, ohne dass es Israel gelang, seine strategischen Ziele wie die Schwächung oder gar Vernichtung von Hamas auch nur annähernd zu erreichen: »Etwa 2.200 Tote, mehr als 10.000 Verletzte, ganze Stadtteile dem Erdboden gleich gemacht, 175 Fabriken zerstört. Riesige Trümmerberge, geschätzte vier Millionen Tonnen Schutt, ohne Chance auf Entsorgung. Ohne Baumaschinen, ohne Exportmöglichkeit, ohne Platz für Müllkippen. Kläranlagen fehlen oder sind zerstört, das Abwasser wird teilweise ins offene Meer geleitet, das Grundwasser versalzt. Der Boden wird unfruchtbar, die Stromversorgung reicht nur für wenige Stunden am Tag, die meisten Stromleitungen sind zerstört. Das Gesundheitssystem liegt am Boden, fast alle Schulen sind Ruinen oder beschädigt und müssen dennoch als Notunterkünfte dienen.«[26]

Zweifelsohne brachte der Beschuss israelischer Orte mit Qassam- und Katjuscha-Raketen durch Hamas und Dschihad Islami die palästinensischen Sache keinen Schritt in Richtung Frieden oder Staatlichkeit näher. Die militärische Option seitens der Palästinenser hat, wie bereits konstatiert, ohnehin keine Chance, solange ein strategischer Verbündeter in unmittelbarer Nachbarschaft der palästinensischen Gebiete fehlt. Andererseits zeigt sich die israelische Führung völlig unbeeindruckt angesichts der Zeichen eines Wandels, der sich bei der Wahrnehmung des palästinensisch-israelischen Konflikts in Teilen der Führung von Hamas abzeichnet. Man könnte den Eindruck gewinnen, dass aus der Sicht des statischen israelischen Sicherheitsdenkens eine kompromisslos auftretende Hamas nützlicher ist, weil sie leichter politisch instrumentalisiert werden kann. Die durch die militärische Überreaktion Israels ausgelöste humanitäre Katastrophe im Gazastreifen bremste letztlich den politischen Reformprozess in der Hamas und stärkte die rigorosen Kräfte. Man muss schlussfolgern, dass zumindest auf der offiziellen israelischen Ebene der Wille zu einem »wirklichen« Frieden mit den Palästinensern mit der dazugehörigen Bereitschaft zu Kompromissen und Zugeständnissen nach wie vor fehlt.

Für die schweigende Mehrheit der Palästinenser gilt die Erkenntnis, dass beide Kontrahenten der Anwendung von Gewalt abschwören sollten. Dabei ist man sich der Tatsache schmerzlich bewusst, dass die israelischen Angriffe die palästinensische Bevölkerung viel härter treffen als umgekehrt. Israel wird im Übrigen wegen des exzessiven Baus jüdischer Siedlungen und seiner Politik der kollektiven und willkürlichen Bestrafung von Palästinensern wie der Beschießung des Gazastreifens nicht nur von den arabisch-muslimischen Staaten, sondern auch und vom Menschenrechtsrat der Vereinten Nationen häufig ermahnt und verurteilt.[27] Gefordert wird auch und gerade durch Israels westliche Verbündete, das Land solle das Verhältnis zu den Palästinensern nicht ausschließlich in Sicherheitskategorien definieren, sondern die Chance zum Aufbau einer umfassenden künftigen Zusammenarbeit ausloten. Darin läge für Israel eine Perspektive, im Nahen Osten anzukommen, statt an seinem künstlich-insularen Status festzuhalten. Nur so könnte der zwar stark lädierte, jedoch nicht völlig irreparable Friedensprozess wieder in Gang kommen und zur Stabilisierung der gegenwärtig desolaten Lage in der gesamten Region beitragen.

Angesichts der bereits erwähnten Asymmetrie im Kräfteverhältnis zwischen dem israelischen »Goliath« und dem palästinensischen »David« bedarf es allerdings nach wie vor der aktiven Mitwirkung eines ehrlichen Vermittlers. Zentrale Bedeutung hätten in diesem Kontext zuerst die Vereinigten Staaten und dann die Europäische Union. In der Amtsperiode des unter evangelikalen und philosemitischen Einflüssen stehenden Präsidenten George W. Bush war ein unparteiisches und faires Engagement der US-Amerikaner kaum möglich. Sein Nachfolger Barack Obama bemühte sich anfänglich stark um ein ausgewogenes und faires Krisenmanagement, ist jedoch an der republikanischen Mehrheit im Kongress und an der starken Israel-Lobby in den USA gescheitert. Daher waren in seinen letzten Amtsjahren keine wirklichen Impulse zur Beilegung des Konflikts zu erwarten, zumal die EU und die UNO selbst nicht aktiv wurden und nur im Schlepptau der stockenden amerikanischen Bemühungen hingen. Russland wiederum hat seit langem an Einfluss im Nahen Osten verloren, nicht zuletzt, weil es wegen seiner einseitigen Syrien-Politik zugunsten von Präsident Bashar Assad gesamtarabisch immer weniger Akzeptanz fand.

Die entscheidende Frage im Nahen Osten selbst lautet letztlich: Wie stehen die PLO bzw. die Palästinensische Autonomiebehörde, Hamas und Israel tatsächlich zur Zwei-Staaten-Option (und damit zur wechselseitigen Anerkennung)? Dass Präsident Abbas sich im September 2015 vor der UN-Vollversammlung vom Osloer Vertragswerk demonstrativ lossagte, bedeutet noch keine *definitive* Abwendung von der Zweistaaten-Option. Er hielt trotz der intransigenten Palästina-Politik Israels, vor allem seit der Ermordung Rabins, lange an Oslo fest. Bei Hamas ist, wie bereits geschildert, eine Spaltung in der Anerkennungs-und Staatlichkeit-Frage zu beobachten. Da gibt es einerseits die Fraktion der »Ablehnungsfront«, für die allein ein palästinensischer Staat in den Grenzen von 1948 bzw. auf dem Territorium Palästinas vor der

Entstehung des Staates Israel als Lösung in Frage kommt. Daneben gibt es einen weiteren Hamas-Flügel, der die zwei Staaten-Option akzeptiert und bereit ist, Israels Existenz anzuerkennen, wenn Israel ebenfalls die Staatlichkeit Palästinas mandatorisch und ohne taktisches Kalkül anerkennt. Andere islamistisch geprägte Bewegungen wie Dschihad Islami, deren prozentualer Anteil an der Gesamtheit des Parteienspektrums in Palästina gering ist, lehnen beides ab und sind (wie auch große Teile von Hamas) der festen Überzeugung, dass der bewaffnete Kampf bzw. der Widerstand gegen die Besatzung unumgänglich sei, um das Gebiet des historischen Palästina von den Zionisten zu befreien und dort einen arabisch-palästinensischen Staat zu errichten.

Israels Haltung erscheint wie ein Spiegelbild der Position der dogmatischen Hardliner innerhalb der Hamas und anderer islamistischer Gruppierungen wie Dschihad Islami: Verlangt wird von den Palästinensern die vollständige juristische Anerkennung seiner staatlichen Existenz bei gleichzeitiger Weigerung, das Recht des palästinensischen Volkes auf Selbstbestimmung ausdrücklich anzuerkennen, einschließlich des Rechts auf Gründung eines selbstständigen Staates. In der Frage der Zweistaaten-Lösung besteht zudem ein Widerspruch zwischen dem deklaratorischen Bekenntnis Israels und der tatsächlich betriebenen Siedlungspolitik im Westjordanland, was den Schluss zulässt, dass die absolute Mehrheit des politischen Establishments in Israel *dezidiert* die Bildung eines »echten« palästinensischen Staates mit allen nachhaltigen Mitteln zu verhindern trachtet. Ministerpräsident Netanjahu sprach sich vor den Wahlen von 2015 ausdrücklich dagegen aus. Nach seinem Wahlsieg versuchte er diese Aussage, allerdings auf taktierend erscheinende und daher wenig überzeugende Weise, zu relativieren. Auch der israelische Staatspräsident Reuven Rivlin, der ansonsten moderatere Töne anschlägt als die Mitglieder des Kabinetts Netanjahu, sprach sich deutlich gegen die Entstehung eines palästinensischen Staates neben Israel aus. Stattdessen forderte er die Bildung einer Föderation mit den Palästinensern, ohne zu erklären, wie die Bildung eines solchen Bundes zwischen einem israelischen »Staat« und einem palästinensischen »Phantom« überhaupt zu bewerkstelligen wäre. Allerdings ist er im Gegensatz zum parteienübergreifenden israelischen Grundkonsens gegen die Abschottung der palästinensischen Gebiete von Israel: »Ohne offene Grenzen werden wir niemals Frieden haben.«[28]

Man muss zur angemessenen Einschätzung der aktuellen Lage darauf hinweisen, dass sich Israel so gut wie gar nicht an die in Oslo vereinbarte Einteilung der Westbank in drei Zonen mit unterschiedlichem Autonomiestatus hält. Denn selbst in den palästinensischen Städten und Ortschaften der Zone A, in der die Palästinenser laut Oslo einen höheren Autonomiestatus genießen sollten als in den Zonen B und C. patrouillieren ständig israelische Soldaten durch die Straßen, verhaften Personen aus der Zivilbevölkerung und sorgen mit ihren Checkpoints für eine weitere Beeinträchtigung der eh schon eingeschränkten Mobilität von Menschen und Handelsgütern – sogar in Ramallah, dem Sitz der palästinensischen Verwaltung. Die Zone A ist damit de facto genauso »besetztes« Gebiet ist wie die Zonen B und C, in denen Israel stärkere Eingriffsrechte besitzt. In allen drei Zonen wird von Israel unter anderem das Instrument der Kollektivbestrafung angewandt, wie etwa die Zerstörung der Wohnhäuser der Familien von Personen, die an Gewalttaten beteiligt waren. Das Oberste Gericht Israels segnete diese Maßnahmen ab.[29] Aktuell sieht es so aus, als sei der Plan einer Zwei-Staaten-Option durch die israelische Praxis der vollendeten Tatsachen zur Makulatur geworden.

V.
Zum Zusammenleben verurteilt: Die Zukunft des palästinensisch-israelischen Verhältnisses

Abschied von Zionismus, politischem Islam und Nationalismus

Der palästinensisch-israelische Konflikt ist sowohl religiös als auch nationalistisch geprägt. Der arabische Nationalismus bzw. Panislamismus und der Zionismus sind im 19. Jahrhundert unter unterschiedlichen Verhältnissen entstanden. Aber in beiden Fällen überwogen die negativen Beweggründe. Sie resultierten aus einer im regionalen und weltpolitischen Kontext frustrierenden Gemengelage: hier Diskriminierung und Pogrome gegen die Juden in Europa, dort Kolonialismus und Rückständigkeit in der arabischen Welt. Zionismus, arabischer Nationalismus und Panislamismus schöpften teils aus der gleichen geistigen Quelle, nämlich aus dem europäischen, insbesondere dem deutschen Nationalismus. Beim zionistischen Vordenker Theodor Herzl war dies nicht verwunderlich, denn als deutschsprachiger österreichischer Jude war diese Affinität naheliegend. Erstaunlicherweise standen aber auch die geistigen Väter des arabischen Nationalismus dem deutschen Nationaldenken näher als etwa dem englischen oder dem französischen, obwohl die meisten unter ihnen in Frankreich und Großbritannien geistig sozialisiert wurden. Der Gründer der panarabischen Baath-Partei, Michel Aflak, aber auch der geistige Vorreiter des panarabischen Nasserismus, Sati al Husari, fanden Gefallen an den Gedanken von Herder und Fichte und bewunderten Giuseppe Mazzini und andere Vorreiter des italienischen Risorgimento. Sie entdeckten Gemeinsamkeiten bezüglich der »Zerstückelung« deutscher und arabischer Territorien und verwarfen die rationale Konzeption des französischen Nationalismus. Die Zugehörigkeit zu einer Nation war für sie etwas »Schicksalhaftes«, nicht eine Frage des reinen »Verstandes« oder des Willens wie etwa bei dem Franzosen Ernest Renan.

Im Falle des Zionismus war der Wunsch nach einer nationalen Heimstätte dem Scheitern der Integration und Assimilation der Juden in weiten Teilen Europas geschuldet. Dieses Scheitern hatte primär damit zu tun, dass die Mehrheitsgesellschaften nicht willens waren, eine volle Gleichstellung von Juden und Christen hinzunehmen. Theodor Herzl, ohnehin unter dem Einfluss des damals grassierenden romantischen Nationalismus stehend, griff diese Befindlichkeiten auf, um auch für die Juden eine Umsetzung dieser neuen Idee in Form eines jüdischen Staates zu fordern. »Romantisch« war dieses Bestreben nicht nur in Hinsicht auf seine ideengeschichtlichen Wurzeln, sondern auch in dem Sinne, dass »romantische« Überzeugungen auch als Naivität, Unwissen aber auch als Täuschungsmanöver gedeutet werden können. Denn das zunächst unter osmanischer Herrschaft, später britischem Mandat stehende Palästina entsprach ja in der Realität keinesfalls Herzls Vision von einem »Land ohne Volk für ein Volk ohne Land«.[1] Dieser im südwestlichen Teil der Levante gelegene Landstrich war bereits seit Jahrhunderten von einer palästinensisch-muslimischen Mehrheitsgesellschaft bewohnt, die im Großen und Ganzen mit einer starken palästinensisch-christlichen und einer kleineren palästinensisch-jüdischen Minderheit friedlich zusammenlebte.

Herzl relativierte später seine auf Palästina als »Eretz Israel« fokussierte Vision eines jüdischen Staates und wäre mit einem bloßen »geistlichen« Zentrum für die Juden dort einverstanden gewesen. Zuvor wandte er sich gegen die Vorstellung, dass in einem solchen Staat die Juden aufgrund ihrer Herkunft oder Religion eine privilegierte Stellung haben müssten. Andere Getreue, vor allem der aus Russland stammende Wladimir Zeev Jabotinsky, hielten, wie die späteren Geschehnisse zeigten, an dieser Forderung erfolgreich fest. Der 1904 verstorbene Herzl erlebte »weder den Erfolg noch die Perversion seiner Vision«.[2] Letztlich prägt die chauvinistische Variante des Zionismus das politische Handeln in Israel bis auf den heutigen Tag. Neben Jabotinsky sind hier u. a. Ben Gurion, Menachem Begin, Scharon Liebermann und Benjamin Netanjahu zu erwähnen. Der liberale Flügel des Judentums, vertreten etwa durch Hannah Arendt, Mosche Scharet und Nachum Goldmann spielte hingegen in der Innen-wie Außenpolitik Israels keine nennenswerte Rolle. Maßgeblich für den Durchbruch des Zionismus war letztlich der durch Hitler-Deutschland erfolgte Völkermord an den Juden Europas. Als zum Beispiel Moses Hess Mitte des 19. Jahrhunderts in seinem Buch »Rom und Jerusalem« den Anspruch des jüdischen Volkes auf einen eigenen Nationalstaat nach Vorbild des Risorgimento in Italien erhob, stieß er nur auf Unverständnis.[3] Während die Palästinenser in der regional ansässigen jüdischen Minderheit »Vettern« im ethnisch-kulturellen Sinne sahen, war für sie der europäisch geprägte Zionismus ein Fremdkörper und eine ethno-kulturelle Form des westlichen Imperialismus. Die sephardischen Juden arabischer bzw. afro-arabischer Herkunft im heutigen Israel werden trotz ihrer zahlenmäßigen Überlegenheit nach wie vor sozial und politisch benachteiligt. Die traditionell tiefgläubigen orientalischen Juden konnten anfänglich ohnehin mit dem säkular geprägten zionistischen Nationalismus wenig anfangen, zumal sie das Judentum primär als Religion, nicht als ethnisches oder nationalistisches Konzept verinnerlichten. Tatsächlich war auch die arabische Wahrnehmung der Juden bis in die 1940er Jahren rein religiös, und die arabischen Muslime fanden in der jüdischen Religion mehr Gemeinsamkeiten als mit dem Christentum. Die Wurzeln des »Nahostkonflikts« sind daher nicht im Nahen Osten, sondern einzig in Europa zu suchen.

Der arabische Nationalismus ist auch die Folge gefühlter gemeinschaftlicher Ohnmacht und Geringschätzung von außen. Man beklagte sich über die zementierte Teilung der *Umma* in verschiedene Territorien und Teilstaaten. Die Wortführer des modernen Nationalismus übernahmen diesen Begriff und interpretierten ihn als Symbiose aus nationaler und islamischer Identität.

Der arabische Nationalismus wurde durch die Nakba in Palästina befeuert. Daneben richtete er sich gegen die mehrheitlich korrupten, despotischen und unfähigen Herrscher, in denen man schlicht Lakaien des westlichen Kolonialismus sah. Infolge dessen brachen in Ägypten, im Irak, in Syrien und in anderen Ländern als Revolutionen getarnte Militärrevolten aus. Nasser war mit Sicherheit der mächtigste und charismatischste Anführer der modernen panarabischen Bewegung. Doch mit der dramatischen Niederlage im Sechs-Tage-Krieg vom Juni 1967 und der erneuten Besetzung vieler arabischer Gebiete durch Israel erlitt die nationale Bewegung einen deutlichen Dämpfer. Das Gefühl von Ohnmacht und Geringschätzung von außen verstärkte sich enorm. Die Suche nach Alternativen zum Panarabismus Nassers setzte ein, ohne allerdings im Kern den Gedanken eines arabischen Nationalismus aufzugeben. Der sogenannte arabische Sozialismus Nassers und der Baath-Partei artete allerdings bald zu einem ineffizienten und korrupten Staatskapitalismus aus. Zum Marxismus fühlte sich nur eine kleine gebildete Elite hingezogen, die letztendlich nichts bewirken konnte. Der Liberalismus war ohnehin verhasst, sah man ihn doch als verlängerten Arm des ausbeuterischen westlichen Kolonialismus und Kapitalismus an.

Was blieb also an Ideologien übrig? Man blendete das Scheitern der nationalarabischen Idee aus, hielt an ihr fest und gab ihr lediglich eine noch stärkere religiös-islamische Prägung. Die fatale Übersteigerung davon sind mordende Terrororganisationen von Al Kaida bis hin zum sogenannten Islamischen Staat. Denn auch diese Gruppierungen schwören auf das arabische und islamische Erbe, betonen aber extrem die sunnitische Auslegung des Koran und die hasserfüllte, totalitäre Ausgrenzung aller anderen Glaubensrichtungen.

Der Zionismus und arabische Nationalismus (auch der moderate) sind als Grundlage für eine realistische und umfassende Lösung des Palästina-Konflikts nicht nur ungeeignet, sondern vielmehr der Grund für die Dauerhaftigkeit und das Eskalationspotential dieses Konflikts. Denn diese beiden Strömungen schließen sich weiterhin gegenseitig aus. Der Zionismus – nicht erst in seiner radikalsten Ausprägung wie in der Siedlerbewegung und bei vielen Mitgliedern der Regierung Netanjahus – verfolgt unbeirrt das Ziel eines »jüdischen Staates« vom Mittelmeer bis zum Jordan und ist daher weder willens, den Palästinensern mit israelischen Pässen die gleichen Rechte einzuräumen wie der jüdischen Mehrheitsgesellschaft noch ist er bereit, von Lippenbekenntnissen abgesehen, den Palästinensern in den besetzten Gebieten das Recht auf eigene Staatlichkeit zuzugestehen. Aus der Sicht der radikal-nationalarabisch orientierten Palästinenser wiederum ist ein friedliches Zusammenleben mit einer auf lange Sicht »jüdischen« Mehrheitsgesellschaft weder möglich noch wünschenswert. Aufgrund des asymmetrischen Kräfteverhältnisses zugunsten Israels muss allerdings unterstrichen werden, dass heute einzig die Protagonisten des Zionismus in der Lage sind, ihre nationale Agenda robust durchzusetzen. Das aber schafft noch mehr Frustration unter den Palästinensern und lässt den Konflikt weiter eskalieren, was die Sicherheitsinteressen auch des – wenn auch starken – Israel gefährdet.

Eine umfassende, dauerhafte und gerechte Lösung des Palästina-Israel-Konflikts kann daher nur dann gelingen, wenn die nationalistischen Kräfte auf beiden Seiten die politische Agenda nicht weiterhin dominieren. Erst durch eine politisch-institutionelle Reduzierung des Stellenwerts des Nationalismus bestünde eine reale Möglichkeit, den Konflikt beizulegen.

Gegenwärtig ist Israel ein »ethno-demokratischer« Staat. Die Zeithistorikerin Tamar Amar-Dahl verweist auf den israelischen Politikwissenschaftler Sammy Smooha, der zur Beschreibung der Lage in Israel das Modell der »ethnischen Demokratie« entwickelte, die von der nationalstaatlich-liberalen Demokratie abweiche, in der alle Staatsbürger gleich behandelt werden.[4] Nach Smooha ist die jüdische Mehrheitsgesellschaft gegenüber der palästinensischen Minderheit, die etwa 22 % der Gesamtbevölkerung Israels ausmacht, privilegiert. Gegner einer

Gleichbehandlung der palästinensischen Minderheit in Israel bedienen sich häufig des sogenannten demographischen Arguments, indem sie darauf verweisen, dass langfristig die israelischen Araber die Mehrheit im Lande bilden und die Juden dann marginalisiert würden. Das im Kern rassistische Element dieser Argumentation wird häufig ausgeblendet. Denn sollten die Palästinenser in Israel tatsächlich zahlenmäßig ebenso stark oder sogar stärker werden als der jüdische Bevölkerungsanteil, würde sich bei Beibehaltung ihrer bestehenden rechtlichen und alltäglichen Benachteiligung mit Recht die Frage stellen, ob dann nicht Strukturen eines Apartheidsystems wie früher in Südafrika vorlägen. Das israelische Staatsbürgerrecht privilegiert die Juden und marginalisiert die Palästinenser mit ebenfalls israelischer Staatsbürgerschaft. Ein nach der Zweiten Intifada von 2000 verabschiedetes Gesetz (*Nationality and Entry into Israel Law*) verbietet beispielsweise Palästinensern aus den besetzten Gebieten die Einreise nach Israel bzw. den Aufenthalt dort, selbst wenn sie mit israelischen Staatsbürgern verheiratet sind. Somit ist arabischen Staatsbürgern Israels das Recht verwehrt, mit ihren nicht-israelischen palästinensischen Ehefrauen und Kindern zusammenzuleben. Erstmals wurde so ausdrücklich eine Abstufung zwischen den individuellen Bürgerrechten der israelischen Palästinenser und denen der jüdischen Israelis fixiert.[5] Der israelische Politikwissenschaftler Yoav Peled sieht Israel daher nicht als eine »liberale Demokratie«, da nicht alle seine Bürger über die gleichen Bürgerrechte verfügen. Die Problematik liege in der Selbstdefinition als »jüdischer Staat«,[6] weil Israel damit die jüdischen Bürger in der einen oder anderen Weise privilegierter behandeln müsse als nicht-jüdische Staatsbürger.

Das Szenario einer drohenden arabischen Mehrheit unter Israels Bürgern, das von den israelischen Rechten als Gefahr für die Demokratie und den jüdischen Charakter des Staates beschworen wird, richtet sich in Wahrheit ausschließlich gegen die Palästinenser, ganz gleich, ob mit oder ohne israelischer Staatsbürgerschaft. Anders wäre es nicht zu verstehen, dass hinsichtlich der »Heimschaffung« von Juden aus aller Welt großzügig gegenüber Tausenden von Einwanderern aus der ehemaligen Sowjetunion verfahren wird, die eindeutig nicht alle Juden sind.[7] Die Privilegierung von Nicht-Juden aus Europa bei der Einwanderung und die Verleihung der israelischen Staatsbürgerschaft an sie lassen den Schluss zu, dass die politischen Entscheidungsträger Israels eine rassistische Haltung gegenüber den Palästinensern an den Tag legen.

Der »demographische Faktor« wird von fast allen politischen Kräften in Israel häufig instrumentalisiert. Für Ariel Scharon war er ein wichtiger Grund für den Abzug aus dem Gazastreifen, weil dort keine Juden leben würden. Für die Arbeitspartei ist der Bau der Sperrmauer zu den besetzten Gebieten ein optimaler Weg, um die Zahl der Palästinenser in Israel zu begrenzen. Mit noch aggressiverer Rhetorik wird der »demographische Faktor« von den rechten Parteien Likud, HaBajit HaJehudi, Schas und dem Siedler-Block thematisiert. Selbst linke Bewegungen wie Peace Now, die israelisch-jüdischen Protagonisten der »Genfer Initiative« oder das »Council for Peace and Security«, die durchaus für eine Friedensregelung mit den Palästinensern eintreten, scheuen die Rede vom »demographischen Faktor« nicht.[8]

Die »Weltgemeinschaft«, vertreten durch UNO, USA, EU und Russland, sollte durch nachhaltiges Einwirken auf Israel und die Palästinenser, notfalls auch durch Anwendung von Sanktionen konkrete Maßnahmen ergreifen, um den Palästina-Israel-Konflikt endlich gerecht und dauerhaft zu lösen. Schließlich ist er für die gegenwärtigen Verwerfungen in Syrien und im Irak indirekt mitverantwortlich.

Die eskalierende Lage in diesen beiden Ländern führte zwar zu der aktuellen Marginalisierung der Palästinafrage in der öffentlichen Aufmerksamkeit. Auch der gescheiterte »Arabische Frühling« lenkte die Aufmerksamkeit von der Lage in Palästina auf die innenpolitischen Missstände in den einzelnen arabischen Ländern des Nahen Ostens und Nordafrikas, obwohl doch die Palästina-Frage latent eine nicht geringe Rolle bei jenen Entwicklungen spielte. Denn bei den vorwiegend jugendlichen Aufständischen entluden sich Wut und Empörung von Tunis bis Bagdad über die nach ihrer Ansicht verfehlte Politik dieser Länder gegenüber dem Westen und insbesondere den USA. Dieses Empörungspotenzial richtete sich direkt gegen den Westen, den man nicht nur der ökonomischen Ausbeutung der Region bezichtigte, sondern in dem man auch den maßgeblichen militärischen und politischen Unterstützer Israels seit seiner Gründung 1948 sah. Diese verbittert, aggressive Empörung, verknüpft mit dem Scheitern des Arabischen Frühlings, öffnete schließlich in Syrien und im Irak die Büchse der Pandora. Eine unkontrollierbare Mischung aus Frustration, Hass und unermesslicher Gewaltbereitschaft war die Folge. Nationalistische, radikal islamische, aber auch nihilistische Strömungen machten sich vor allem in diesen beiden Ländern breit und schufen in Gestalt des »IS« eine in der Neuzeit bisher nicht gekannte Form eines unbändigen barbarischen Terrorismus.

Die Zukunft Palästinas

In einer im US-amerikanischen Exil 1943 erschienenen Schrift machte Hannah Arendt auf den ausgrenzenden, rassistischen Charakter des Nationalstaates aufmerksam.[9] Dort thematisierte sie auch Menschenrechtsverletzungen und die Vertreibung von Menschen aus ihren angestammten Heimatorten infolge der Entstehung neuer Nationalstaaten. Konsequenterweise war sie antizionistisch und eine Kritikerin der Bildung eines israelischen Nationalstaates. Man kann mit Hannah Arendt folgern, dass das Konzept des Nationalstaates weder für den jüdisch geprägten israelischen Staat noch für einen künftigen Staat Palästina geeignet ist. Es ist nicht nur ein Auslaufmodell, es erschwert auch die Herbeiführung einer dauerhaften, umfassenden und gerechten Lösung des israelisch-palästinensischen Konflikts und somit den Frieden im Nahen Osten.

Die Entstehung des Staates Israel ging nicht mit einer Klärung des mehrdeutigen Begriffs »Juden« einher. Während die Araber ihre nationale Identität nicht nur aus religiösen Wurzeln, sondern auch aus anderen kulturellen, historischen, geographischen Bezügen herleiten, ist die Debatte um die jüdische Identität weit komplexer. Denn die Zugehörigkeit zum Judentum wird entweder auf eine rein religiöse, eine ethnische oder eine historisch-schicksalhafte Basis gestellt. Manchmal, ja sogar häufig, umfasst die Definition all diese verschiedenen Facetten nationaler Identität. Viele Verfechter des zionistischen Gedankenguts waren säkular, zum Teil sogar atheistisch sozialisiert. Dennoch fühlten sie sich als Juden im kulturellen und geschichtlichen Sinn. In den zwei anderen monotheistischen Religionen Christentum und Islam wäre es schwer vermittelbar, sich einerseits als bekennender Christ oder Muslim zu bezeichnen, andererseits sich zum Atheismus zu bekennen.

Nun hat sich mit der Gründung des Staates Israel eine Formel zur Lösung der sogenannten jüdischen Frage gefunden, wenngleich die Mehrheit der Menschen jüdischen Glaubens nach wie vor nicht in Israel, sondern in der weltweiten Diaspora lebt. Es mag sein, dass sich manche Juden aus privaten und beruflichen Gründen oder aufgrund ihrer starken kulturellen Bindung an eine andere Nation oft mit dem Besitz eines israelischen Reisedokuments als zweitem Ausweis begnügen und Israel lieber vom Boden eines anderen Staates aus materiell und ideell unterstützen. Es gibt aber auch etliche Juden, die aus einer ablehnenden Haltung gegenüber dem Zionismus und dem Staat Israel heraus eine Eingliederung in diesen Staat gar nicht wollen.

Israel ist zwar nicht das einzige nationalstaatliche Modell in der Region. Denn auch in der arabischen Welt sind nach dem Ende der Kolonialzeit etliche Nationalstaaten aus der Taufe gehoben worden wie etwa Syrien, Irak, Jordanien, Marokko und Tunesien. Viele dieser Staaten wurden von den ehemaligen Kolonialmächten künstlich und ohne ausreichende Berücksichtigung der sozialen, ethnischen und geografischen Gegebenheiten geschaffen. Dieses Defizit lässt sich auch hinsichtlich der Gründung des israelischen »Nationalstaates« beobachten. Denn die kulturellen, ethnischen, traditionsbezogenen und bildungsmäßigen Unterschiede unter den jüdischen Ankömmlingen in Palästina konnten gravierender nicht sein. Blendet man die romantischen Vorstellungen einer kleinen jüdischen Elite aus dem Europa der Zeit um 1900 aus (etwa die Einlassungen Theodor Herzls über den ersehnten jüdischen Staat), wird klar, dass die treibende Kraft hinter der Entstehung des Staates Israel die Verfolgungserfahrung der europäischen Juden war, die im Holocaust gipfelte. Die vermeintliche Lösung der jüdischen Frage löste allerdings die nicht minder schwere Palästina-Frage aus, die eine Reihe von Konflikten, Spannungen und regionalen Kriegen verursachte.

Es mangelt zwar nicht an Resolutionen und Initiativen, deren Kern die Verwirklichung des Selbstbestimmungsrechts des palästinensischen Volkes einschließlich seines Rechts auf einen eigenen, unabhängigen Staates ist. Wie aber soll dieser palästinensische Staat in die Realität umgesetzt werden und welche Strukturen soll er haben? Ist der Nationalstaat das geeignete, will heißen: das zeitgemäße und realisierbare Modell? Die Zweistaaten-Option, also die Gründung eines unabhängigen palästinensischen Staates im Westjordanland und im Gazastreifen (in den Grenzen vor dem Ausbruch des Sechstagekrieges 1967) neben dem Staat Israel, wäre sicher *grundsätzlich* die optimale Lösung, zumal ein weltweiter Konsens darüber besteht, dass dies anzustreben wäre. Diesen Konsens gibt es mit Differenzierungen auch innerhalb der unterschiedlichen palästinensischen Organisationen und Strömungen. Fatah sowie andere bürgerliche und linke Bewegungen unterstützten diese Option von Anfang an. Hamas und andere islamisch orientierte Organisationen sind eher gespalten. Hamas ist mehrheitlich bereit, dieser Option unter der Voraussetzung zuzustimmen, dass Israel den neuen Staat nicht nur deklaratorisch sondern auch substantiell als unabhängig anerkennt, also die Voraussetzungen für seine Konstituierung schafft. Es geht dabei um eine Hauptforderung aller palästinensischen Organisationen: die Räumung der durch israelische Siedler in Besitz genommenen Gebiete, um zu gewährleisten, dass der neue palästinensische Staat aus einem zusammenhängenden Territorium bestehen kann.

Es gäbe hinsichtlich der Lebensfähigkeit eines solchen Staatswesens aber eine Reihe von Problemen. Da ist zum einen die territoriale Trennung zwischen beiden Teilstaaten: der Mindestabstand, etwa zwischen den Städten Hebron und Gaza, beträgt 30 km. Dann wäre da die nicht ganz einfache Frage nachbarlicher Beziehungen. Der neue Staat hätte mit den drei Nachbarländern Israel, Jordanien und Ägypten relativ lange Grenzen (Westbank/Israel: 275 km, Gazastreifen/Israel: 55 km, Westbank/Jordanien: 100 km, Gazastreifen/Ägypten: 12 km).[10] Die Grenzfrage ist nicht schon von vorne herein ein Problemfall. Sie erfordert allerdings, nicht zuletzt wegen der langanhaltenden Konfliktsituation und der bestehenden territorialen Trennung, dass die Beziehungen zu diesen unterschiedlichen drei Nachbarländern vertraglich und in der Praxis auf eine stabile Basis gestellt werden müssen. Die zu schließenden Friedensabkommen müssten bindende Garantien regionaler und internationaler Mächte beinhalten.

Das neue Staatswesen Palästina hätte ein weiteres Problem, nämlich die begrenzte Aufnahmefähigkeit. Kaum mehr als eine bis zwei Millionen Palästinenser könnten dort zusätzlich aufgenommen werden, was die Zukunft der Flüchtlinge im Libanon, in Syrien und Jordanien (rund 3,7 Millionen laut Angaben des UNO-Flüchtlingswerks) offen ließe. Die Absorptionsfähigkeit des Gazastreifens ist wegen der kleinen geographischen Fläche und der eingeschränkten Möglichkeit zur Landwirtschaft sowie knapper Wasserressourcen noch viel geringer. Einnahmequellen wären der Fremdenverkehr, Agrarprodukte, kleine Industriezweige und, was mit dem hohen Bildungstand der Palästinenser vor allem in der Diaspora zusammenhängt, die Ansiedlung von Hochschulen, anderen Bildungsanstalten sowie Forschungs-und Technologieparks. Wichtiges Vehikel für die Verwirklichung ambitionierter Projekte wäre die Schaffung einer hochmodernen Infrastruktur für das Straßennetz, Bauwesen, Kommunikation, Schulen und sonstige Bildungseinrichtungen.

Es wäre weder zeitgemäß noch opportun, den Staat Palästina als Nationalstaat konzipieren zu wollen. Die hier beschriebene »kleinpalästinensische« Option hätte schon allein wegen der komplexen geostrategischen Position und der territorialen Spaltung ja auch kaum Chancen, diesem Selbstverständnis in der Praxis gerecht zu werden. Außerdem hätte dieses Konzept angesichts der globalisierten Welt keine realistischen Zukunftsperspektiven. So gesehen ist das Zwei-Staaten-Modell mittlerweile gescheitert.

Die ethnische Säuberung in den israelisch besetzten Gebieten in direkter oder subtiler Form bedeutet neben dem unermesslichen Leid, das den betroffenen Menschen zufügt wurde, eine eklatante Verletzung der

Menschenrechte und der Menschenwürde. Um es mit Hannah Arendt zu formulieren: Es ist gar nicht ausreichend, hier rein moralische Kategorien, Appelle und Begriffe zu verwenden. Vielmehr müssen die Menschenrechte konkret implementiert und durchgesetzt werden. Aber das darf nach ihren Vorstellungen nicht »lokal«, also rein nationalstaatlich erfolgen, sondern es bedarf der Aktivierung universeller Mechanismen, um diesen Werten bindende Wirkung zu verschaffen.[11] Inzwischen bestehen solche Institutionen wie der Menschenrechtsrat der Vereinten Nationen bereits, ohne dass sich eine Vielzahl von Staaten einschließlich Israels an seine Maßgaben hält. Der Grund dafür liegt im Fehlen eines wirksamen Sanktionsregimes sowie darin, dass die weltweit mit großer Mehrheit angenommenen Prinzipien der universellen Menschenrechte oft nach subjektiven, auf nationalstaatliche Interessen ausgerichteten Kriterien ausgelegt werden. Das tun im Übrigen auch und gerade autoritäre Staaten, zum Beispiel Saudi-Arabien, das mit fadenscheiniger Berufung auf die islamische Religion vielfach praktizierte Menschenrechtsverletzungen zu rechtfertigen, ja zu legitimieren versucht.

Angesichts des Fehlens eines echten Friedenswillens in Israel und in Anbetracht der Tatsache, dass die ethnische Säuberung der israelisch besetzten Gebiete fortgesetzt wird, mag es illusorisch und realitätsfremd erscheinen, wenn ich nunmehr statt für einen palästinensischen Staat im Westjordanland und im Gazastreifen für ein gemeinsames, binationales Gemeinwesen Israel-Palästina plädiere. Schließlich halten Ministerpräsident Netanjahu und andere Vertreter des rechtspopulistischen Spektrums in Israel am Begriff des »jüdischen Staates« fest, der die Bildung eines gemeinsamen binationalen Staates mit den Palästinensern nicht zulässt.

Dennoch gibt es langfristig keine Alternative zur Option eines gemeinsamen demokratischen Staates für Israelis und Palästinenser. Natürlich kann man in der Theorie auch andere Ideen erwägen, wie etwa die künstliche Aufrechterhaltung des politisch, ökonomisch und sicherheitspolitisch brüchigen gegenwärtigen Zustandes. Auch neue Kriege (bzw. gemäß dem herrschenden israelischen Narrativ: »Vergeltungsschläge«) bieten sich in Zukunft ebenfalls an. Doch so wird man den ewigen Konflikt nicht aus der Welt schaffen und den Anrainerstaaten keine Stabilität und Sicherheit garantieren können, geschweige denn die teils sozialen und wirtschaftlichen Probleme in Israel und den palästinensischen Gebieten lösen.

Gemeinsam und friedlich in einem Staat zusammenzuleben, in dem rechtstaatliche Prinzipien wie Gleichheit vor dem Gesetz, Gewaltenteilung, Menschenrechte und Meinungsfreiheit herrschen, mag heute einer idealistischen Vision gleich kommen. Dies insbesondere, wenn man von der amtierenden israelischen Justizministerin Ayelet Shaked erfährt, dass man alle Palästinenser töten müsse und deren Kinder »kleine Schlangen« seien.[12] Dennoch muss angesichts der auch in Zukunft zu befürchtenden militärischen und politischen Eskalation darauf hingearbeitet werden, diesem utopisch anmutenden Ziel eines binationalen Staates in Palästina näher zu kommen, da nur auf diesem Weg langfristig stabile politische Verhältnisse, Frieden und Sicherheit, gesunde Wirtschaftsstrukturen und Mobilität für Menschen und Waren erreicht werden könnten. Dies bedarf eines strukturellen Umdenkens auf beiden Seiten, das vor allem eine akzentuierte Hinwendung der politischen Eliten in Israel und Palästina zu einer neuen Agenda bewirken sollte, die nicht nationalistisch oder chauvinistisch geprägt ist. Dass auch künftig fundamentalistische und nationalistische Strömungen auf beiden Seiten agieren werden, wäre verkraftbar, solange die verfassungsmäßig verankerten staatlichen Strukturen nicht länger von der Forderung dominiert wären, Israel als »jüdischen« Staat auf der einen Seite und Palästina als einen »Nationalstaat« bzw. einen primär von der Lehre des Islam geprägten Staat festzuschreiben.

Die Idee eines demokratischen binationalen Staates wurde auch schon in den 1970er Jahren von liberalen palästinensischen und israelisch-jüdischen Kreisen ins Spiel gebracht, als die Zwei-Staaten-Option noch nicht durch den exzessiven Siedlungsbau unerreichbar geworden war und daher noch oben auf der Agenda stand. So machte man sich Gedanken darüber, ob dieser gemeinsame Staat formaljuristisch eine Union, Konföderation oder Föderation sein sollte.[13] Es gibt jüdische Stimmen aus dem linksliberalen Bürgerrechtslager wie die von Haim Hanegbi, die die Realisierung des Zwei-Staaten-Modells angesichts der zionistischen Stimmungslage innerhalb der Mehrheitsgesellschaft ohnehin für ein schwieriges Unterfangen sehen und daher im binationalen Modell den Ansatz für eine dauerhafte Lösung erkennen.[14] Ein ohnehin kaum lebensfähiger »Mini-Staat« Palästina würde durch seine Gründung die zionistischen Ultras in ihrer Absicht bestärken, das Konzept eines rein »jüdischen« Staates zu verwirklichen, was zu verschärften Repressionen gegen die Palästinenser innerhalb des israelischen Kerngebietes führen würde, vielleicht sogar bis hin zu ihrer Vertreibung.[15] Shir Hever, ein profunder Forscher über die wirtschaftliche Situation der palästinensischen Gebiete unter israelischer Besatzung, beobachtet neuerdings eine Tendenz zugunsten des Ein-Staaten-Modells vor allem unter den Palästinensern. Zur ökonomischen Bedeutung dieses Modells schreibt Hever: »Aus ökonomischer Sicht löst auch die Ein-Staaten-

Lösung weder die wesentlichen Probleme der palästinensischen noch die der israelischen Ökonomie, doch schafft sie einen Rahmen und ein Instrumentarium dafür, dass diese am Ende gelöst werden können. Die Infrastruktur, die bereits die Grüne Linie überquert, kann weiter ausgebaut und mit palästinensischen Dörfern und Städten verbunden werden, so dass ein einziges Netzwerk geschaffen wird, das dem gesamten Gebiet dient. (…) In einem gemeinsamen israelisch-palästinensischen Staat mit einem gemeinsamen Parlament könnte das Gleichgewicht zwischen dem politischen und sozialen Bedürfnis, die Wunden der Vergangenheit zu heilen, und der wirtschaftlichen Wichtigkeit, diese Bemühungen über einen langen Zeitraum hinweg zu leisten, in einem demokratischen Prozess aufrecht erhalten werden.«[16]

Es lässt sich vereinfachend feststellen, dass eine deutliche Mehrheit der israelischen Juden gegen und eine zunehmende Zahl der Palästinenser für den Plan eines binationalen Staates eintreten. Eine Akzeptanz dieser Option bei den israelischen Juden dürfte kurz- und mittelfristig äußerst schwierig zu erzielen sein, da die herrschende Staatsidee Israels auf dem Zionismus basiert, der wiederum einen »jüdischen« Absolutheitsanspruch auf das gesamte Gebiet des historischen Palästina erhebt. Gegenwärtig steht in Israel wohl weniger die Bildung eines gemeinsamen Staates mit den Palästinensern auf der Tagesordnung als vielmehr das Projekt ihres »Transfers« in die Nachbarländer. Auf palästinensischer Seite ist der »arabische« Absolutheitsanspruch auf das gesamte Land im Laufe der letzten vier Jahrzehnte deutlich zurückgenommen worden, was auf fortlaufende Niederlagen, Enttäuschungen, aber auch Neuorientierungen zurückzuführen ist. Ein ähnlich pragmatischer Sinneswandel auf israelisch-jüdischer Seite lässt noch auf sich warten. Vielleicht wächst dort in Zukunft die Einsicht, dass dem Staat Israel trotz seiner militärischen und sicherheitspolitischen Omnipräsenz der Weg zum Frieden und zur Lösung sozialer und wirtschaftlicher Probleme auch unter der jüdischen Mehrheitsgesellschaft nicht geglückt ist. In diesem Defizit könnte die Chance für ein Umdenken bzw. für die Akzeptanz des binationalen Gedankens als zukunftweisendes, tragfähiges Konzept in der Mehrheitsgesellschaft Israels liegen.

Ausblick

Das Scheitern einer Idee oder einer ideologisch-religiösen Bewegung könnte in einer politisch oder gesellschaftlich prekären Lage für eine Nation oder Volksgruppe verhängnisvolle Folgen mit sich bringen. Das gilt für die herrschenden Verhältnisse in der arabischen Welt seit dem Ende des 19. Jahrhunderts, wobei Kolonialismus, Imperialismus, Rückständigkeit, aber auch Freiheitsbestrebungen und Widerstandsgeist eine maßgebliche Rolle spielten. Insbesondere seit der verheerenden Niederlage der arabischen Länder im Sechstagekrieg von 1967 gegen das vom Westen, insbesondere den USA, massiv geförderte Israel ist dieses Scheitern virulent, und hat seitdem die politischen und gesellschaftlichen Vorgänge nicht nur im arabischen Raum spürbar beeinflusst. Das Trauma der Niederlage hat auch viele Teile der muslimischen Hemisphäre vom Maghreb bis nach Indonesien und von Afrika südlich der Sahara bis hin zu den muslimisch dominierten Regionen in Europa geprägt.

Dieses Scheitern der arabischen Welt ist insofern schwerwiegend, facettenreich und auf den ersten Blick irreparabel, als es sich nicht nur auf ein einziges Problem beschränkt, sondern drei komplexe Problemkreise umfasst. Das sind der arabische Nationalismus, der mit ihm teils in Wettbewerb, teils in Konsens stehende politische Islam und schließlich der lösungsresistente israelisch-palästinensische Konflikt.

Zunächst ist festzuhalten, dass zur politischen Psychologie nicht nur der Araber der Hang gehört, über das eigene Los zu lamentieren und in den allermeisten Fällen die »Anderen« für erlittenes Leid und vertane Erfolgschancen verantwortlich zu machen. Es gibt bereits eine reiche Tradition des »Tränenvergießens vor den Ruinen des Niedergangs« (*Al-Buka´alal Atlal*) in der klassischen arabischen Dichtung und Rhetorik. Tatsache ist aber auch, dass dieses Lamentieren vom Westen, von Israel, aber auch von Teilen der säkular denkenden arabischen Intellektuellen wie dem syrischen Dichter Adonis häufig unreflektiert als stereotype Form von Verschwörungstheorien abgetan wird, durch die das erlittene Unheil erklärt werden soll. Wiederum ist es nicht von der Hand zu weisen, dass viele Araber, aber eben nicht nur sie, sich allzu häufig derartiger Theorien bedienen, was eine nüchterne, ergebnisorientierte Diskussion sehr erschwert. Faktum ist aber auch, dass dieser aus Verzweiflung und bitterer zeitgeschichtlicher Erfahrung resultierende Hang durchaus seine objektiven Aspekte hat. Er ist nicht zuletzt dem nachhaltigen Schaden geschuldet, der durch Kolonialismus, Imperialismus, Zionismus, Faschismus und den fortschrittsfeindlichen Totalitarismus im arabischen Raum entstanden ist.

Es wurde bereits geschildert, wie stark der Einfluss europäischer Denkströmungen auf die Entstehung des modernen arabischen Nationalismus war. Bemerkenswert war in diesem Kontext die maßgebliche Rolle einiger aus der Levante stammender liberal-aufgeklärter Christen auf dessen Begrifflichkeit und gedankliche Ausgestaltung. Die Christen hatten im Osmanischen Reich im Vergleich zu ihren muslimischen Mitbürgern zwar juristisch und politisch eine schlechtere Stellung inne. Anders als diese konnten sie sich jedoch umso mehr mit der arabischen Sprache und Kultur (also nicht mit der türkischen) befassen. Gleichzeitig war ihr Zugang zur europäischen Kultur dank der von ihnen frequentierten französischen, britischen und US-amerikanischen Konfessionsschulen leicht. Daher gelang es ihnen, zur Konzeption des arabischen Nationalismus einen wichtigen Beitrag zu leisten. Da sie in einem mehrheitlich muslimischen Umfeld aufwuchsen und dort sozialisiert wurden, war es für ihr Nationalismus-Verständnis folgerichtig, nicht primär die eigene Religion, sondern den Islam als Teil dieser Nationsbildung wahrzunehmen. Michel Aflak, Butrus Bustani, Nagib Azoury, Konstantin Zuraiq, um hier nur einige wenige Namen zu nennen, dachten in diesen Kategorien. Die späteren oder auch zeitgleich wirkenden muslimischen Nationalisten wie etwa Rashid Rida und Abdulrahman Al-Kawakibi betrachteten den Islam als Hauptquelle des arabischen Nationalismus während andere, wie etwa Al-Husari, ihn lediglich als eine wichtige Säule sahen.

Dem ägyptischen Präsidenten Nasser, von seinem geistigen Habitus und sozialen Umfeld her ein ägyptischer Patriot mit Hang zum Panislam, fiel aufgrund der tiefen Begeisterung für ihn unter den arabischen Intellektuellen wie auch den Massen die Aufgabe zu, die panarabische Bewegung letztlich nicht nur zu führen, sondern auch in die Tat umzusetzen. Er konnte sich gesamtarabisch als unbestrittener Führer des Panarabismus jahrzehntelang behaupten. Die Unzulänglichkeiten der politischen Konzeption Nassers offenbarten sich allerdings bald dadurch, dass ihre Stärke auf Charisma und Rhetorik basierte, während sie in den praktischen Kernfragen der arabischen Einheit – wie gesellschaftliche Integration oder wirtschaftliche Entwicklung der einzelnen Länder – mangelhaft war. Der Motor seiner panarabischen Bewegung war von Anfang an die Palästina-Frage, die schon im Palästinakrieg von 1948 in sein politisches Bewusstsein drang und ihn in der Motivation zu seinem Staatsstreich von 1952 bestärkte. Mindestens seit 1954, als sein panarabisches Bekenntnis Konturen gewann, stand die politische und militärische Lösung der Palästina-Frage ganz oben auf seiner innerägyptischen, gesamtarabischen und weltpolitischen Agenda. Dann trat allerdings eine Entwicklung ein, die man weder in Ägypten noch in anderen arabischen Ländern in diesem desaströsen Ausmaß vorausahnte: die verheerende Niederlage der Armeen Ägyptens, Syriens und Jordaniens im Sechstagekrieg von 1967. Aller Rechtfertigungsrhetorik der ägyptischen Führung zum Trotz keimte im Bewusstsein sowohl der eigenen Bevölkerung als auch der arabischen Völker insgesamt die bittere Erkenntnis, dass die nationalarabische Idee in der Praxis gescheitert und eine »echte«, also gerechte, umfassende und dauerhafte Lösung des israelisch-palästinensischen Konflikts in weite Ferne gerückt sei. Man sah in dieser erschütternden Niederlage den Beweis dafür, dass Israel in absehbarer Zeit die militärische Vormachtstellung behalten wird. Mit dem Scheitern des arabischen Nationalismus und des damit einhergehenden Lösungskonzepts für Palästina nach nasseristischer Konzeption setzte die Suche nach Alternativen ein.

Die Suche nach ideologischen Alternativen für den zumindest vorübergehend gescheiterten arabischen Nationalismus bedeutete keinesfalls den radikalen Bruch mit dieser Idee. Man wollte aber diesem Nationalismus eine neue, schärfere und robustere Stoßrichtung geben. Welche Ideologien boten sich dazu an? Drei dezidiert westliche Projekte wurden von der Mehrheit der arabischen Völker verworfen: Liberalismus, Marxismus und Faschismus. Der Liberalismus, ob als rechtstaatliches oder wirtschaftspolitisches Modell, konnte im arabischen Raum nie richtig Fuß fassen. In rechtstaatlicher Hinsicht deswegen nicht, weil es an entsprechender demokratischer Tradition fehlte. In wirtschaftlicher Hinsicht waren die Voraussetzungen zwar deutlich besser. Die Kaufleute wandten sich schon immer vehement gegen die staatliche Regulierungswucht. Doch angesichts grassierender Korruption im Staatsapparat wie auch in der Wirtschaft und des Fehlens eines modernen, institutionell transparenten und stabilen Steuersystems hätte ein liberales Wirtschaftssystem dort ähnliche anarchisch-korrupte Auswüchse generiert, wie man es heute bei vielen Ländern Südosteuropas beobachten kann. Die Ablehnung des Liberalismus basierte zudem auf der tiefen Überzeugung, dieser leite sich vom kapitalistischen Ausbeutertum der verhassten ehemaligen Kolonialmächte ab.

Der Marxismus konnte noch weniger Fuß fassen. Das lag an der starken Bindung der Mehrheitsgesellschaften im arabischen Raum an religiöse Werte und Traditionen. So musste die zahlenmäßig kleine marxistische Elite schon immer gebetsmühlenartig ihren Respekt vor der islamischen Religion betonen. Auch die verwässerte Form des Marxismus, der »arabische Sozialismus«, der ideologisch mit dem Bekenntnis zu Nation und Glauben einhergeht, ist in Ägypten, Syrien und Algerien an Bürokratismus, Reglementierungswut und Korruption letztlich erstickt.

Der Faschismus wurde im arabischen Raum in aller Regel nicht ideologisch im Sinne einer betont rassistischen Bewegung wahrgenommen. Vielmehr wurde er politisch im Sinne der »Interessenlage« ausgelegt, sozusagen nach der schlichten Devise »der Feind meines Feindes ist mein Freund«. Nur so kann man die Sympathien interpretieren, die manche Araber dem NS-Regime entgegenbrachten. Einige wenige tun dies nach wie vor, wobei hier große Zweifel angebracht sind, ob diese Sympathisanten profunde Kenntnisse über die NS-Ideologie haben und über die Abläufe und Geschehnisse vor und während des Zweiten Weltkrieges auch nur ansatzweise Bescheid wissen. Das gilt auch und gerade für den früheren Mufti von Jerusalem, Al-Husseini, dessen Bestreben nach Drosselung der jüdischen Einwanderung nach Palästina ihn letztlich zum Spielball von NS-Ideologen und Außenamtsdiplomaten machte, die ihn instrumentalisierten, ohne seinem eigentlichen Anliegen gerecht zu werden. Das Ironische an der Sache lag darin, dass das NS-Regime der Einwanderung der Juden nach Palästina zeitweilig den Vorzug gab vor ihrem Verbleib in Europa.

Als einzige ideologische Alternative blieb der Islam, genauer dessen politische Interpretation übrig, wobei die radikalste Strömung (Al Kaida, der »Islamische Staat«, die im syrischen Bürgerkrieg agierende Al-Nusra-Front usw.) das Bekenntnis sowohl zur islamischen Umma als auch zur arabischen Nation von allen säkularen Elementen rigoros »säuberte«. Bezüglich der Quellen und Wurzeln sind sich der arabische Nationalismus und der politische Islam nicht wesensfremd. Tatsache ist allerdings auch: Der gewaltbereite, den Islam exzessiv-militant auslegende Dschihadismus stellt einen markanten Bruch sowohl mit dem Panislam der Al-Afghani-Schule als auch mit dem Mainstream der traditionellen arabischen Nationalidee dar. Das bedeutet: Er unterscheidet sich fundamental vom *relativ* pluralistischen Weltgeist eines Al-Afghani oder Abduh, erst recht vom überkonfessionell konzipierten, modernen Gedankengut eines Husari oder Aflak, die beide die Bedeutung der Religion als einen von mehreren Faktoren für die Nationsbildung – man könnte sagen: im »ökumenischen« Sinn – herausstellten. Bei den erwähnten gemäßigten Panislamisten und Panarabisten ist eine aggressive Ausgrenzung von Angehörigen anderer, zumal monotheistischer Religionen nicht vorhanden.

Dass der Dschihadismus den Islam wissentlich, meist auch ohne profunde Kenntnis seiner ethischen und rechtlichen Lehransätze, Gebote und Verbote voreilig, aber durchaus mit taktischer und rhetorischer Finesse auszulegen und zu instrumentalisieren versteht, ist eine Binsenwahrheit. Das ist aber nicht das eigentliche Charakteristikum dieser Strömung, denn es gibt viele andere Bewegungen aus den verschiedenen Glaubensrichtungen des Islam, ob Sunniten, Schiiten oder Alawiten, die das Handwerk religiöser Instrumentalisierung ebenfalls meisterhaft beherrschen. Der Dschihadismus instrumentalisiert den Islam mit Hilfe einer Exegese, die nicht von ihm künstlich geschaffen wurde, sondern die sich durchaus auf historische Parallelen stützen kann. Diese ausgrenzende, den Hass predigende und die absolute Wahrheit und Gültigkeit für sich in Anspruch nehmende Exegese des Koran wurde vom Dschihadismus in der Praxis durch unfassbare Gräueltaten umgesetzt, wobei man den Ansatz strikt verwarf, die Inhalte einer Religion immer *auch* im historischen Kontext ihrer Entstehung zu beurteilen. Opfer des Dschihadismus waren und sind nicht nur »abtrünnige« Sunniten, sondern auch Angehörige der aus der Sicht des IS »sektiererischen« Glaubensrichtungen wie Schiiten und Alawiten, erst recht auch alle dem Islam nicht zuzurechnenden »Ungläubigen« wie etwa Christen und Juden. Dass letztgenannte Religionen als »Ahl al-Kitab« (Leute des Buches) nach dem Koran und der Sunna (Überlieferung) einen besonderen Schutz genießen, wird wissentlich ausgeblendet. Es ist daher berechtigt, ja folgerichtig, den Dschihadismus letztlich als rein nihilistisch und terroristisch zu bezeichnen. Ihm geht es, wie übrigens bei älteren, ideengeschichtlich durchaus vergleichbaren salafistischen und wahhabitischen Bewegungen um eine vermeintlich »puristische« Auslegung von Koran und Sunna, um die Rückführung der islamischen Umma in die Frühzeit des Islam, in das Zeitalter des Propheten Mohammad und seiner vier »rechtgeleiten« Kalifen Abu Bakr, Omar, Othman und Ali. Alles, was danach kam, von der Herrschaft der Umayyaden über die Abbasiden bis hin zu Fatimiden und Osmanen, gilt aus ihrer Sicht als ketzerisch und daher unislamisch. Um den wahren Islam wiederherzustellen, schreckt der IS als markantester Vertreter dieser islamisch bemäntelten terroristischen Strömung vor drakonischen »Strafen« wie Tötung, Folterung, Vertreibung, Versklavung und Demütigung von Frauen und Andersdenkenden nicht zurück. In den Reihen des IS agieren militärisch gut ausgebildete, weltweit vernetzte Dschihadisten, denen gelungen ist, ihre Anschläge über ihre besetzten Territorien in Syrien und im Irak hinaus weltweit zu verüben.

Es gibt andere Strömungen des politischen Islam, deren Islamverständnis nicht weniger »puristisch« ist als das von IS oder Al Kaida, die jedoch nicht als nihilistisch oder gar terroristisch bezeichnet werden können. Diese sind u. a. die Islamische Heilsfront in Algerien, die Muslimbrüder in Ägypten und die Hamas im besetzten Palästina. Alle drei Bewegungen haben demokratisch verlaufene Parlamentswahlen gewonnen: die Islamische Heilsfront 1991, Hamas 2006 und die Muslimbrüder unter Mohammad Mursi 2012. Wie an anderer Stelle bereits erwähnt, wurden in allen diesen Fällen die Wahlergebnisse durch das innenpolitische Establishment und die USA faktisch für nichtig erklärt. Hamas, die noch an der Macht im Gazastreifen geblieben ist, wurde von Israel, dem Westen und später Ägypten mit harten Sanktionen und Blockademaßnahmen belegt. Das geschah trotz westlicher Verlautbarungen, man werde demokratisch legitimierte Wahlergebnisse respektieren und anerkennen.

Zweifelsohne waren die *terroristischen* Strömungen innerhalb des politischen Islam wie Al Kaida und der IS zu keinem Zeitpunkt bereit, sich an westliche Spielregeln wie Demokratie, Gewaltenteilung und Pluralismus zu halten. Die faktische Ablehnung demokratischer Wahlergebnisse im arabischen Raum, aus denen etwa die Muslimbrüder 2012 als Sieger hervorgingen, war ein fatales und gefahrenvolles Signal. In der gesamten arabischen Welt herrscht der nicht von der Hand zu weisende Eindruck, dass es dem Westen, insbesondere den USA, nicht primär um eine demokratische Umstrukturierung nahöstlicher Gesellschaften gehe. Dieses Defizit an Glaubwürdigkeit seitens des Westens trug zweifelsohne zur Stärkung des IS und anderer nihilistischer Terrororganisationen bei und machte es ihnen leicht, den Islam zu instrumentalisieren.

Der Vorwurf der »Unglaubwürdigkeit« westlicher Mächte hat sich im Bewusstsein der Araber tief eingegraben. Er bildet ein Sammelbecken der unterschiedlichsten ideologischen und politischen Stoßrichtungen. Selbst innerhalb der christlichen Gemeinden etwa im Libanon oder in Ägypten, in denen man früher im »Westen« oft eine »Schutzmacht« sah, bröckelt diese Position zunehmend. Man ortet diese Unglaubwürdigkeit in vielen Facetten der westlichen, nicht zuletzt der US-amerikanischen Außen- und Sicherheitspolitik, wobei der immer noch nicht gelöste israelisch-palästinensische Konflikt an vorderster Stelle steht. Dazu kommt die beinahe uneingeschränkte militärische, außenpolitische und finanzielle Unterstützung Israels durch die USA (Administration, Kongress und jüdische Lobby) sowie im Rahmen des Weltsicherheitsrats der Vereinten Nationen. Auch innerhalb der EU erfährt Israel eine nachhaltige Unterstützung durch einige wichtige Mitgliedsstaaten wie Großbritannien und Deutschland, wobei die Wahrung israelischer Sicherheitsinteressen gemäß Bundeskanzlerin Angela Merkel sogar Teil deutscher Staatsräson ist. Hinzu kommt, dass eine Reihe von Resolutionen des Weltsicherheitsrats oder der Vollversammlung der Vereinten Nationen von Israel verletzt wurden, ohne dass, anders als im Falle etwa Irans, Kubas oder Russlands, Sanktionen oder sonstige robuste Maßnahmen gegen Israel angewendet werden. Nicht nur bei den Dschihadisten ist der Frust, die Verbitterung, ja der Hass gegen die westlichen Unterstützer Israels ins Unermessliche angestiegen. Während dies bei den breiten Massen Resignation und Ratlosigkeit hervorruft, löst es seitens der Dschihadisten eine hemmungslose Gewaltbereitschaft aus. Es ist daher nicht verwunderlich, dass der IS propagandistisch auf seinem entschlossenen und langen Marsch auf dem Weg der Etablierung eines gesamtislamischen Kalifats nicht nur Bagdad und Damaskus von der »abtrünnigen« Herrschaft durch Schiiten und Alawiten befreien will, sondern als Krönung seines Werks Jerusalem vom Joch des Zionismus zu befreien gedenkt.[1]

Die Radikalisierung innerhalb der arabischen Welt geht neben dem Palästinakonflikt auch auf den westlichen Imperialismus zurück. Die Willkürherrschaft der Osmanen war zwar weitgehend verhasst. Man fand aber darin immerhin einige gemeinsame Nenner für die gesamtislamische Umma. Die arabische Sicht des europäischen Kolonialismus und Imperialismus ist hingegen völlig negativ. Man sieht darin in kultureller, politischer, ökonomischer und geschichtlicher Hinsicht eine Fremdbestimmung, die die nationale Würde, Tradition und Werte verletzte und mit wirtschaftlicher Ausbeutung einherging. Diese Auffassung einigt alle ideologischen Strömungen und sozialen Schichten der arabischen Gesellschaften, ob nationalarabisch, moderat-islamisch, islamistisch oder links- bzw. marxistisch orientiert, ob der unteren, der Mittel- oder gar der Oberschicht zugehörig.

Die Dschihadisten, die sich später dem Terror verschrieben, waren ursprünglich meistens beides: engagierte Verfechter sowohl der nationalarabischen als auch der radikalislamischen Idee. Die Wut auf die »Zerstückelung« der arabischen Länder infolge des britisch-französischen Sykes-Picot-Abkommens von 1916, auf die prozionistische »Balfour-Deklaration« von 1917 sowie auf die Schaffung des Staates Israels 1948 und die Ausbeutung lebenswichtiger Wirtschaftsressourcen durch westliche Mächte und Konzerne – all das war unbestritten der bisher gültige gemeinsame Nenner ganz unterschiedlicher Kräfte. Die Quellen und Hintergründe des Empörungspotenzials sind also recht einheitlich, der agitatorische und operative Werdegang verlief hingegen zum Teil völlig unterschiedlich, sodass sich tiefe Gräben zwischen den streitenden Strömungen bilden konnten.

Sowohl moderate als auch radikale Bemühungen sind letztlich gescheitert, der Macht der in allen arabischen Ländern herrschenden Clans und absolutistischen Dynastien ein Ende zu bereiten. Die vielen Staatsstreiche in Syrien, im Irak und in afro-arabischen Ländern wie Ägypten, Libyen und Sudan haben im Endergebnis an den bestehenden autoritären, rückständigen, korrupten und zu einem beträchtlichen Teil archaischen Staats- und Gesellschaftsstrukturen kaum gerüttelt. Während das Scheitern des »Arabischen Frühlings« mit seinen aktuellen desaströsen Folgen insbesondere in Syrien, Irak und Libyen bei den gemäßigten nationalarabisch gesinnten Kräften das Gefühl der Ohnmacht und Resignation auslöste, bestärkte es die Dschihadisten hingegen in ihrer tief sitzenden Überzeugung, dass einzig die uneingeschränkte Gewaltanwendung, sprich der Terrorismus im Namen des Islam, die richtige Vorgehensweise sei. In der Atmosphäre eines politisch wie konfessionell reformunfähigen politischen Establishments im Irak, eines um jeden Preis um Machterhalt kämpfenden Regimes des Assad-Clans in Syrien, begleitet von Lethargie, Angst und Hoffnungslosigkeit unter der Bevölkerung der einzelnen arabischen Unruhe-Staaten, gelang es dem IS erstaunlich schnell, große Geländegewinne innerhalb kurzer Zeit erzielen.[2]

Einflussreiche sunnitische Gelehrte tragen heute zweifelsohne eine Mitschuld an der Pervertierung der Islam-Idee in Gestalt von IS und Al-Kaida. Nicht etwa, weil sie deren Aktivitäten unterstützen würden. Das tun sie definitiv nicht. Aber ihre Kritik an dieser Ausartung ist nicht klar und überzeugend genug und sie erreicht die Fachwelt, erst recht die breite Weltöffentlichkeit nur schleppend und sporadisch. Eine gewisse Rolle spielt zwar auch, dass eine differenzierte, mit Sach- und Detailwissen begründete Expertise in der medialen Welt nicht nur des Westens in der Regel erheblich weniger Raum und Aufmerksamkeit findet als eine im Namen des Islam begangene Schreckenstat. Tatsache ist allerdings, dass sowohl die sunnitischen als auch schiitischen Gelehrten es in theologischer und gesellschaftlicher Sicht fahrlässig versäumt haben, den seit dem Ende des Zeitalters Al-Afghanis ins Stocken geratenen Reformprozess wiederzubeleben und die Islam-Exegese an die moderne Zeit anzupassen. Dieses Defizit begünstigt die Entstehung terroristisch, oftmals barbarisch und archaisch agierender Strömungen, die ohne handfestes Geschichts- und Religionswissen glauben, sich auf den »Ur-Islam« berufen zu können.

Es ist nicht von der Hand zu weisen, dass die seit Jahren andauernden blutigen Geschehnisse in der Region infolge des Scheiterns des »Arabischen Frühlings« die Palästinafrage und der israelisch-palästinensische Konflikt aus dem Blick geraten ließen. Dies ist aus israelischer Sicht eine erfreuliche, für die Palästinenser hingegen äußerst verhängnisvolle Entwicklung. Die Palästinafrage verliert dadurch dennoch nicht ihren seit Jahrzehnten bestehenden gesamtarabischen Primat und ihre Dynamik, weder im regionalen noch internationalen Kontext. Sie wird nur zeitweilig in den Hintergrund treten. Die Palästinafrage beflügelt nach wie vor die verschiedensten politischen und paramilitärischen Gruppierungen in der arabischen und islamischen Welt. Nicht nur Terrororganisationen wie der IS bekennen sich nach wie vor zur Befreiung Palästinas und stellen die Befreiung Jerusalems ganz oben auf ihre Agenda. Das tun auch die einzelnen in Syrien kämpfenden Verbände, ob Alliierte oder Gegner, so etwa die Hisbollah und die Freie Syrische Armee. Es mag sein, dass solche Bekenntnisse angesichts anderer aktueller Prioritäten heute in den Hintergrund geraten sind. Es wäre jedoch nicht nur verfrüht, sondern falsch, solche Verlautbarungen als bloße Lippenbekenntnisse abzutun. Bei der Mehrheit der Araber besteht hinsichtlich der Palästinafrage ein starkes Empörungspotenzial im doppelten Sinn: über die innerarabischen Verfehlungen despotischer und korrupter Herrschaftsclans und im gleichen Umfang über die einseitige Politik des Westens im Zusammenhang mit Israel. Dies bedeutet, dass die Frage auch in Zukunft aktuell und brisant bleibt – und dass sie weiterhin nicht lokal begrenzt werden kann.

Die häufig vertretene These von der »Unlösbarkeit« des israelisch-palästinensischen Konflikts lässt sich objektiv nicht verifizieren. Der Konflikt ist lösbar. Die Mehrheit der Palästinenser bekundete im Rahmen der Osloer Friedensverträge und in etlichen repräsentativen Umfragen ihren Willen, mit Israel in Frieden zu leben. Eine Minderheit ist sicherlich nach wie vor dagegen. Die friedenswillige Mehrheit steht beiden staatlichen Modellen positiv gegenüber – der Zwei-Staaten-Lösung wie auch der binationalen Option eines israelisch-palästinensischen Gesamtstaates bzw. Staatenbundes. Anders sieht es bei großen Teilen der israelischen Bevölkerung und bei der Mehrheit des dortigen politischen Establishments aus. Maßgebliche Vertreter der politischen Klasse in Israel bekennen sich zur Zwei-Staaten-Option lediglich in Form von Lippenbekenntnissen, unternehmen aber in der operativen Politik alles, gerade im Rahmen der Siedlungspolitik, um dieses Modell undurchführbar zu machen. Die gegenseitige Aussöhnungsverweigerung zwischen PLO und Hamas ist zwar ein Störfaktor, jedoch nicht relevant im Hinblick auf die bisher erfolglosen Bemühungen um eine Lösung des Hauptkonflikts: Schließlich verhandelte Israel bisher nur mit der PLO.

Es bedarf daher eines robusten Einwirkens von außen. Dies sollte auch Sanktionen und andere Druckmaßnahmen nicht länger tabuisieren. Dies scheint der einzig wirksame Weg zu sein, um in Israel eine »echte« Friedensbereitschaft herbeizuführen, aber auch um künftig einer andauernden Instrumentalisierung der Palästinafrage durch Dschihadisten und andere Terroristen Einhalt zu gebieten. Das Problem liegt allerdings darin, dass den Palästinensern, anders als Israel, ein wirklicher strategischer Partner fehlt. Die Aufgabe einer künftigen, rational, pluralistisch und demokratisch handelnden palästinensischen Führung sollte daher primär darin bestehen, nach einem verlässlichen, strategischen Partner für ihre Sache Ausschau zu halten. Der von Israel zu lebenslanger Haftstrafe verurteilte palästinensische Politiker Marwan Bargouti wäre prädestiniert, die Aufgabe einer neuen palästinensischen Integrationsfigur zu übernehmen, da die Palästinenser ihn als fähige und realpolitisch geläuterte Führungspersönlichkeit ohne Interessenbindungen an irgendwelche Clans oder politische Fraktionen sehen. Sodann müsste die Rekrutierung eines »ehrlichen Maklers« zwischen Israelis und Palästinensern im Rahmen einer robusten, UN-geführten Vermittlungsmission erfolgen. Davon, dass ein solcher »ehrlicher Makler« greifbar wäre, kann aber überhaupt keine Rede sein. Denn die USA sind um jeden Preis entschieden pro-israelisch, die EU ist außenpolitisch zunehmend konzeptlos und die arabischen Regimes wie eh und je orientierungslos und ohne eine gemeinsame, nachhaltige Agenda in der Außen- und Sicherheitspolitik. Ganz gleich, ob es um die Zweistaatenlösung oder einen binationalen Gesamtstaat Israel-Palästina geht: Darin liegt auf unabsehbare Zeit unbestritten der Kern des palästinensischen Problems.

Anmerkungen

Einleitung

1 Mannheimer Morgen, 30. Januar 2016.
2 Süddeutsche Zeitung, 29. Januar 2016.
3 Fukuyama, Francis, The End of History and the Last Man, New York 1992.
4 Huntington, Samuel P., Kampf der Kulturen: Die Neugestaltung der Weltpolitik im 21. Jahrhundert, München 1998, s. auch die Print-Aufzeichnung der Sendung des Deutschlandfunks: Michael Köhler, »Clash of Civilizations«: Huntingtons Kampf der Kulturen – 20 Jahre Irrtum? 2. März 2015.
5 In der FAZ vom 4. Juli 2015 schreibt Rainer Hermann, dass der IS vom politisch-ideologischen Vakuum in der Region stark profitiert habe.
6 NZZ, digitale Ausgabe, 10. 6. 2015.

I. Geistige Wurzeln des arabischen Nationalismus: Europas Erbe, der Beitrag Ägyptens und die Einflüsse der Levante (1871–1948)

1 Vesey-Fitzgerald, Seymour Gonne, Muhammadan Law, London, o. J., S. 1.
2 Gibb, Hamilton A. R., Muhammedanism, London, 1949, S. 3/Arnold, S. Thomas W., The Caliphate, Oxford 1924, S. 30.
3 Mitwalli, Abdulhamid, Grundsätze der Herrschaft im Islam (arab.), Kairo 1966, S. 450.
4 Zaidan, A., Der Einzelne und die Gemeinschaft in der Scharia (arab.), Bagdad 1965, S. 11 f.
5 Abdulrazik, Ali, Der Islam und die Prinzipien der Herrschaft (arab.), Beirut 1966, S. 153 .
6 Khalid, M. Khalid, Von da aus beginnen wir (arab.), Kairo 1950, S. 195.
7 So nannte man die Vizekönige der osmanischen Provinz Ägypten, die sich nach und nach verselbständigten.
8 Al-Rafii, Abdulrahman, Das Zeitalter Ismails (arab.), Band 2, Kairo 1948, S. 81.
9 Ebenda, S. 131.
10 Ebenda, S. 25.
11 Kirk, George E., Kurze Geschichte des Nahen Ostens, Wiesbaden 1958, S. 135.
12 Al-Urwatul Wuthqa (Gesammelte Aufsätze, panislamische Zeitschrift Paris) (arab.), hg. v. Sayyid Dschamal ad-Din al-Afghani/Muhammad Abduh, Kairo.
13 Haim, Sylvia G., Arab Nationalism, Berkeley 1962, S. 6 ff.
14 Al.Urwatul Wuthqa, S. 20 f.
15 Nuseibeh, Hazem, The ideas of Arab Nationalism, Ithaca/NY, 1959, S. 122.
16 Im arabisch-sprachigen Fernsehsender Al-Mayadeen (Libanon), 10. September 2015.

17 Hourani, Albert, Arabic Thought in the Liberal Age, London 1967, S. 118.
18 Al.Urwatul Wuthqa (Gesammelte Aufsätze), S. 10 f.
19 Al.Urwatul Wuthqa (Gesammelte Aufsätze), S. 106.
20 Haim, Sylvia G., Arab Nationalism, S. 14.
21 Al-Urwatul Wuthqa, Gesammelte Werke, S. 230
22 Al-Urwatul Wuthqa, Gesammelte Werke, S. 286 ff.
23 Al-Urwatul Wuthqa, Gesammelte Werke, S. 20.
24 Al-Urwatul Wuthqa, Gesammelte Werke, S. 21
25 Al-Adawi, Ahmad, Rashid Rida, Kairo (o. J.), S. 83 f. und 135
26 Hourani, Albert, Arabic Thought, S. 240
27 Vgl. z. B. den Beitrag »Bewegung des Nationaldenkens in Ägypten« (arab.) des ägyptischen Marxisten Abdulaziz, Hassan in der Politikzeitschrift »At-taliaa«, Kairo im Januar 1967, S. 110.
28 Ebenda, S. 111.
29 Ebenda, S. 111.
30 Hourani, Albert, Arabic Thought, S. 271 ff.
31 Al-Kawakibi, Abulrahman, Umm Al-Qura (Mutter aller Dörfer/Beiname von Mekka), Aleppo 1959, S. 220 ff.
32 Hourani, Albert, Arabic Thought, S. 272.
33 Haim, Sylvia G., Arab Nationalism, S. 15.
34 So äußerte sich ein reformfreudiger Al-Azhar-Gelehrter in einer Sendung über Leben und Werk Al-Afghani im arabisch-sprachigen Fernsehsender Al-Mayadeen (Libanon) am 10. September 2015.
35 Ebenda.
36 Seidensticker, Tilman, Islamismus, München 2014, S. 47 f.
37 Hourani, Albert, Arabic Thought, S. 360.
38 Al-Husseini, Ishaq, Die Muslimbrüder (arab.), Beirut 1952, S. 34 f.
39 Sadat, Anwar, Unbekannte Blätter/»Safhat Maschhula« (arab.), Kairo 1954, S. 80.
40 Ebenda, S. 37 f. und 45.
41 Seidensticker, Tilman, Islamismus, S. 17.
42 TAZ-Interview mit Guido Steinberg vom 15. 06. 2014.
43 Al-Husari, Sati, Das Arabertum zuerst (arab.), Beirut 1965, S. 136 f.
44 Abdulaziz, Hassan, Bewegung des Nationaldenkens in Ägypten (arab.); Zeitschrift At-taliaa, Kairo, Januar 1967; S. 98
45 Ebenda, S. 99.
46 Ashayyal, Gamaleddin, R. R. Tahtawi, Kairo 1958, S. 20.
47 Hourani, Albert, Arabic Thought, S. 70.
48 Abdulaziz, Hassan, Bewegung des Nationaldenkens, S. 100.
49 Ebenda, S. 101.
50 Hourani, Albert, Arabic Thought, S. 196 f.
51 Ebenda, S. 204.
52 Ebenda, S. 202.
53 Hourani, Albert, Arabic Thought, S. 208. Dort bezieht sich der Autor auf Kamils Buch »Egyptiens et Anglais«, S. 163.
54 Hourani, Albert, Arabic Thought, S. 172.
55 Zeitschrift »Al-Musawwr«, Kairo 5. 5. 1950.

56 Abdulaziz, Hassan, Bewegung des Nationaldenkens (zitiert dort die Zeitung »Al-Garida« vom 2.1.1913), S. 106.
57 Abdulaziz, Hassan, Bewegung des Nationaldenkens, S. 109.
58 Entwicklung des arabischen Nationaldenkens/ Tatawwur al Fikr al Qawmi al Arabi (arab.), Essays und Studien, hg. v. Zentrum für Studien über die arabische Einheit, Beirut, Beirut 1986, S. 305.
59 Hourani, Albert, Arabic Thought, S. 333.
60 Hussein, Taha, Zukunft der Bildung in Ägypten, Kairo 1938; s. dort seine Kritik der Islamlehre an der Al-Azhar- Universität, S. 276 ff.
61 Ebenda.
62 Einer der Vertreter dieser These ist der ägyptische Religionswissenschaftler Muhammed Al-Gazali, Die Wahrheit über den arabischen Nationalismus (arab.), Karo o. J. [veröffentlicht: späte 50er/frühe 60er Jahre].
63 Al-Qarni, Abdulaziz Hassan, Das arabische Ägypten – eine historische Untersuchung (arab.), Kairo o. J. [veröffentlicht: ~späte 50er/frühe 60er Jahre], S. 50.
64 http://www.gazire.com/cms/new/s/23520 (zuletzt abgerufen im Juli 2016).
65 Kohn, Hans, Geschichte der nationalen Bewegung im Orient, Berlin 1928, S.212.
66 Kamil, Mahmoud, Der Große Arabische Staat (arab.), Kairo o. J. (veröffentlicht: ~1966/67), S. 413 ff.
67 Ebenda, S. 415.
68 Mit Sunna ist die Überlieferung aus der Zeit des Propheten Mohammad und seiner Getreue gemeint.
69 Kamil, Mahmoud, Der Große Arabische Staat, S. 356 ff.
70 Antonius, George, The Arab Awakening, New York 1979, S.47 ff. und 93.
71 Hourani, Albert, Arabic Thought, S. 278. Azoury war ein Erneuerer, sein Nationalismus-Verständnis war deutlich moderner als bei den Mitgliedern des sogenannten *Damaszener Großen Kreises*, die das nationale Bestreben beinahe ausschließlich aus religiös-islamischen Wurzeln schöpften. Hingegen trat der *Damaszener Kleine Kreis* in Ansätzen offen für ein säkulares Denken ein. Aus dem letztgenannten Kreis ist die »Gesellschaft für Arabisches Wiedererwachen« entstanden, die sich die Pflege der arabischen Sprache und die Schaffung eines dezentralisierten arabischen Gesamtstaates als Mittel zur langfristigen Schaffung eines Nationalstaates zur Aufgabe machte. Dieser Kreis wirkte zeitlich noch vor den maßgeblichen Denkern des Panarabismus, Husari und Aflak, sah jedoch im Gegensatz zu diesen Pionieren des Nationalismus keine Notwendigkeit, weder in der Theorie noch in der Praxis, die Existenz einer arabischen Nation wissenschaftlich zu erforschen oder zu begründen. Der *Kleine Kreis* war vielmehr davon überzeugt, dass die arabische Nation nach modernem politischem Verständnis als empirische Realität längst existiere. – siehe »Die Nationalarabische Bewegung in Hundert Jahren 1875–1982« (arab.), hg. v. Nadschi Allush, Amman 2014, S. 135 ff.
72 Antonius, George, The Arab Awakening, S. 84.
73 Die Nationalarabische Bewegung (arab.), hg. v. Nadschi Allush, S. 61 ff.
74 Die Nationalarabische Bewegung (arab.), hg. v. Nadschi Allush, S. 233 ff.

75 Schnabel, Franz, Deutsche Geschichte im 19. Jahrhundert. Der Aufstieg der Nationen, Freiburg 1964, S. 29 ff.
76 So August Heinrich Winkler, Die Geschichte des Westens. Die Zeit der Weltkriege. 1914–1945, München 2013, S. 399.
77 Johann Gottlieb Fichte, Reden an die deutsche Nation, Philipp Reclam jun., Leipzig 1878. http://gutenberg.spiegel.de/buch/reden-an-die-deutsche-nation-411/1 (Spiegel-Online Kultur- Projekt Gutenberg), Kapitel 8.
78 Ebenda.
79 Ebenda, Kapitel 9.
80 Al-Husari, Sati, Was bedeutet Nationalismus (arab.), Beirut 1963, S. 53 ff.
81 Renan, Ernest, Was *ist eine Nation?*, Rede am 11. März 1882 an der Sorbonne. Mit einem Essay von Walter Euchner, Europäische Verlagsanstalt, Hamburg 1996, siehe: http://www.comlink.de/cl-hh/m.blumentritt/agr251s.htm (zuletzt abgerufen im Juli 2016).
82 Al-Husari, Sati, Was bedeutet Nationalismus, S. 56.
83 Entwicklung des nationalarabischen Denkens (arab.), Hg. v. Zentrum für Erforschung der arabischen Einheit, Beirut 1986, S. 204 f. und 217.
84 Al-Husari, Sati, Meinungen und Reden über Patriotismus und Nationalismus (arab.), Beirut 1984, S. 81.
85 Entwicklung des nationalarabischen Denkens, S. 203 ff.
86 Nuseibeh, Hazem, The Ideas of Arab Nationalism, S. 77 ff.
87 Al-Husari, Sati, Meinungen und Reden, S. 62 ff.
88 Die Nationalarabische Bewegung, hg. v. Nadschi Allush, S. 404 ff.
89 Die Nationalarabische Bewegung, hg. v. Nadschi Allush S. 375.
90 Die Nationalarabische Bewegung, hg. v. Nadschi Allush S. 382 f.
91 Salama, I., Die Baath (arab.), An-Nahar-Hefte, Beirut 1969, S. 5.
92 Der Kampf der Baath-Partei/»Nidal Al Baath« (arab.) (sieben Bände), Band 2, Beirut, 1963, S. 30.
93 Aflak, Michel, Im Dienste der Baath (arab.), Beirut 1976, S. 323.
94 Ebenda, Im Dienste, S. 118 ff.
95 Es handelt sich um eine panarabische Strömung, die von Husari ideengeschichtlich und hinsichtlich der Maximen politischen Handelns stark beeinflusst wurde und Nasser als den prädestinierten Führer der nationalarabischen Bewegung betrachtete. Zur Baath-Partei legte sie von Anfang an eine skeptische Haltung an den Tag. Dabei sind hier die ideologischen Unterschiede marginal. Grund des Streits war vor allem der Wettbewerb zwischen Nasser und der Baath-Partei um die panarabische Deutungshoheit. Diese Bewegung ist in weiten Teilen der arabischen Welt vertreten. Auch unter den Palästinensern ist sie populär, zumal ihr Hauptanliegen darin besteht, der Palästinafrage eine umfassende und gerechte Lösung im Sinne der Bildung eines palästinensischen Nationalstaates zuzuführen. Eine ausführliche Beschreibung findet sich in dem Buch: Die »Qawmiyyun Al-Arab« [Die Bewegung der arabischen Nationalisten], II. Band, Beirut 2008.
96 Zeitung Al-Baath, 14. 11. 1949 (Nr. 298); Der Kampf der Baath-Partei/Nidal Al Baath, S. 19.
97 In diesem Sinne äußerte sich Michel Aflak im Januar 1956, Der Kampf der Baath-Partei/Nidal Al Baath, S. 33 ff.

II. Panarabismus und Palästina-Konflikt (1939–1967)

1 Im selben Jahr fand in Kairo ein »Arabischer Frauenkongress zur Unterstützung Palästinas« statt; vgl. Saigh, Anis, Palästina und der arabische Nationalismus (arab.), Beirut 1966, S. 30 f. und 85.
2 Schließlich ist das islamische Palästina Sitz des drittheiligsten Schreins dieser Religion, nämlich der Al-Aksa-Moschee in Jerusalem.
3 Saigh, Anis, Die panarabische Idee in Ägypten (arab.), Beirut 1959, S. 241.
4 Ebenda, S. 242.
5 Ebenda, S. 242 f.
6 Ebenda, S. 242 f.
7 Abdel-Nasser, Gamal, Die Philosophie der Revolution (dt. Ausgabe), Kairo o. J., S. 12.
8 Ebenda, S. 61.
9 Ebenda, S. 64.
10 Nasser, Reden/»Qal Al Rais« (arab.), Reden vom November und Dezember 1957, Kairo 1959, S. 142.
11 Middle East Review, 16. 4. 1965.
12 Die jordanische Zeitung Ad-Difaa, 24. 8. 1959; vgl. außerdem Peled, Natan, Jordan is the Palestinian State, in: To make War or make Peace, Tel Aviv 1969, S. 224 ff.
13 Zeitung Ad-Difaa, 20. 1. 1960.
14 Caesar, Knud, General Kassem ohne klaren Kurs für Bagdad, in: Außenpolitik 11,4 (1960), S. 257.
15 Tageszeitung As-Saman, Bagdad, 8. und 16. Dezember 1959.
16 Al-Ahram, 5. 4. 1960, As-Saman, 28. 3. 1960, Jerusalem Times (Amman), 17. 3. 1960.
17 Palästina-Periodika /»Al-Yaumiyyat al-Filistiniyya« (arab.), Teil II, Beirut, ~1965, S. 12 f.; vgl. auch die Kritik an Shukeiris Plänen in der jordanischen Zeitung Amman Al-Massa, 6. 7. 1965
18 Palästina-Periodika /»Al-Yaumiyyat al-Filistiniyya« (arab.), Teil I, Beirut, ~1965,S. 252, 208.
19 Palästina-Periodika, Teil I, S. 90 ff.
20 Al-Ahram, 12. 3. 1965; Palästina-Periodika, Teil I, S. 107.
21 Zeitung Al-Gumhuriyya (Kairo), 16. 3. 1961; Middle East Record (Tel Aviv) 1961, S. 195.
22 Zitiert nach Eugen Gerstenmaier, Der Spiegel 12/1965.
23 FAZ, 9. 2. 1965; Bulletin des Informations- und Presseamtes, Bonn, 9. 3. 1965.
24 Weyer, Willy, Freie Demokratischer Korrespondenz (fdk) vom 2. 2. 1965.
25 Jerusalem Post (Israel), 5. 3. 1969; Jewish Observer, 8. 12. 1967.
26 Europa-Archiv 1967, S. D362 ff.; vgl. auch Dabbagh, Salah, Die Sowjetunion und die Palästina-Frage (arab.), Beirut 1968, S. 21 ff.
27 Dabbagh, Salah, S. 21 ff.; vgl. auch Laqueur, Walter, The Soviet Union and the Middle East, London 1959, S. 146 f.
28 Al-Ahram, 2. 9. 1965.
29 Ebenda, 18. 5. 1966.
30 Vgl. z. B. Al-Manar (Bagdad), 4. 8. 1966.

31 Jerusalem Post, 3.11.1960; Brecher, Michel, Israel and Afro-Asia, in: International Journal, Vol. XVI, No. 2, 1960; Kreinin, Mordechai, Israel and Africa, New York 1964, S. 12.
32 Jeune Afrique, 21.4.1970.
33 Al-Abid, Ibrahim, Außenpolitik Israels (arab.), Palästina-Monographie, Beirut 1968, S. 74.
34 Heyek, Hans- Eberhard, Die asiatisch-afrikanische Konferenz von Bandung (Kölner Dissertation), Köln 1964, S. 98; vgl. auch Al-Qantar, Riad, Die israelische Infiltration in Afrika (arab.), Beirut 1968, S. 83 ff.
35 Jewish Observer, Vol. XV, No. 10, 11.3.1966; S. 14.
36 Al-Ahram, 27.7.1960; Bayne, Edward A., Four Ways of Politics. State and nation in Italy, Somalia, Israel, Iran, New York 1965, S. 247.
37 EA 1967, S. D. 296.
38 Ebenda, S. D. 294.
39 Arnold Hottinger bemerkt dazu, dass Ägypten bis zum Zeitpunkt der Abzugsforderung sich bequem hinter der ihm aufoktroyierten Stationierung von UN-Friedenssoldaten versteckt und die UN-Präsenz von Scharm Al-Scheich im Kauf genommen habe, welche den Golf von Akaba für israelische Schifffahrt offenhielt. Hottinger, Der Machtzuwachs der arabischen Freischärler und ihr Zusammenstoß mit der jordanischen Regierung (Europa-Archiv 20/1970), S. 423.
40 Vgl. die Erklärung des israelischen Ministerpräsidenten Eschkol vom 23. Mai 1967 vor der Knesset-in: EA 1967, S. D. 298.
41 Hourani, Albert, Die Geschichte der arabischen Völker, Frankfurt/M. 2002, S. 427.
42 Schleifer, A. L., Jeune Afrique, 27.1.1970.
43 The Middle East Journal, Washington D.C., Spring 1970, S. 216 f.
44 Hajjaj, Aref, Der Bruch mit dem Nasserismus in Ägypten, in: Europa-Archiv, 20 (1974), S. 708.
45 Hachicho, Nuhad, Ägypten kreiert seine Revolution auf den [öffentlichen] Plätzen/(arab.), Beirut 2014, S. 143.
46 Hajjaj, Aref, Der Bruch mit dem Nasserismus, S. 715.
47 Wyss, Kurt, Wir haben nur dieses Land, Der Israel-Palästinenser-Streit, Bern 2013, S. 50.
48 Hourani, Albert, Die Geschichte der arabischen Völker, S. 504.

III. Die Vertreibung der Palästinenser: Geburt einer Nation

1 Flapan, Simcha, Die Geburt Israels, Frankfurt 2015, S. 22.
2 Reuven Moskovitz, Ein Leben für Gerechtigkeit, Liebe und Versöhnung, hg. von Breidert Martin und Ekkehart Drost, o. J., o. O., S. 49.
3 Flapan, Simcha, Die Geburt Israels, S. 23.
4 Ebenda.
5 Hachicho, S. 107 ff.
6 Flapan, Simcha, Die Geburt Israels, S. 89.
7 Abu Iyad, Heimat oder Tod, Düsseldorf/Wien 1979, S. 19.

8 Pappe, Ilan, Die ethnische Säuberung Palästinas, Frankfurt am Main 2007, S. 24 f.
9 Zuraiq, Konstantin, Über die Bedeutung der Nakba (arab.), 1948, S. 4 ff.
10 Hourani, Albert, Die Geschichte der arabischen Völker, S. 419
11 Pappe, Ilan, Die ethnische Säuberung Palästinas, S. 40 f.
12 Ebenda, S. 38 ff.
13 Waltz, Viktoria, Von Basel nach Jerusalem, Hamburg 2014, S. 41.
14 Ebenda, S. 49.
15 Ebenda, S. 45
16 Lebrecht, Hans, Die Palästinenser – Fremd im eigenen Land, Frankfurt am Main 2015, S. 57.
17 Wyss, Kurt, Wir haben nur dieses Land, S. 77.
18 Waltz, Viktoria, Von Basel nach Jerusalem, S. 53.
19 Krämer, Gudrun, Geschichte Palästinas, München 2002, S. 313 f. Übrigens ist die These des deutschen Juden und engagierten linken Palästina-Aktivisten Hans Lebrecht wenig einleuchtend, dass das politische Handeln von Al-Husseini auf den Schutz der durch den Zionismus gefährdeten wirtschaftlichen Interessen der feudalen Klasse ausgerichtet gewesen sei. Lebrecht, Hans, Die Palästinenser, S. 112
20 Zuraiq, Konstantin, Über die Bedeutung der Nakba, S. 27.
21 Verleger, Rolf, Israels Irrweg – Eine jüdische Sicht, Köln 2014, S. 95.
22 »There were no such thing as Palestinians. When was there an independent Palestinian people with a Palestinian state? It was either southern Syria before the First World War, and then it was a Palestine including Jordan. It was not as though there was a Palestinian people in Palestine considering itself as a Palestinian people and we came and threw them out and took their country away from them. They did not exist.« – *Sunday Times*, 15 Juni 1969 und *The Washington Post*, 16 Juni 1969. Siehe auch: Lüders, Michael, Tage des Zorns, München 2011, S. 186.
23 Pappe, Ilan, Die ethnische Säuberung, S. 54.

IV. Arabischer Nationalismus, Zionismus und das Ende der Zweistaaten-Lösung

1 Hottinger, Arnold, Der Machtzuwachs der arabischen Freischäler, in: Europa-Archiv 20 (1970), S. 738.
2 Baumgarten, Helga, Kampf um Palästina – was wollen Hamas und Fatah? Freiburg 2013, S. 21.
3 Ebenda, S. 21 f.
4 Hajjaj, Aref, Die Gründung eines palästinensischen Staates, in: Orient, deutsche Zeitschrift für Politik, Wirtschaft und Kultur des Orients, Deutsches Orient-Institut, 3 (1978), S. 48.
5 Baumgarten, Helga, Kampf um Palästina, S. 66.
6 Finkelstein, Norman G. (Palästina – ein persönlicher Bericht über die erste Intifada, Kreuzlingen/München 2003, S. 169 ff.) beschreibt authentisch die ambivalente Reaktion der Palästinenser auf Oslo.

7 Lüders, Michael, Tage des Zorns, München 2011, S. 197.
8 Baumgarten, Helga, Kampf um Palästina, S. 151 ff.
9 Baumgarten, Helga, Kampf um Palästina, S. 149.
10 Ev. Missionswerk Deutschland (EMW), Sehnsucht nach Frieden, Hamburg 2006, S. 20.
11 Über die »Sinnkrise« der Sunniten vgl. die ideengeschichtliche und aktuelle Analyse von Zekri, Sonja »Phantomschmerz«, Süddeutsche Zeitung, 9./10. Januar 2016.
12 Klein, Uta und Thränhardt, Dietrich (Hrsg.), Gewaltspirale ohne Ende?, Schwalbach/Ts 2002, S. 23.
13 Süddeutsche Zeitung, 6. Juli 2015.
14 Lüders, Michael, Tage des Zorns, S. 182
15 Ebenda.
16 http://www.kinghussein.gov.jo/peacetreaty.html
17 Über die Priorität der Sicherheit aus israelischer Sicht siehe Süddeutsche Zeitung, 2. Dezember 2015.
18 Moskovitz, Reuven, Ein Leben für Gerechtigkeit, Liebe und Versöhnung, S. 162.
19 http://de.wikipedia.org/wiki/Roadmap_%28Nahostkonflikt%29
20 Münch, Peter, Stille Landnahme, SZ, 12. 2. 2016; Nitschke, Verena, Israeli Settlements as a Limitation to the Two-State-Approach (in Vorbereitung).
21 Bernstein, Reiner, Von Gaza nach Genf – Die Genfer Friedensinitiative, Schwalbach/Ts 2006, S. 112.
22 Ebenda, S. 69.
23 Ebenda, S. 108.
24 Lüders, Michael, Wer den Wind sät, München 2015, S. 150.
25 Wyss, Kurt, Wir haben nur dieses Land, S. 224
26 Lüders, Michael, Wer den Wind sät, S. 156 f.
27 Vgl. UN-Menschenrechtsrat, Die Menschenrechtslage in Palästina und anderen besetzten arabischen Gebieten: Bericht UN-Menschenrechtsrat, Frankfurt/Main 2013, S. 59 ff.
28 Süddeutsche Zeitung, 9. Mai 2015.
29 Ebenda, 2. Dezember 2015.

V. Zum Zusammenleben verurteilt: Die Zukunft des palästinensisch-israelischen Verhältnisses

1 Hourani, Albert, Die Geschichte der arabischen Völker, S. 354; Khalidi, Rashid, Palestinian Identity: The Construction of Modern National Consciousness, New York, Columbia University Press, 1997, S. 101.
2 Verleger, Rolf, Israels Irrweg, S. 51.
3 Hollstein, Walter, Vettern und Feinde, Basel 1983, S. 23.
4 Amar-Dahl, Tamar, Das zionistische Israel. Jüdischer Nationalismus und die Geschichte des Nahostkonflikts. Paderborn 2012, S. 71 ff.
5 Peled, Yoav, Von ethnischer Demokratie zur Ethnokratie? – Demographie und Staatsbürgerschaft im heutigen Israel, in: Demographie – Demokra-

tie – Geschichte, Tel Aviver Jahrbuch für deutsche Geschichte XXXV, 2007, S. 352.

6 Die israelische Soziologin Eva Illouz fordert eine »Neugründung« Israels, in dem den jüdischen Bürgern das Selbstbestimmungsrecht auch in religiösen Fragen garantiert wird, ohne dass der Staat sich »jüdisch« nennt- in der Süddeutschen Zeitung vom 6. August 2015.

7 Peled in, Demographie – Demokratie – Geschichte, S. 352, 361 f.

8 Pappe, Ilan, Die ethnische Säuberung, S. 322 f.

9 Arendt, Hannah, ›We Refugees‹, in: Altogether Elsewhere. Writers on Exile, ed. by Marc Robinson, Faber und Faber, Boston, London 1994, http://www-leland.stanford.edu/dept/DLCL/files/pdf/hannah_arendt_we_refugees.pdf (zuletzt abgerufen im Juli 2016); vgl. auch Wolffsohn, Michael in einem Interview des Deutschlandfunks vom 11.3.2015, in dem er die meisten Nationalstaaten als »Totgeburt« bezeichnet und hinsichtlich des Konflikts zwischen Israel und den Palästinensern für die Modelle Staatenbund oder Bundesstaat eintritt.

10 Hajjaj, Aref, Die Gründung, S. 52 f.

11 Arendt, Hanna, Verborgene Tradition, hg. von der Heinrich-Böll-Stiftung, Berlin 2007, S. 280 f.

12 Der Spiegel, Nr. 5 /30.1.2016, S. 104 f.

13 So z.B. Yigal Allon, Uri Avnery oder Joseph W. Abileah im Essay »Vorschlag zur Lösung des Nahostkonflikts durch Konföderation. In der (ev.) Zeitschrift Reformation, Bern Oktober 1973 (Heft 10), S. 543 ff.

14 Qumsiyeh, Mazin, Kanaan, gemeinsames Land der Palästinenser und Juden, Frankfurt/M. 2015, S. 339.

15 Ebenda, S. 341.

16 Hever, Shir, Die politische Ökonomie der israelischen Besatzung, Köln/Karlsruhe 2014, S. 232.

Ausblick

1 Vgl. Steinberg, Guido, taz, 15.06.2014.

2 Kermani, Navid, Die Zukunft ist vorbei, Der Spiegel, 29.09.2014.

Literaturverzeichnis

Abdel-Nasser, Gamal, Die Philosophie der Revolution (dt. Ausgabe), Kairo o. J.

Abdulaziz, Hassan, Bewegung des Nationaldenkens in Ägypten (arab.); Zeitschrift At-taliaa, Kairo, Januar 1967

Abdulrazik, Ali, Der Islam und die Prinzipien der Herrschaft (arab.), Beirut 1966

Al-Abid, Ibrahim, Außenpolitik Israels (arab.), Palästina-Monographie, Beirut 1968

Abileah, Joseph W. »Vorschlag zur Lösung des Nahostkonflikts durch Konföderation, in: (ev.) Zeitschrift Reformation 10, Bern Oktober 1973

Abu Iyad, Heimat oder Tod, Düsseldorf/Wien 1979

Aflak, Michel, Im Dienste der Baath (arab.), Beirut 1976

Allush, Nadschi (Hg.), »Die Nationalarabische Bewegung in Hundert Jahren 1875–1982« (arab.), Amman 2014

Amar-Dahl, Tamar, Das zionistische Israel. Jüdischer Nationalismus und die Geschichte des Nahostkonflikts. Paderborn 2012

Antonius, George, The Arab Awakening, New York 1979

Arendt, Hanna, Verborgene Tradition, hg. von der Heinrich-Böll-Stiftung, Berlin 2007

Arendt, Hannah, ›We Refugees‹, in: Altogether Elsewhere. Writers on Exile, ed. by Marc Robinson, Faber und Faber, Boston, London 1994, siehe: http://www-leland.stanford.edu/dept/DLCL/files/pdf/hannah_arendt_we_refugees.pdf (zuletzt abgerufen im Juli 2016).

Arnold, Thomas W., The Caliphate, Oxford 1924, S. 30

Ashayyal, Gamaleddin, R. R. Tahtawi, Kairo 1958

Baumgarten, Helga, Kampf um Palästina – was wollen Hamas und Fatah? Freiburg 2013

Bayne, Edward A., Four Ways of Politics. State and Nation in Italy, Somalia, Israel, Iran, New York 1965

Bernstein, Reiner, Von Gaza nach Genf – Die Genfer Friedensinitiative, Schwalbach/Ts 2006

Brecher, Michel, Israel and Afro-Asia, in: International Journal, Vol. XVI, No. 2 (1960), 107–137

Caesar, Knud, General Kassem ohne klaren Kurs für Bagdad, in: Außenpolitik 11,4 (1960), 252–258

Dabbagh, Salah, Die Sowjetunion und die Palästina-Frage (arab.), Beirut 1968

Der Kampf der Baath-Partei/»Nidal Al Baath« (arab.) (7 Bde.), Bd. 2, Beirut, 1963, o. Autor, o. Hg.

Die »Qawmiyyun Al-Arab«/ Die Bewegung der arabischen Nationalisten (arab.) Bd. II., Beirut 2008, o. Autor, o. Hg.

Dschamal ad-Din al-Afghani, Sayyid/Abduh, Muhammad, Al-Urwatul Wuthqa (Gesammelte Aufsätze, panislamische Zeitschrift Paris) (arab.), Kairo 1957

Ev. Missionswerk Deutschland (EMW) (Hg.), Sehnsucht nach Frieden, Initiativen für Verständigung und Zusammenarbeit in Israel und Palästina (Weltmission heute, 63), Hamburg 2006

Fichte, Johann Gottlieb, Reden an die deutsche Nation, Philipp Reclam jun., Leipzig 1878 http://gutenberg.spiegel.de/buch/reden-an-die-deutsche-nation-411/1, zuletzt abgerufen im Juli 2016

Finkelstein, Norman G., Palästina – ein persönlicher Bericht über die erste Intifada, Kreuzlingen/München 2003

Flapan, Simcha, Die Geburt Israels, Frankfurt 2015

Fukuyama, Francis, The End of History and the Last Man, New York 1992

Al-Gazali, Muhammed, Die Wahrheit über den arabischen Nationalismus (arab.), Kairo o. J. [veröffentlicht: späte 50er/frühe 60er Jahre].

Gibb, Hamilton A. R., Muhammedanism, London, 1949

Haim, Sylvia G., Arab Nationalism, Berkeley 1962

Hajjaj, Aref, Der Bruch mit dem Nasserismus in Ägypten, in: Europa-Archiv, 20 (1974), S. 707–716

Hever, Shir, Die politische Ökonomie der israelischen Besatzung, Köln/Karlsruhe 2014

Heyek, Hans-Eberhard, Die asiatisch-afrikanische Konferenz von Bandung (Diss.), Köln 1964

Hollstein, Walter, Vettern und Feinde, Basel 1983

Hottinger, Arnold, Der Machtzuwachs der arabischen Freischärler und ihr Zusammenstoß mit der jordanischen Regierung, in: Europa-Archiv 20 (1970), S. 737–746

Hourani, Albert, Arabic Thought in the Liberal Age, London 1967

Huntington, Samuel P., The Clash of Civilizations, Kampf der Kulturen: Die Neugestaltung der Weltpolitik im 21. Jahrhundert, München 1998

Al-Husari, Sati, Das Arabertum zuerst (arab.), Beirut 1965

Al-Husari, Sati, Meinungen und Reden über Patriotismus und Nationalismus (arab.), Beirut 1984

Al-Husari, Sati, Was bedeutet Nationalismus (arab.), Beirut 1963

Hussein, Taha, Zukunft der Bildung in Ägypten, Kairo 1938

Al-Husseini, Ishaq, Die Muslimbrüder (arab.), Beirut 1952

Kamil, Mahmoud, Der Große Arabische Staat (arab.), Kairo o. J. (veröffentlicht: ~1966/67).

Al-Kawakibi, Abulrahman, Umm Al-Qura (Mutter aller Dörfer), Aleppo 1959

Kermani, Navid, Die Zukunft ist vorbei, Der Spiegel, 29. 09. 2014

Khalid, M. Khalid, Von da aus beginnen wir (arab.), Kairo 1950

Khalidi, Rashid, Palestinian Identity: The Construction of Modern National Consciousness, New York, Columbia University Press, 1997

Kirk, George E., kurze Geschichte des Nahen Ostens (dt. Ausgabe), Wiesbaden 1958

Klein, Uta/Thränhardt, Dietrich (Hrsg.), Gewaltspirale ohne Ende?, Schwalbach/Ts 2002

Kohn, Hans, Geschichte der nationalen Bewegung im Orient, Berlin 1928

Kreinin, Mordechai, Israel and Africa, New York 1964

Krämer, Gudrun, Geschichte Palästinas, München 2002

Lebrecht, Hans, Die Palästinenser – Fremd im eigenen Land, Frankfurt am Main 2015
Laqueur, Walter, The Soviet Union and the Middle East, London 1959
Lüders, Michael, Tage des Zorns, München 2011
Lüders, Michael, Wer den Wind sät, München 2015
Mitwalli, Abdulhamid, Grundsätze der Herrschaft im Islam (arab.), Kairo 1966
Moskovitz, Reuven, Ein Leben für Gerechtigkeit, Liebe und Versöhnung, hg. von Breidert Martin und Ekkehart Drost, o. J., o. O.
Nuseibeh, Hazem, The ideas of Arab Nationalism, Ithaca/NY, 1959
Palästina-Periodika /»Al-Yaumiyyat al-Filistiniyya« (arab.), Teil I/Teil II, Beirut ~1965.
Pappe, Ilan, Die ethnische Säuberung Palästinas, Frankfurt am Main 2007
Peled, Natan, Jordan is the Palestinian State, in: To make War or make Peace, Tel Aviv 1969
Peled, Yoav, Von ethnischer Demokratie zur Ethnokratie? – Demographie und Staatsbürgerschaft im heutigen Israel, in: Demographie – Demokratie – Geschichte, Tel Aviver Jahrbuch für deutsche Geschichte XXXV, 2007
Al-Qantar, Riad, Die israelische Infiltration in Afrika (arab.), Beirut 1968
Al-Qarni, A. Hassan, Das arabische Ägypten – eine historische Untersuchung (arab.), Kairo o. J. [veröffentlicht: späte 50er/frühe 60er Jahre].
Qumsiyeh, Mazin, Kanaan, gemeinsames Land der Palästinenser und Juden, Frankfurt/M. 2015
Al-Rafii, Abdulrahman, Das Zeitalter Ismails (arab.), Bd. 2, Kairo 1948
Renan, Ernest, *Was ist eine Nation?*, Rede am 11. März 1882 an der Sorbonne. Mit einem Essay von Walter Euchner, Europäische Verlagsanstalt, Hamburg 1996, siehe: http://www.comlink.de/cl-hh/m.blumentritt/agr251s.htm (zuletzt abgerufen im Juli 2016).
Saigh, Anis, Die panarabische Idee in Ägypten (arab.), Beirut 1959
Saigh, Anis, Palästina und der arabische Nationalismus (arab.), Beirut 1966
Sadat, Anwar, Unbekannte Blätter (Safhat Maschhula) (arab.), Kairo 1954
Schnabel, Franz, Deutsche Geschichte im 19. Jahrhundert: Der Aufstieg der Nationen, Freiburg 1964
Seidensticker, Tilman, Islamismus, München 2014
Salama, I., Die Baath (arab.), An-Nahar-Hefte, Beirut 1969
UN-Menschenrechtsrat, Die Menschenrechtslage in Palästina und anderen besetzten arabischen Gebieten: Bericht UN Menschenrechtsrat, Frankfurt/Main 2013
Verleger, Rolf, Israels Irrweg – Eine jüdische Sicht, Köln 2014
Vesey-Fitzgerald, Seymour Gonne, Muhammadan Law, London, o. J.
Waltz, Viktoria, Von Basel nach Jerusalem, Hamburg 2014
Winkler, August Heinrich, Die Geschichte des Westens, 4 Bde., München 2009–2015
Wyss, Kurt, Wir haben nur dieses Land, Der Israel-Palästinenser-Streit, Bern 2013
Zaidan, A., Der Einzelne und die Gemeinschaft in der Scharia (arab.), Bagdad 1965

Zentrum für Erforschung der arabischen Einheit (Hg.), Entwicklung des nationalarabischen Denkens (arab.), Beirut 1986
Zentrum für Studien über die arabische Einheit, Beirut (Hg.), Entwicklung des arabischen Nationaldenkens/ Tatawwur al Fikr al Qawmi al Arabi (arab.), Essays und Studien, Beirut 1986
Zekri, Sonja »Phantomschmerz«, Süddeutsche Zeitung, 9./10. Januar 2016
Zuraiq, Konstantin, Über die Bedeutung der Nakba (arab.), 1948

Internet

http://www.comlink.de/cl-hh/m.blumentritt/agr251s.htm
http://www.gazire.com/cms/new/s/23520
http://gutenberg.spiegel.de/buch/reden-an-die-deutsche-nation-411/
http://www-leland.stanford.edu/dept/DLCL/files/pdf/hannah_arendt_we_refugees.pdf

Alle Quellen zuletzt abgerufen m Juli 2016.

Personenregister